# 电动汽车充电设施
# 工程设计与安装手册

李炳华 / 主编

机械工业出版社

本书根据国内外电动汽车充电设施相关标准和最新充电技术，结合工程实际需求，总结近年来应用经验和教训，系统介绍了电动汽车充电设施系统的各个环节，编制了便于工程设计使用的选择表格和典型工程案例。

全书由概况、国内外电动汽车充换电设施标准简介、术语与图形符号、充电设备、规划与选址、供配电系统、充电设施的布置与安装、监控系统及计量计费系统、消防、防雷与接地、对其他专业的要求、电动汽车充电设施系统在智能微网中的研究与应用、充电设施的检测认证与现场检验、典型案例、研究及调查报告和附录等部分组成。

本书内容丰富，技术先进，层次清晰，力求深入浅出，简明扼要，贴近工程需要。书中配有大量的图表，通俗易懂，具有较高的理论水平和实用价值，是电动汽车充电设施系统设计、教学、科研、产品研发及制造和管理人员必备的工具书和参考资料。

## 图书在版编目（CIP）数据

电动汽车充电设施工程设计与安装手册 / 李炳华主编. — 北京：机械工业出版社，2021.4（2021.9 重印）
ISBN 978-7-111-67993-6

Ⅰ. ①电… Ⅱ. ①李… Ⅲ. ①电动汽车-充电-电站-工程设计-手册②电动汽车-充电-电站-工程施工-手册 Ⅳ. ①U469.72-62

中国版本图书馆 CIP 数据核字（2021）第 065673 号

机械工业出版社（北京市百万庄大街 22 号　邮政编码 100037）
策划编辑：何士娟　史海疆　责任编辑：何士娟　史海疆
责任校对：张　力
责任印制：常天培
北京铭成印刷有限公司印刷
2021 年 9 月第 1 版第 2 次印刷
169mm×239mm・19 印张・5 插页・370 千字
1901—2900 册
标准书号：ISBN 978-7-111-67993-6
定价：138.00 元

电话服务　　　　　　　　　网络服务
客服电话：010-88361066　　机　工　官　网：www.cmpbook.com
　　　　　010-88379833　　机　工　官　博：weibo.com/cmp1952
　　　　　010-68326294　　金　书　网：www.golden-book.com
封底无防伪标均为盗版　　　机工教育服务网：www.cmpedu.com

# 《电动汽车充电设施工程设计与安装手册》
## 编委会

# 序

    李炳华主编的《电动汽车充电设施工程设计与安装手册》，让我耳目一新，我是在阅读中学习的。本书论述的是建筑电气领域里一个新的分支——电动汽车充电设施系统。本书不仅研究了电池充电设施的供配电技术，而且分析了电动汽车的电池充电应该走什么样的技术路线。本书论证了我国电动汽车发展的一个重大走向。

    本书系统地研究了电动汽车充电设施建设的方式、策略，涉及安全性、经济性和节能性等重要课题，不仅为电气设计师和安装单位提供了技术资料，而且为充电、换电设施的建设者和管理者提供了经验和数据，同时也为决策者提供了有益的参考数据。

    本书内容翔实，依据的标准充分、准确，技术先进，政策性强，节能措施论证有力，同时进行了系列的调查、研究、必要的科学试验和现场测试，收集了典型案例，资料丰富，数据可信，为电动汽车的发展和动力蓄电池配套方式提供了思路。

    我和主编李炳华相识、相知、共事、交流达34年之久，了解他的工作历程，也看到了一个从事设计的科技人员的成长。我认为：设计师理应熟练地提供设计方案和完成设计图样，但这还不够，应该像李炳华那样，能参加一定时间的现场施工、安装和系统调试；从事一定项目的专题研究和科学试验；编写和发表一定量的论文；参与或主持标准、规范和手册的编制工作（这类项目的编写过程，正是学习、研究、提问、求知、求解和创新的过程），这样有益于把图样上的知识和现场实践、科学试验有机结合，从而使知识更完整、更实际、更可靠。李炳华30多年的努力和成长道路，为设计师特别是中青年设计师的成长提供了借鉴。

# 前　　言

当今世界环境污染问题越来越受到各国的重视，汽车尾气排放加重了环境的承受能力。因此，世界上一些国家加速新能源汽车的研发和上市，并制订了淘汰燃油车的计划和路线图。电动汽车是目前替代燃油车的最佳方案之一，其普及程度也远高于其他新能源汽车。

我国大力发展电动汽车及相关产业，并取得了可喜的成绩，积累了丰富经验。我国电动汽车产销量已连续多年位居全球第一，是名副其实的电动汽车研发、制造及应用大国。

前进的道路不是一帆风顺的！作为与电动汽车配套的充电设施系统并没有与其同步协调发展，"充电难、充电慢"等问题一直未能很好地解决，影响了电动汽车车主用车的感受。作为基础设施之一，电动汽车充电设施系统有自己的规律，尽管现在已经有一些标准、规范，但这些标准多为产品标准，而工程标准尚显不足，且落地、实施等细节方面本来就不是标准的强项。本书从工程建设角度，为广大设计师、工程师提供一部实用、详细的设计与安装手册，试图与标准配合使用，便于标准落地实施。

本书结合作者近几年最新科研成果和工程实践经验，通过成果分享，希望电气界的同仁少走弯路，欢迎大家在此基础上继续研究、探讨电动汽车充电设施系统的新技术及其应用成果。

全书的主要内容与编写分工如下：

实用数据速查表，李炳华编写；第1章概况，李鹏、吴生庭编写，李炳华审核；第2章国内外电动汽车充换电设施标准简介，焦建雷编写，李炳华审核；第3章术语与图形符号，李炳华编写，董青审核；第4章充电设备，岳云涛、朱心月、王成、常昊、屠胜贵、张智玉、金勇华和张伟编写，李炳华审核；第5章规划与选址，李炳华、王志敏编写，董青审核；第6章供配电系统，董青、张智玉、管瑞良、李敏和李菁钰编写，李炳华审核；第7章充电设施的布置与安装，徐学民编写，屠胜贵审核；第8章监控系统及计量计费系统，王猛、徐学民编写，李炳华审核；第9章消防，李炳华、陈立民、张智玉、管瑞良、李敏和李菁钰编写，徐学民审核；第10章防雷与接地，李炳华编写，吴生庭审核；第11章对其他专业的要求，徐学民编写，董青审核；第12章电动汽车充电设施系统在智能微网中的研究与应用，张永明编写，李炳华审核；第13章充电设施的检测认证与现场检验，罗亮编写，李炳华审核；第14章典型案例，孙宝莹、王猛和屠胜贵编写，李炳华审核；第 15 章研究及调查报告，李炳华、岳云涛、贾佳、覃剑戈、王成、朱心月、常昊、董青和屠胜贵编写；附录，李炳华、吴生庭、屠胜贵、金勇华、张智玉和任建平编写。

全书由李炳华统稿，王成、朱心月和常昊负责事务性工作。

本书有试验、有数据、有工程案例、有调研报告，内容丰富、技术前沿，具有一定的前瞻性，希望对读者有所帮助！本书在编写过程中得到了北京建筑大学岳云涛教授、同济大学张永明教授的大力支持和帮助，得到了全体编委的鼎力支持，得到了国际铜业协会、电气工程师合作组织（Electrical Engineers Organization，EEO）、贵州泰永长征技术股份有限公司、常熟开关制造有限公司、震宇智慧（北京）新能源科技有限公司、上海诚佳电子科技有限公司、上海正尔智能科技股份有限公司、施耐德电气（中国）有限公司和康狄鲸鱼（北京）科技有限责任公司等单位的大力支持，并承担相应的编写工作，在此表示衷心的感谢！还要感谢我国泰斗级专家任元会研究员为本书作序。同时要感谢任元会研究员、住建部建筑电气标准化技术委员会副主任丁杰研究员、资深老专家王素英教授和电动汽车行业专家胡进永等为本书审稿。

由于时间短、水平有限，加之电动汽车充电设施是新鲜事物，没有更多资料参考，书中难免存在错误、不妥之处，敬请原谅，并欢迎提出宝贵意见，以便改进，联系邮箱：binghua@ccdi.com.cn。

作者不定期将研究、测试和试验的数据公布到微信公众号 BH Talk 和抖音频道（扫描下面二维码），欢迎阅读、收看和交流。

书中照片除标明出处外，均为作者所拍摄，如有采用须注明出处！

# 实用数据速查表

| 序号 | 大类 | 类别 | 内容简述 | 章节号 |
|------|------|------|----------|--------|
| 1 | 概况 | 新能源汽车概况 | 全球新能源汽车年销售量 | 1.1 |
| 2 | | | 全国新能源汽车保有量 | 1.1 |
| 3 | | | 电动汽车分类及其驱动能源 | 1.5 |
| 4 | | | 电动汽车结构部件 | 1.5 |
| 5 | | | 车载充电机充电流程 | 1.5 |
| 6 | | | 常见电动汽车车企及车型 | 1.5 |
| 7 | | | 常用电动汽车技术参数及分析 | 附录 B |
| 8 | | 动力蓄电池 | 电动汽车动力蓄电池类型及特点 | 1.5、附录 A.3 |
| 9 | | | 动力蓄电池电压参数 | 1.5 |
| 10 | | | 电动汽车常用动力蓄电池电压及串联数 | 1.5 |
| 11 | | 充电设施概况 | 2019 年公共充电基础设施总量 | 1.2 |
| 12 | | | 2019 年公共充电桩总量 TOP10 的省市数据 | 1.2 |
| 13 | | | 2019 年充电电量 TOP10 省市 | 1.2 |
| 14 | | | 2019 年各省市换电站总量（座）TOP10 | 1.2 |
| 15 | | | 国内外大功率充电设施应用 | 1.3 |
| 16 | | 政策 | 国家部委主要相关政策 | 1.4 |
| 17 | | | 部分省市主要相关政策 | 1.4 |
| 18 | | | 部分地级市相关政策 | 1.4 |
| 19 | | 汽车库 | 机动车库建筑规模及停车当量数 | 1.6 |
| 20 | | | 汽车库、修车库、停车场的定义 | 1.6 |
| 21 | | | 汽车库、修车库、停车场的分类 | 1.6 |
| 22 | | 太阳能资源 | 我国太阳能资源的分类 | 4.8 |
| 23 | 标准 | 我国相关标准目录 | 主要国家标准目录 | 2.1 |
| 24 | | | 主要行业标准目录 | 2.1 |
| 25 | | | 主要团体标准目录 | 2.1 |
| 26 | | 国际相关标准目录 | 主要 ISO 标准目录 | 2.2 |

（续）

| 序号 | 大类 | 类别 | 内容简述 | 章节号 |
|------|------|------|----------|--------|
| 27 | 标准 | 国际相关标准目录 | 主要 IEC 标准目录 | 2.2 |
| 28 | | | 主要日本标准目录 | 2.2 |
| 29 | | | 主要美国 SAE 标准目录 | 2.2 |
| 30 | | | 主要欧盟标准目录 | 2.2 |
| 31 | | 术语、代号、图形符号 | 常用充换电设施系统术语 | 3.1 |
| 32 | | | 常用电动汽车充换电设施系统代号 | 3.2 |
| 33 | | | 有关电气图形符号的国家标准 | 3.3 |
| 34 | | | 电动汽车充电设备常用图形符号 | 3.3 |
| 35 | | | 电动汽车充电设备基本图形符号 | 3.3 |
| 36 | 充电设备的原理、特性及选用 | 分类 | 充换电设施的分类 | 4.1、6.1 |
| 37 | | | 充换电站能力及要求 | 4.1 |
| 38 | | | 充电设备类型 | 4.2、附录 A.1 |
| 39 | | 原理 | 交流充电桩原理 | 4.2 |
| 40 | | | 非车载充电机原理 | 4.2 |
| 41 | | | 充电主机系统原理 | 4.2 |
| 42 | | 充电模式与连接方式 | 电动汽车传导充电用连接装置 | 4.3 |
| 43 | | | 电动汽车充电连接方式 | 4.3、附录 A.2 |
| 44 | | | 电动汽车充电模式 | 4.3、附录 A.2 |
| 45 | | | 电动汽车充电模式的工作特性 | 4.3、6.1 |
| 46 | | | 常用的充电场景 | 4.3 |
| 47 | | 充电设备的特性 | 充电设备的负荷性质 | 4.4 |
| 48 | | | 充电电压特性 | 4.5 |
| 49 | | | 充电电流特性 | 4.5 |
| 50 | | | 充电功率特性 | 4.5 |
| 51 | | | 充电设备的谐波特性 | 4.6 |
| 52 | | | 充电设备的起动特性 | 4.7 |
| 53 | | 充电设备的选择 | 充换电设施的选择原则 | 4.8 |
| 54 | | | 各类充电设备的适用场所 | 4.8 |
| 55 | | | 交流充电桩技术参数 | 4.8 |
| 56 | | | 非车载充电机技术参数 | 4.8 |

（续）

| 序号 | 大类 | 类别 | 内容简述 | 章节号 |
|---|---|---|---|---|
| 57 | 规划与选址 | 规划 | 公共充换电设施规划 | 5.1 |
| 58 | | | 电动汽车充电车位配比 | 5.1 |
| 59 | | | 主要城市电动汽车充电设施系统配比 | 5.1 |
| 60 | | | 预留充电设备安装条件的含义 | 5.1 |
| 61 | | | 交流充电桩与非车载充电机的配置比例 | 5.1 |
| 62 | | | 电池更换站作为储能站的设想 | 5.1 |
| 63 | | | 多级储能系统 | 5.1 |
| 64 | | 选址 | 公共充电站和电池更换站的选址 | 5.2 |
| 65 | | | 电池更换站的附加要求 | 5.2 |
| 66 | 负荷计算 | 负荷等级 | 充换电设施的负荷等级 | 6.1 |
| 67 | | 效率、功率因数 | 充电机效率、输入功率因数 | 6.1 |
| 68 | | 计算公式 | 非充电主机系统的负荷计算 | 6.1 |
| 69 | | | 充电主机系统的负荷计算 | 6.1 |
| 70 | | 需要系数 | 充电设备的需要系数选择表 | 6.1 |
| 71 | | | 7kW 单相交流充电桩需要系数曲线 | 6.1 |
| 72 | | | 单相交流 7kW 充电桩需要系数选择表 | 6.1 |
| 73 | | | 不同标准需要系数的比较 | 6.1 |
| 74 | 供配电系统 | 供电电源 | 充换电设施供电电源的设计原则 | 6.2 |
| 75 | | | 充换电设施专用变压器组方案 | 6.2 |
| 76 | | | 充电设施共用变压器方案 | 6.2 |
| 77 | | | 室外充电设备箱式变电站采用单独 10kV 电源供电方案 | 6.2 |
| 78 | | | 室外充电设备箱式变电站与其他负荷共用 10kV 电源供电方案 | 6.2 |
| 79 | | | 充电设备与其他负荷共用 10kV 电源供电方案 | 6.2 |
| 80 | | | 各类建筑物年最大运行的负荷密度 | 6.2 |
| 81 | | 供配电系统 | 充电设备供配电系统 | 6.3 |
| 82 | | | 室外充电设施专用变压器环网供电 | 6.3 |
| 83 | | | 低压配电系统 | 6.3 |
| 84 | | | 树干式供电 | 6.3 |
| 85 | | | 各类 RCD 的特性及应用建议 | 6.3 |
| 86 | | | 单相交流充电桩配电系统 | 6.3 |
| 87 | | | 充电设备保护电器和电缆选择表 | 6.3 |
| 88 | | | 末端配电系统元器件选择表 | 6.3 |

（续）

| 序号 | 大类 | 类别 | 内容简述 | 章节号 |
|------|------|------|----------|--------|
| 89 | 供配电系统 | 供配电系统 | 铜芯和铝芯电缆载流量对比 | 6.3 |
| 90 | | 电能质量 | 频率偏差 | 6.4 |
| 91 | | | 供电电压偏差 | 6.4 |
| 92 | | | 三相电压不平衡 | 6.4 |
| 93 | | | 公用电网谐波 | 6.4 |
| 94 | | | 充电设备端子处电压偏差允许值 | 6.4 |
| 95 | 布置与安装 | 布置 | 后面布置 | 7.1、7.2 |
| 96 | | | 侧面布置 | 7.1、7.2 |
| 97 | | | 集中布置 | 7.1、7.2 |
| 98 | | | 一位一桩 | 7.1 |
| 99 | | | 多位共桩 | 7.1 |
| 100 | | 安装 | 充电设备与充电车位、建（构）筑物的最小间距 | 7.1 |
| 101 | | | 充电设备安装方式要求 | 7.1 |
| 102 | | | 落地式充电设备安装基础示意图 | 7.1 |
| 103 | | | 壁挂式安装示意图 | 7.3 |
| 104 | | | 充电设备室外落地安装示意图 | 7.4 |
| 105 | | | 充电主机系统安装示意图（无通风口） | 7.4 |
| 106 | | | 充电主机系统安装示意图（带通风口） | 7.4 |
| 107 | | | 充电设备的防撞设施 | 7.1 |
| 108 | | 不推荐使用的充电设备 | 机械停车库的充电设施 | 7.5 |
| 109 | | | 悬挂式充电设备 | 7.5 |
| 110 | | | 车挡式充电桩 | 7.5 |
| 111 | 监控与计量 | 监控系统 | 监控系统的分类 | 8.1 |
| 112 | | | 监控系统的功能 | 8.1 |
| 113 | | | 监控系统的构成 | 8.1 |
| 114 | | | 监控系统的结构形式 | 8.1 |
| 115 | | | 充电设施监控系统的配置 | 8.1 |
| 116 | | | 供配电监控系统的监测内容 | 8.1 |
| 117 | | | 充电监控系统的监测内容 | 8.1 |
| 118 | | | 安防系统的功能要求 | 8.1 |
| 119 | | | 监控系统的通信系统 | 8.1 |
| 120 | | | 对监控系统硬件的要求 | 8.1 |
| 121 | | | 建筑物内充电设施监控系统示例 | 8.2 |
| 122 | | 计量 | 充电系统的电能计量分类与功能 | 8.2 |

（续）

| 序号 | 大类 | 类别 | 内容简述 | 章节号 |
|---|---|---|---|---|
| 123 | 监控与计量 | 计量 | 计量仪表设置原则 | 8.2 |
| 124 | | | 计量仪表的配置要求 | 8.2 |
| 125 | | | 电能计量装置 | 8.2 |
| 126 | | | 电能计量装置的规格配置 | 8.2 |
| 127 | | | 电池更换站电能计量 | 8.2 |
| 128 | 消防 | 电动汽车火灾特性和特点 | 电动汽车发生火灾的总体情况 | 9.1 |
| 129 | | | 我国 2019 年 1 月~2019 年 12 月电动汽车发生火灾事故情况 | 9.1 |
| 130 | | | 电动汽车发生火灾的原因 | 9.1 |
| 131 | | | 电动汽车动力蓄电池发生火灾的特点 | 9.1 |
| 132 | | 民用建筑充电设备消防设置 | 设计依据和总体原则 | 9.2 |
| 133 | | | 充换电设施防火要求 | 9.2 |
| 134 | | | GB 14287《电气火灾监控系统》系列标准 | 9.2 |
| 135 | | | 分励脱扣器型号及参数 | 9.2 |
| 136 | | 电池更换站防火要求 | 电池更换站充电间的防火要求 | 9.2 |
| 137 | | | 探测器响应阈值（obs/m） | 9.2 |
| 138 | | | 电气防火限流式保护器 | 9.2 |
| 139 | | 防火单元 | 防火单元的概念 | 9.3 |
| 140 | | | 每个防火单元的最大允许建筑面积 | 9.3 |
| 141 | | | 不同车位布置方式下的停车位数量 | 9.3 |
| 142 | | | 防火单元的实质 | 9.3 |
| 143 | | | 对相关专业的要求 | 9.4、11.1 |
| 144 | 防雷与接地 | 防雷设计 | 设计依据 | 10.1 |
| 145 | | | 有雨棚的室外充电设施的防雷做法 | 10.1 |
| 146 | | | 充电设备金属外壳接地连接片规格及做法 | 10.1 |
| 147 | | | 低压配电系统中 SPD 的分类 | 10.1 |
| 148 | | | 监控系统用 SPD 的分类 | 10.1 |
| 149 | | | SPD 的类型和安装位置 | 10.1 |
| 150 | | | 雷区等级 | 10.1 |
| 151 | | 接地 | 低压系统接地形式 | 10.2 |
| 152 | | | 相关接地电阻值一览表 | 10.2 |
| 153 | | | 某电池更换站接地实景 | 10.2 |
| 154 | | 等电位联结 | 室外充电车位等电位均衡网做法 | 10.3 |
| 155 | 相关专业要求 | 建筑专业 | 充电设施用房 | 11.1 |

（续）

| 序号 | 大类 | 类别 | 内容简述 | 章节号 |
|------|------|------|----------|--------|
| 156 | 相关专业要求 | 建筑专业 | 预装式换电站功能分区 | 11.1 |
| 157 | | | 防火单元 | 11.1 |
| 158 | | 结构专业 | 立柱式和落地式安装基础 | 11.2 |
| 159 | | | 壁挂式安装要求 | 11.2 |
| 160 | | | 充电主机系统基础 | 11.2 |
| 161 | | | 电池更换站的结构设计 | 11.2 |
| 162 | | | 监控室的地面等效均布活荷载 | 11.2 |
| 163 | | | 充电设备安装 | 11.2 |
| 164 | | 给排水专业 | 卫生间 | 11.3 |
| 165 | | | 防火单元 | 11.3 |
| 166 | | 暖通专业 | 充换电设施工作区域对暖通专业的要求 | 11.4 |
| 167 | | | 空调系统的设置 | 11.4 |
| 168 | | | 防火单元 | 11.4 |
| 169 | | 照明 | 充电设施工作区域的照度标准值 | 11.5 |
| 170 | | | 照明控制 | 11.5 |
| 171 | | 标志标识 | 电动汽车充换电设施图形符号 | 11.6 |
| 172 | | | 电动汽车充换电设施标志符号 | 11.6 |
| 173 | | | 充换电设施标志、标识设置要求 | 11.6 |
| 174 | 充电设施系统在智能微网中的研究与应用 | 电动汽车充电对配电网的影响 | 对配电网电能质量的影响 | 12.1 |
| 175 | | | 对配电网经济运行的影响 | 12.1 |
| 176 | | 电动汽车有序充电与需求侧响应 | 有序充电 | 12.2 |
| 177 | | | 参与能源需求侧响应 | 12.2 |
| 178 | | 电动汽车充电与新能源发电消纳 | 新能源发电的直流特性 | 12.3 |
| 179 | | | 电动汽车直流充电及无线充电与新能源发电的结合 | 12.3 |
| 180 | | | 新能源发电与电动汽车充电结合方案的对比 | 12.3 |
| 181 | | | 电动汽车作为储能系统的作用与可行性分析 | 12.3 |
| 182 | | | 电动汽车"光-储-充"直流微网技术 | 12.3 |
| 183 | | | 电动汽车"光-储-充"直流微网系统架构 | 12.3 |
| 184 | | 电动汽车退役动力蓄电池梯次利用研究 | 电动汽车动力蓄电池的安全与退役问题研究 | 12.4 |
| 185 | | | 电动汽车退役动力蓄电池回收利用现状及存在问题 | 12.4 |
| 186 | | | 电动汽车退役动力蓄电池梯次利用的关键技术研究 | 12.4 |
| 187 | | | 退役动力蓄电池梯次利用储能充电系统设计 | 12.4 |
| 188 | | 电动汽车充电与直流建筑的融合 | 直流建筑的回归 | 12.5 |

（续）

| 序号 | 大类 | 类别 | 内容简述 | 章节号 |
|---|---|---|---|---|
| 189 | 充电设施系统在智能微网中的研究与应用 | 电动汽车充电与直流建筑的融合 | 电动汽车充电与直流建筑的融合 | 12.5 |
| 190 | | | 电动汽车充电在直流建筑配电体系中的位置 | 12.5 |
| 191 | | 典型应用场景研究 | 综合能源规划中绿色交通充电设施规划研究 | 12.6 |
| 192 | | | 宁波梅山国际近零碳排放示范区 | 12.6 |
| 193 | | | 公交停车场"光-储-充"直流微网充电设施研究 | 12.6 |
| 194 | | | 某公交公司多个停车场站、进线容量及充电设施现状 | 12.6 |
| 195 | | | "光伏-储能-充电"直流微电网充电设施系统 | 12.6 |
| 196 | | | 基于路灯杆的直流充电设施研究 | 12.6 |
| 197 | | | 路灯杆充电设施及其配电系统 | 12.6 |
| 198 | | | 路灯充电杆组群储能系统为交通信号灯提供备用电源 | 12.6 |
| 199 | 充电设施的检测认证与现场检验 | 充电设施的国内认证体系 | CQC 标志认证 | 13.1 |
| 200 | | | 认证产品及依据的标准 | 13.1 |
| 201 | | | 主要测试项目 | 13.1 |
| 202 | | | 节能认证 | 13.1 |
| 203 | | | 交流充电桩测试功耗数据 | 13.1 |
| 204 | | | 电动汽车充电设备节能认证标识 | 13.1 |
| 205 | | 充电设备检测认证中的常见问题 | 检测常见问题 | 13.2 |
| 206 | | | 认证常见问题 | 13.2 |
| 207 | | 充电设施的现场检验 | 公共充电设施的现场检验 | 13.3 |
| 208 | | | 自用充电设施的现场检验 | 13.3 |
| 209 | | | 自用充电设施的取电方式 | 13.3 |
| 210 | 典型案例 | 工程设计 | 住宅小区的充电设施 | 14.1 |
| 211 | | | 公共建筑的充电设备 | 14.2 |
| 212 | | | 某园区充电站 | 14.3 |
| 213 | | | 北京某小区新建电动汽车充电设施设计 | 附录 E |
| 214 | 研究及调查 | 研究 | 交流充电桩需要系数的研究 | 15.1 |
| 215 | | | 非车载充电机需要系数的研究 | 15.2 |
| 216 | | | 充电主机系统需要系数的研究 | 15.3 |
| 217 | | | 电动汽车防火的研究 | 15.4 |
| 218 | | | 电动汽车作为储能装置的设想 | 15.6 |
| 219 | | 调研 | 电池更换站调研报告 | 15.5 |
| 220 | | | 车主用车习惯调查 | 附录 C |
| 221 | | | 某小区充电设备使用情况调查 | 附录 D |

# 目　　录

# 第1章 概　　况

## 1.1　电动汽车的现状和发展趋势

随着国际石油能源供应紧缺、环境污染日益严重等问题的显现，新能源汽车将逐步凸显其战略地位，新能源已成为全球车企转型大势！

2016年全球电动汽车销量达75万辆；2017年全球电动汽车销量达122万辆；2018年全球电动汽车销量达201.82万辆；2019年全球电动汽车销量达220.98万辆。在2018年的全球新能源汽车销量中，中国所占的比例为62.5%，超过全球销量的一半以上。中国已成为全球新能源汽车的第一市场。全球新能源汽车年销售量见表1-1。

**表1-1　全球新能源汽车年销售量**

| 年　　份 | 2016年 | 2017年 | 2018年 | 2019年 |
|---|---|---|---|---|
| 销售量/万辆 | 75 | 122 | 201.82 | 220.98 |

根据国际能源署（IEA）2019年11月发布的《世界能源展望2019》，到2025年，全球电动汽车的保有量将达到3.5亿辆。

我国正处于新能源汽车技术飞速发展阶段，产业生态结构逐渐完善，技术发展格局初步奠定，未来发展潜力巨大。根据公安部公布的数据，截至2019年12月31日，我国纯电动汽车保有量达到310万辆，占汽车总量的1.46%。全国新能源汽车保有量见表1-2。

**表1-2　全国新能源汽车保有量**

| 时　　间 | 截至2018年12月31日 | 截至2019年6月30日 | 截至2019年12月31日 |
|---|---|---|---|
| 纯电动汽车/万辆 | 211 | 281 | 310 |
| 其他新能源汽车/万辆 | 50 | 63 | 71 |
| 总计/万辆 | 261 | 344 | 381 |
| 占汽车总量比例（%） | 1.09 | 1.37 | 1.46 |

2019年底，工业和信息化部牵头编制的《2035年新能源汽车发展规划》初稿已完成，并开始广泛征求地方和行业主管部门的意见。该征求意见稿指出：力争经过15年的持续努力，使新能源汽车关键核心技术取得重大突破，融合发展协调

高效，产业生态健全完善，纯电动乘用车成为主流，燃料电池商用车实现规模化应用，高度自动驾驶智能网联汽车趋于普及，我国进入世界汽车强国行列。预计到2025年，新能源汽车市场竞争力明显提高，销量占当年汽车总销量的20%，有条件自动驾驶智能网联汽车销量占比30%；到2030年，新能源汽车形成市场竞争优势，销量占当年汽车总销量的40%，有条件自动驾驶智能网联汽车销量占比高达70%。

## 1.2　我国电动汽车充换电设施的现状和发展趋势

根据中国充电联盟的相关数据显示，各种类型的企业加入到充电基础设施运营行业，整个行业保持着高速发展。截至2019年12月，中国充电联盟内成员单位总计上报公共类充电站51.6万余台，包括30.1万台交流充电桩、21.5万台非车载充电机和488台交直流一体充电机，并且公共充电基础设施建设集中在经济发达、政策较好的地区，TOP10地区的建设数量占全国的73.9%。2019年公共充电基础设施总量见表1-3。2019年公共充电桩总量TOP10的省市数据见表1-4。

**表1-3　2019年公共充电基础设施总量**

| 月份 | 1月 | 2月 | 3月 | 4月 | 5月 | 6月 | 7月 | 8月 | 9月 | 10月 | 11月 | 12月 |
|---|---|---|---|---|---|---|---|---|---|---|---|---|
| 总量/万台 | 34.2 | 34.8 | 38.4 | 39.1 | 40.1 | 41.2 | 44.7 | 45.6 | 46.6 | 47.8 | 49.6 | 51.6 |

注：数据来自中国充电联盟。

**表1-4　2019年公共充电桩总量TOP10的省市数据**

| 省级行政区域 | 广东省 | 江苏省 | 北京市 | 上海市 | 山东省 | 浙江省 | 安徽省 | 河北省 | 湖北省 | 福建省 |
|---|---|---|---|---|---|---|---|---|---|---|
| 总量/万台 | 6.3 | 6.1 | 5.9 | 5.5 | 3.2 | 2.9 | 2.6 | 2.2 | 1.8 | 1.7 |

目前，全国公共充电桩充电电量流向主要以公交车为主，乘用车同样有较大占比，环卫物流车、出租车等其他类型车辆占比较小。2019年12月，全国公共充电桩充电总电量约5.96亿kW·h。2019年公共充电桩充电电量TOP10省市见表1-5。2019年各省市换电站总量TOP10见表1-6。

**表1-5　2019年公共充电桩充电电量TOP10省市（不含国网）**

| 省级行政区域 | 广东省 | 江苏省 | 陕西省 | 四川省 | 福建省 | 湖北省 | 山东省 | 北京市 | 浙江省 | 上海市 |
|---|---|---|---|---|---|---|---|---|---|---|
| 充电电量/（亿kW·h） | 8.6 | 5.0 | 4.2 | 3.1 | 2.8 | 2.6 | 2.5 | 2.4 | 2.3 | 1.9 |

**表1-6　2019年各省市换电站总量TOP10**

| 省级行政区域 | 总计 | 北京市 | 广东省 | 福建省 | 浙江省 | 江苏省 | 湖南省 | 上海市 | 海南省 | 河南省 | 河北省 |
|---|---|---|---|---|---|---|---|---|---|---|---|
| 总量/座 | 306 | 126 | 63 | 17 | 13 | 12 | 10 | 10 | 9 | 6 | 5 |

根据中国充电联盟预测：2020 年私人交流充电桩将新增 37.3 万台，总量达到 107.6 万台；公共充电设备将新增 15.6 万台，其中，公共交流充电桩 8.4 万台，公共非车载充电机 7.2 万台；公共充电设备总量达到 66.7 万台，包括 38.4 万台公共交流充电桩，28.3 万台公共非车载充电机；公共充电场站将新增 1.2 万座，总量达 4.8 万座。

## 1.3　国际上电动汽车充换电设施的现状和发展趋势

在美国和欧洲，由于地广人稀，公共充电设备数量很少，绝大多数电动车车主会选择在自己家中安装充电桩，所以国外公共充电设备的建设情况比较理性。虽然欧洲新能源产业发展要比国内早，但是在充电设施的规模和效率等方面并不能与国内相比。而中国电动车需求量大，充电桩会随着电动车总量的增加而呈现井喷式的发展。

在美国，比较有代表性的新能源汽车厂商是特斯拉和福特。根据特斯拉官方网站公布的数据，截至 2020 年 2 月，特斯拉在全球范围内建成 1870 座超级充电站，16585 个超级充电桩。在中国建成约 310 座超级充电站，布局 2300 多个超级充电桩和 2100 多个目的地充电桩。根据福特中国官方新闻，在 2017—2022 年之间，福特汽车将投资 110 亿美元开发新能源车型。而在大规模电动车上市之前，福特汽车正在全球布局充电桩体系。日前，福特汽车在北美和欧洲扩大充电网络布局，用户可通过"福特派 APP"在全美找到超过 1.2 万座公共充电站，总计超过 3.5 万个充电枪，并可在两年内免费享受充电服务。在欧洲 21 个国家，"福特派 APP"也将接入超过 12.5 万个公共充电站。

随着电动汽车续驶里程的不断升级，部分消费者的里程焦虑问题得到了缓解，但同时带来的是充电等待时间过长的问题，故大功率充电设施的研发已经越来越受到重视。特斯拉最新的 V3 超级充电桩即为大功率充电设施，其峰值充电功率达到 250kW，相比 V2 超级充电桩提升 1 倍。当使用 V3 超级充电桩充电时，5min 充电电量可行驶里程约 120km。喝一杯茶的功夫即可充满一天行驶里程的使用量，这大大缩减了用户的充电等待时间。虽然大功率充电仍有较多核心技术问题亟须解决，但是不可否认，大功率充电已成为消费者最为期待的解决方案之一。目前国内外对大功率充电设施均有研究与应用，具体见表 1-7。

表 1-7　国内外大功率充电设施应用

| 地　　点 | 时　　间 | 输出功率 |
| --- | --- | --- |
| 澳大利亚布里斯班 | 2018 年 6 月 | 350kW，可同时为两辆车充电，15min 内为电动汽车增加 400km 里程 |

（续）

| 地　点 | 时　间 | 输出功率 |
|---|---|---|
| 欧洲 | 2019 年 5 月 | 101 个 350kW 充电桩，计划 2020 年建成 400 座快充站，每个站点安装 6 个大功率充电桩 |
| 美国加州 | 2019 年 6 月 | 350kW，充电电压可达 800V |
| 德国 | 2018 年 12 月 | 保时捷与宝马合作开发 450kW 充电桩，3min 可为电动汽车增加 100km 里程 |
| 美国 | 2019 年 3 月 | 特斯拉 V3 充电桩，250kW。15min 充电 50%，随后输出功率下降到 150kW，电量达 80% 后，输出功率下降到 50kW |
| 中国上海 | 2018 年 5 月 | 大功率充电弓，单弓最大输出电流 750A，最大输出功率 450kW |
| 中国北京 | 2019 年 1 月 | 充电弓最大功率 600kW，充电桩最大输出功率 360kW，单枪输出最大电流 500A，最大电压 1000V |
| 中国常州 | 2019 年 3 月 | 最大电流 400A，单枪输出最大功率 500kW，8min 可增加 400km 里程 |
| 中国上海 | 2019 年 12 月 | 特斯拉 V3 充电桩，250kW |

# 1.4　我国电动汽车充电设施的相关政策

　　自 2015 年国务院办公厅发布了《国务院办公厅关于加快新能源汽车推广应用的指导意见》后，我国的电动汽车充电基础设施有了明确的政策方向。随后，国家相关部委纷纷出台了多项政策，以保障充电基础设施的顺利实施，见表 1-8。各地根据自身特点也制定了相关政策，见表 1-9 和表 1-10。

表 1-8　国家部委主要相关政策

| 发布时间 | 发布部门 | 文件名称 |
|---|---|---|
| 2015 年 9 月 | 国务院办公厅 | 《国务院办公厅关于加快新能源汽车推广应用的指导意见》（国办发[2014]35 号） |
| 2015 年 10 月 | 国家发展改革委、国家能源局、工信部、住建部 | 《电动汽车充电基础设施发展指南（2015—2020 年）》（发改能源[2015]1454 号） |
| 2015 年 12 月 | 住建部 | 《住房城乡建设部关于加强城市电动汽车充电设施规划建设工作的通知》（建规[2015]199 号） |
| 2016 年 1 月 | 财政部、科技部、工信部、国家发展改革委、国家能源局 | 《关于"十三五"新能源汽车充电基础设施奖励政策及加强新能源汽车推广应用的通知》（财建[2016]7 号） |
| 2016 年 7 月 | 国家发展改革委、国家能源局、工信部、住建部 | 《关于加快居民区电动汽车充电基础设施建设的通知》（发改能源[2016]1611 号） |
| 2016 年 12 月 | 国家发展改革委、国家能源局、住建部、交通运输部 | 《关于统筹加快推进停车场与充电基础设施一体化建设的通知》（发改基础[2016]2826 号） |
| 2016 年 12 月 | 国家发展改革委、国家能源局、工信部 | 《电动汽车充电基础设施接口新国标的实施方案》（发改能源[2016]2668 号） |
| 2017 年 1 月 | 国家能源局、国资委、国管局 | 《关于加快单位内部电动汽车充电基础设施建设的通知》（国能电力[2017]19 号） |

（续）

| 发布时间 | 发布部门 | 文件名称 |
|---|---|---|
| 2018 年 6 月 | 国务院 | 《打响蓝天保卫战三年行动计划》 |
| 2018 年 11 月 | 国家发展改革委、国家能源局、工信部、财政部 | 《提升新能源汽车充电保障能力行动计划》（发改能源[2018]1698 号） |
| 2019 年 5 月 | 交通运输部、中宣部、国家发展改革委、工信部、公安部、财政部、生态环境部、住建部、国家市场监管总局、中国铁路总公司、国家机关事务管理局、中华全国总工会 | 《绿色出行行动计划（2019—2022 年）》 |

在国家发布政策推动电动汽车充电基础设施建设的同时，各省、市级政府也相继发布了各项扶持政策。

表 1-9 部分省市主要相关政策

| 省市级 | 文件名称 |
|---|---|
| 北京市 | 《关于进一步加强电动汽车充电基础设施建设和管理的实施意见》《北京市电动汽车社会公用充电设施运营考核奖励暂行办法》《北京市电动汽车充电基础设施专项规划（2016—2020 年）》 |
| 广东省 | 《广东省电动汽车充电基础设施规划（2016—2020 年）》《广东省高速公路充电基础设施规划建设方案（2018—2020 年）》 |
| 上海市 | 《上海市鼓励电动汽车充换电设施发展扶持办法》 |
| 江苏省 | 《江苏省"十三五"新能源汽车推广应用实施方案》《江苏省"十三五"电动汽车充电设施专项规划》《江苏省新能源汽车充电设施建设运营管理办法》 |
| 山东省 | 《山东省新能源产业发展规划（2018—2028 年）》 |
| 河北省 | 《河北省关于加快全省电动汽车充电基础设施建设的实施意见》 |
| 安徽省 | 《关于加快电动汽车充电基础设施建设的实施意见》 |
| 天津市 | 《天津市加快新能源汽车充电基础设施建设实施方案（2018—2020）》 |
| 湖北省 | 《湖北省电动汽车充电基础设施专项规划（2016—2020 年）》《湖北省能源发展"十三五"规划》 |
| 福建省 | 《关于加快充电基础设施建设促进新能源汽车推广应用的实施方案》《福建省"十三五"电动汽车充电基础设施专项规划》 |
| 重庆市 | 《重庆市加快电动汽车充电基础设施建设实施方案》《重庆市电动汽车充电基础设施建设运营管理办法》 |
| 河南省 | 《河南省"十三五"电动汽车充电基础设施专项规划》《河南省电动汽车充电基础设施建设运营管理暂行办法》 |
| 湖南省 | 《湖南省电动汽车充电基础设施建设与运营管理暂行办法》《湖南省电动汽车充电基础设施专项规划（2016—2020 年）》 |
| 陕西省 | 《陕西省电动汽车充电基础设施专项规划（2016—2020 年）》《陕西省电动汽车充电基础设施建设运营管理办法》 |

（续）

| 省市级 | 文件名称 |
|---|---|
| 云南省 | 《云南省电动汽车充电基础设施规划（2016—2020 年）》《云南省电动汽车充电基础设施建设运营管理暂行办法》《云南省加快新能源汽车推广应用工作方案》 |
| 甘肃省 | 《甘肃省新能源汽车推广应用实施方案（2016—2020年）》《甘肃省"十三五"能源发展规划》《关于加快电动汽车充电基础设施建设的实施意见》 |
| 江西省 | 《江西省电动汽车充电基础设施建设运营管理办法（试行）》《江西省电动汽车充电基础设施专项规划》 |
| 海南省 | 《2017 年海南省新能源汽车推广应用重点工作任务》《海南省电动汽车充电基础设施建设运营省级补贴实施暂行办法》《海南省电动汽车充电基础设施建设运营暂行管理办法》《海南省人民政府关于大力推广应用新能源汽车促进生态省建设的实施意见》 |
| 青海省 | 《青海省人民政府办公厅关于加快电动汽车充电基础设施建设的实施意见》《青海省电动汽车充电基础设施建设运营管理暂行办法》 |
| 浙江省 | 《浙江省电动汽车充电基础设施"十三五"发展规划》 |
| 山西省 | 《山西省电动汽车充电基础设施专项规划（2016—2020 年）》 |

### 表 1-10　部分地级市相关政策

| 市　　级 | 文件名称 |
|---|---|
| 运城市 | 《运城市城区电动汽车充换电设施建设暂行管理办法》 |
| 衡水市 | 《衡水市人民政府办公室关于加快全市电动汽车充电基础设施建设的实施意见》 |
| 石家庄市 | 《石家庄市人民政府办公厅关于推进全市电动汽车充电基础设施建设的实施意见》 |
| 中山市 | 《中山市新能源汽车推广应用发展规划（征求意见稿）》《中山市中心城区新能源（电动）汽车充电设施布局规划》 |
| 大连市 | 《大连市鼓励电动汽车充电基础设施发展专项资金管理办法》 |
| 广州市 | 《广州市电动汽车充电基础设施补贴资金管理办法》 |
| 江门市 | 《江门市电动汽车充电基础设施补贴资金管理及发放暂行办法（公开征求意见稿）》 |
| 长沙市 | 《长沙市电动汽车充电基础设施专项规划（2017—2020 年）的通知》《长沙市充电基础设施"蓝天保卫战"专项实施方案》 |
| 长春市 | 《长春市电动汽车充电基础设施建设运营管理暂行办法》 |
| 福州市 | 《福州市"十三五"电动汽车充电基础设施专项规划（修编）》 |
| 潍坊市 | 《潍坊市"十三五"电动汽车充电基础设施发展规划（2016—2020 年）》 |
| 东莞市 | 《东莞市电动汽车充电设施建设运营管理办法（征求意见稿）》 |
| 桐乡市 | 《电动汽车充电基础设施发展规划》 |
| 泸州市 | 《泸州市新能源汽车充电设施专项规划（2015—2030 年）》 |
| 郑州市 | 《郑州市城乡规划局关于推进电动汽车充电基础设施规划建设的通知》 |

充电设施行业在政策利好的环境中将迎来快速发展期!

## 1.5　电动汽车及其动力蓄电池

### 1.5.1　电动汽车

我国国家标准 GB/T 19596—2017《电动汽车术语》定义了电动汽车,即纯电动汽车、混合动力电动汽车和燃料电池电动汽车总称为电动汽车。国际电工委员会 IEC 61851-1—2017 "Electric vehicle conductive charging system–Part 1: General requirements" 定义电动汽车为主要在公共街道、公路或高速公路上使用的,由电动机驱动的车辆,其驱动电流来源于可充电电池或其他便携式储能设备(可再充电,使用的能源来自车辆外,如居民区或公共电力设施)。中外两个标准定义略有不同,尤其在中文名称方面,国内专家有不同的意见。本书采用我国大部分标准的术语——电动汽车。电动汽车主要划分为纯电动汽车(Battery Electric Vehicle, BEV)、混合动力汽车(Hybrid Electric Vehicle, HEV)和燃料电池汽车(Fuel Cell Electric Vehicle, FCEV)。电动汽车分类及其驱动能源见表1-11。

表1-11　电动汽车分类及其驱动能源

| 分　类 | | 技术特征 |
|---|---|---|
| 纯电动汽车(BEV) | | 一种具备插入式充电功能的汽车,驱动能源全部来自于电池 |
| 混合动力汽车(HEV) | 插电式混合动力电动汽车(PHEV) | 一种具备插入式充电功能的汽车,驱动能源可以来自于电池或液体燃料 |
| | 常规混合动力电动汽车(HEV) | 一种不具备插入式充电功能的汽车,驱动能源只能来自于液体燃料 |
| 燃料电池汽车(FCEV) | | 一种不具备插入式充电功能,不含有电驱动系统和电池的传统汽车,驱动能源只能来自于液体燃料 |

### 1.5.2　电动汽车的构成

电动汽车的组成包括电力驱动及控制系统、驱动力传动等机械系统和辅助工作装置等。电力驱动及控制系统是电动汽车的核心,也是区别于内燃机汽车的最大不同点。电动汽车结构部件见表1-12。

表1-12　电动汽车结构部件

| 机　构 | 名　称 | 机　构 | 名　称 |
|---|---|---|---|
| 驱动行驶装置 | 辅助系统 | 驱动行驶装置 | 驱动系统 |
| | 车载能源 | | 动力系统 |

（续）

| 机　　构 | 名　　称 | 机　　构 | 名　　称 |
|---|---|---|---|
| 驱动行驶装置 | 前后方向控制器 | 电气装置及部件 | 可导电部分 |
| | 整车控制器 | | 高压母线 |
| | 电力系统 | | 电力系统负载 |
| | 制动能量回收系统 | 指示器、信号装置 | 电池过热报警装置 |
| | 动力蓄电池系统 | | 电池液位报警装置 |
| | 驱动电动机系统 | | 剩余电量显示器 |
| | 高压系统 | | 电动机超速报警装置 |
| 车身、地盘 | 电池托架 | | 电动机过热报警装置 |
| | 电平台 | | 电动机过电流报警装置 |
| | 动力电缆 | | 控制器过热报警装置 |
| | 充电插孔 | | 绝缘失效报警装置 |
| | 乘员舱 | | 可运行指示器 |
| 电气装置及部件 | 储能装置 | | 制动能量回收指示器 |
| | 带电部分 | | |

高压系统包括车载充电机和高压盒等装置。小客车车载充电机功率主要为3.3kW 和 6.6kW，市场上也出现了一些大功率的车载充电机，比如 19kW、22kW、40kW 和 43kW 等。大客车车载充电机功率主要为 40kW 和 80kW，效率集中在93%～95%之间，冷却方式主要包括风冷和水冷。电动汽车的充放电由车辆电池管理系统（BMS）控制。车载充电机充电流程示意如图 1-1 所示。

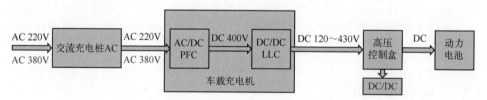

图 1-1　车载充电机充电流程示意

### 1.5.3　常见车企车型

我国电动汽车的分布和保有量与城市发展息息相关，北京、上海、广州和深圳等一线城市发展最早也最快。现在全国一线城市电动汽车使用环境逐渐成熟，传统燃油车企主导的产品也逐步转型，从而推动了电动汽车技术的发展。电动汽车属于新兴行业，也是高新科技应用较多的产品。相对于传统燃油汽车，电力电子、电化学、数字控制电路、集成电路和自动驾驶等技术在电动汽车中得到大规模应用。常见的电动汽车车企及车型见表 1-13。

**表 1-13　常见的电动汽车车企及车型**

| 车　企 | 类型 | 系　列 |
|---|---|---|
| 北汽新能源 | EV | EC、EX、EU、LITE |
| 上汽荣威 | EV | ER5、Ei5、RX5 |
| | HEV | eRX5、e950、ei6 |
| 比亚迪 | EV | 王朝家族唐、宋、秦、元、e1、s2、e2、e3、e5 |
| | HEV | 唐 DM、宋 DM、秦 DM |
| 长安新能源 | EV | 奔奔、逸动、CS15 |
| 吉利帝豪 | EV | 帝豪 EV500、帝豪 Gse |
| | HEV | 帝豪 GL、帝豪 |
| 特斯拉 | EV | Model S、Model X、Model 3 |

## 1.5.4　电动汽车的动力蓄电池

铅酸电池：是一种电极主要由铅及其氧化物制成，电解液是硫酸溶液的蓄电池。目前在世界上应用广泛，循环寿命可达 1000 次左右，效率能达到 80%～90%，性价比高，常用于电力系统的事故电源或备用电源，现代电动汽车基本不用此类电池。如果深度、快速大功率放电，则可用容量会下降。其特点是能量密度低，寿命短。铅酸电池通过将具有超级活性的炭材料添加到其负极板上，使其循环寿命提高很多。

锂离子电池：是一类由锂金属或锂合金作为负极材料，使用非水电解质溶液的电池。锂离子电池主要应用于便携式的移动设备中，其效率可达 95%以上，放电时间可达数小时，循环次数可达 1000 次，响应快速，是电池中能量较高的实用性电池。目前该类电池广泛应用于电动汽车上。近年来技术也在不断进行升级，正负极材料有多种应用。

电动汽车的动力为蓄电池。目前，纯电动汽车动力蓄电池主要采用锂电池，而混动汽车采用镍氢电池。锂离子电池根据元素不同主要有磷酸铁锂电池、三元锂电池等。锂离子电池根据封装形式和形状主要有圆柱、方形和软包等。

电动汽车动力蓄电池类型及特点见表 1-14，动力蓄电池电压参数见表 1-15，电动汽车常用动力蓄电池电压及串联数见表 1-16。

铅酸电池体积大、重量重，不易设置电池管理系统（BMS），不适用于电动汽车。镍氢电池缺点是重量重、寿命较短；优点是具有快速充电性能，有良好的低温性能，适用于混动汽车。

表1-14 电动汽车动力蓄电池类型及特点

| 类 型 | 构 成 | 优 点 | 缺 点 | 充放电循环寿命/次 | 湿搁置使用寿命/年 | 应 用 |
|---|---|---|---|---|---|---|
| 镍氢电池 | 正极活性物质为Ni(OH)$_2$（称NiO电极），负极活性物质为金属氢化物 | 能量密度较高，可快速充放电，温度性能好，充放电能力强，有很好的耐过充电能力，对环境无污染 | 反应过程中需要贵金属，价格昂贵，不利于大规模推广 | 500～800 | 2～3 | 航天电池，混动汽车 |
| 磷酸铁锂电池 | 磷酸铁锂作为正极材料 | 能量密度较高，充放电循环性能好，输出电压高且稳定，大电流充放电性能好，安全可靠，对环境无污染 | 对温度要求较高，尤其在低温情况下，影响化学反应活性 | 2000 | 5～8 | 电动小客车、公交车等 |
| 三元锂电池 | 正极材料为镍钴锰酸锂（Li(NiCoMn)O$_2$）或者镍钴铝酸锂 | 能量密度较高，温度要求宽松，充放电循环性能好，输出电压高且稳定，对环境无污染 | 大电流长时间过电压充电在某些阶段容易引起电池高温，导致电失控 | 600～1000 | 5～8 | 电动小客车 |

表1-15 动力蓄电池电压参数 （单位：V）

| 电池种类 | 铅酸电池 | 镍氢电池 | 三元锂电池 | 磷酸铁锂电池 |
|---|---|---|---|---|
| 单体标称电压 | 2 | 1.2 | 3.6～3.7 | 3.2 |
| 开路电压 | 2.1～2.2 | 1.4 | 4.1～4.2 | 3.3 |
| 放电截止电压 | 1.7 | 1.0 | 2.6～2.7 | 2.0 |
| 充电限制电压 | 2.3 | | 4.2～4.3 | 3.6 |

表1-16 电动汽车常用动力蓄电池电压及串联数

| 序号 | 标称电压 | 铅酸电池 | 镍氢电池 | 三元锂电池 | 磷酸铁锂电池 | 主要车型 |
|---|---|---|---|---|---|---|
| | | 串联数 | | | | |
| 1 | 144 | 72 | 120 | 40 | 45 | 重度混合动力车，纯电动微型车 |
| 2 | 288 | 144 | 240 | 80 | 90 | 混合动力乘用车，纯电动乘用车 |
| 3 | 320 | 160 | | | 100 | |
| 4 | 345.6 | | | 96 | 108 | |
| 5 | 400 | 240 | | | 120 | 纯电动商用车 |
| 6 | 576 | 288 | 480 | 160 | 180 | |

　　三元锂电池和磷酸铁锂电池是现在电动汽车动力蓄电池的主力。前者能量密度高，但是安全性稍差；后者相反，国内的电动汽车先锋车企比亚迪大多车型采用磷酸铁锂电池。纯电动乘用车动力蓄电池电压多在DC 200～400V之间。

　　据最新报道，比亚迪新一代磷酸铁锂电池——"刀片电池"已于2020年3月量产，该款电池拥有 300 项核心专利技术，能量密度接近三元锂电池。在安全性能方面，"刀片电池"完胜三元锂电池，基本解决了电动汽车自燃问题。动力蓄电池直接关系到电动汽车的性能和安全，其重要性不言而喻。目前，动力蓄电池是电动汽车遭受诟病的主要部件，可以说，电动汽车能走多远？前景如何？关键看动力蓄电池技术的突破和发展。

# 1.6　建筑中的汽车库

## 1.6.1　汽车库简介

根据我国行业标准 JGJ 100—2015《车库建筑设计规范》规定，车库建筑按所停车辆类型分为机动车库和非机动车库，本书涉及的车库主要针对机动车库。按建设方式车库可划分为独立式车库和附建式车库，独立式车库为单独建造的、具有独立完整的建筑主体结构与设备系统的车库；附建式车库是与其他建筑物或构筑物结合建造，并共用或部分共用建筑主体结构与设备系统的车库。

机动车库建筑规模按停车当量数可划分为特大型、大型、中型和小型，机动车库建筑规模及停车当量数见表 1-17。

表 1-17　机动车库建筑规模及停车当量数

| 规　模 | 特大型 | 大　型 | 中　型 | 小　型 |
|---|---|---|---|---|
| 当量数 | >1000 | 301～1000 | 51～300 | ≤50 |

表 1-17 中以小型车容量作为车库规模划分依据。因为小型车数量庞大，所以其车库使用面广。这一点与国家标准 GB 50067—2014《汽车库、修车库、停车场设计防火规范》划分依据相同。如果是其他车型，则需考虑车辆的当量换算系数进行折算。

GB 50067—2014《汽车库、修车库、停车场设计防火规范》给出了汽车库、修车库和停车场的定义，见表 1-18。很明显，表 1-18 中的定义已经落后于这个时代，在电动汽车比较普及的城市，电动汽车早已进入汽车库、停车场。

表 1-18　汽车库、修车库、停车场的定义

| 中文名称 | 英文名称 | 定　义 |
|---|---|---|
| 汽车库 | garage | 用于停放由内燃机驱动且无轨道的客车、货车和工程车等汽车的建筑物 |
| 修车库 | motor repair shop | 用于保养、修理由内燃机驱动且无轨道的客车、货车和工程车等汽车的建（构）筑物 |
| 停车场 | parking lot | 专用于停放由内燃机驱动且无轨道的客车、货车和工程车等汽车的露天场地或构筑物 |

国家标准 GB 50067—2014《汽车库、修车库、停车场设计防火规范》从消防角度给出汽车库的分类，汽车库、修车库和停车场是根据停车（车位）数量和总建筑面积进行分类的，见表 1-19。

表 1-19　汽车库、修车库和停车场的分类

| 名　称 | 评定参数 | I | II | III | IV |
|---|---|---|---|---|---|
| 汽车库 | 停车数量/辆 | >300 | 151～300 | 51～150 | ≤50 |
|  | 总建筑面积 $S$/m² | $S$>10000 | 5000<$S$≤10000 | 2000<$S$≤5000 | $S$≤2000 |
| 修车库 | 车位数/个 | >15 | 6～15 | 3～5 | ≤2 |
|  | 总建筑面积 $S$/m² | $S$>3000 | 1000<$S$≤3000 | 500<$S$≤1000 | $S$≤500 |
| 停车场 | 停车数量/辆 | >400 | 251～400 | 101～250 | ≤100 |

规范还补充说明：当屋面露天停车场与下部汽车库共用汽车坡道时，其停车数量应计算在汽车库的车辆总数内，也就是此时的屋面露天停车场作为汽车库的一部分；在使用表 1-19 时，室外坡道、屋面露天停车场的建筑面积可不计入汽车库的建筑面积之内；公交汽车库的建筑面积可按表 1-19 的规定值增加 2.0 倍。

从表 1-17 和表 1-19 可以看出，两部标准对汽车库规模、分类有所不同，而且差别较大。从消防角度看，GB 50067—2014 分类要求更高，毕竟汽车、电动汽车都存在一定的安全隐患，采取更严格的措施有助于消防救援。

## 1.6.2　汽车库内设置充电桩现状

新建的各类公共建筑和住宅建筑大多设置了地下车库，根据各地规划要求和城市发展不同，车位数量也不同，详见本书第 5 章相关内容。随着电动汽车的发展，越来越多的电动汽车进入地下车库，充电的需求促使充电桩进入汽车库。随着电动汽车充电时发生的事故越来越多，在地下车库安装充电桩也成为大家热议和关注的事情，参见本书第 9 章。

新建住宅配建停车场要 100%建设充电设施或预留建设安装条件，现在各个地方都有不同规定，所以在地下车库安装充电桩是必然的。从目前发生电动汽车火灾的事故统计可以看出，多数是由于电池原因引起的，减小充电电流是一个重要因素，因此《电动汽车充换电设施系统设计标准》也明确了额定功率大于 7kW 的电动汽车充电设备不应设在建筑内。

# 第2章　国内外电动汽车充换电设施标准简介

为了更好地设计电动汽车充换电设施系统，本章列举出国内外电动汽车充换电设施系统相关标准，供大家参考、使用。

## 2.1　国内电动汽车充换电设施相关标准介绍

### 2.1.1　国家标准

我国已颁布许多国家标准，涵盖设计、施工、制造、产品和验收等内容，基本形成充换电设施系统体系，对我国电动汽车事业的发展起到积极作用。我国电动汽车充换电设施主要标准见表2-1。

表2-1　我国电动汽车充换电设施主要标准

| 标准编号 | 标准名称 |
|---|---|
| GB 50966—2014 | 电动汽车充电站设计规范 |
| GB/T 51077—2015 | 电动汽车电池更换站设计规范 |
| GB/T 51313—2018 | 电动汽车分散充电设施工程技术标准 |
| GB/T 7251.7—2015 | 低压成套开关设备和控制设备 第7部分：特定应用的成套设备—如码头、露营地、市集广场、电动车辆充电站 |
| GB/T 18384.1—2015 | 电动汽车 安全要求 第1部分：车载可充电储能系统（REESS） |
| GB/T 18384.2—2015 | 电动汽车 安全要求 第2部分：操作安全和故障防护 |
| GB/T 18384.3—2015 | 电动汽车 安全要求 第3部分：人员触电防护 |
| GB/T 18487.1—2015 | 电动汽车传导充电系统 第1部分：通用要求 |
| GB/T 18487.2—2017 | 电动汽车传导充电系统 第2部分：非车载传导供电设备电磁兼容要求 |
| GB/T 18487.3—2001 | 电动车辆传导充电系统 电动车辆交流/直流充电机（站） |
| GB/T 19596—2017 | 电动汽车术语 |
| GB/T 20234.1—2015 | 电动汽车传导充电用连接装置 第1部分：通用要求 |
| GB/T 20234.2—2015 | 电动汽车传导充电用连接装置 第2部分：交流充电接口 |
| GB/T 20234.3—2015 | 电动汽车传导充电用连接装置 第3部分：直流充电接口 |
| GB/T 24347—2009 | 电动汽车DC/DC变换器 |

（续）

| 标准编号 | 标准名称 |
|---|---|
| GB/T 27930—2015 | 电动汽车非车载传导式充电机与电池管理系统之间的通信协议 |
| GB/T 29316—2012 | 电动汽车充换电设施电能质量技术要求 |
| GB/T 29317—2012 | 电动汽车充换电设施术语 |
| GB/T 29318—2012 | 电动汽车非车载充电机电能计量 |
| GB/T 29772—2013 | 电动汽车电池更换站通用技术要求 |
| GB/T 36278—2018 | 电动汽车充换电设施接入配电网技术规范 |
| GB/T 36547—2018 | 电化学储能系统接入电网技术规定 |
| GB/T 36548—2018 | 电化学储能系统接入电网测试规范 |
| GB/T 36549—2018 | 电化学储能电站运行指标及评价 |
| GB/T 36558—2018 | 电力系统电化学储能系统通用技术条件 |
| GB/T 36980—2018 | 电动汽车能量消耗率限值 |
| GB/T 37132—2018 | 无线充电设备的电磁兼容性通用要求和测试方法 |
| GB/T 37133—2018 | 电动汽车用高压大电流线束和连接器技术要求 |
| GB/T 38283—2019 | 电动汽车灾害事故应急救援指南 |

## 2.1.2　行业标准

与充换电设施相关的行业也颁布了相关标准，主要行业标准情况见表2-2。

表 2-2　与充换电设施相关的行业标准

| 行　业 | 标准编号 | 标准名称 |
|---|---|---|
| 国家能源行业 | NB/T 10202—2019 | 用于电动汽车模式2充电的具有温度保护的插头 |
| | NB/T 33002—2018 | 电动汽车交流充电桩技术条件 |
| | NB/T 33008.1—2018 | 电动汽车充电设备检验试验规范 第1部分：非车载充电机 |
| | NB/T 33008.2—2018 | 电动汽车充电设备检验试验规范 第2部分：交流充电桩 |
| | NB/T 33009—2013 | 电动汽车充换电设施建设技术导则 |
| | NB/T 33010—2014 | 分布式电源接入电网运行控制规范 |
| | NB/T 33011—2014 | 分布式电源接入电网测试技术规范 |
| | NB/T 33013—2014 | 分布式电源孤岛运行控制规范 |
| | NB/T 33014—2014 | 电化学储能系统接入配电网运行控制规范 |
| | NB/T 33018—2015 | 电动汽车充换电设施供电系统技术规范 |
| | NB/T 33023—2015 | 电动汽车充换电设施规划导则 |

（续）

| 行　业 | 标准编号 | 标准名称 |
|---|---|---|
| 汽车行业 | QC/T 742—2006 | 电动汽车用铅酸蓄电池 |
| | QC/T 743—2006 | 电动汽车用锂离子蓄电池 |
| | QC/T 842—2010 | 电动汽车电池管理系统与非车载充电机之间的通信协议 |
| | QC/T 895—2011 | 电动汽车用传导式车载充电机 |
| | QC/T 896—2011 | 电动汽车用驱动电机系统接口 |
| | QC/T 897—2011 | 电动汽车用电池管理系统技术条件 |

## 2.1.3　团体标准

我国标准体系改革以来，为充分发挥学术团体的技术优势，编制了技术标准。电动汽车充换电设施系统主要团体标准见表 2-3。

表 2-3　电动汽车充换电设施系统主要团体标准

| 行　业 | 标准编号 | 标准名称 |
|---|---|---|
| 中国建筑学会 | T/ASC 17—2021 | 电动汽车充换电设施系统设计标准 |
| 中国电力企业联合会 | T/CEC 102.1—2016 | 电动汽车充换电服务信息交换　第 1 部分：总则 |
| | T/CEC 102.2—2016 | 电动汽车充换电服务信息交换　第 2 部分：公共信息交换规范 |
| | T/CEC 102.3—2016 | 电动汽车充换电服务信息交换　第 3 部分：业务信息交换规范 |
| | T/CEC 102.4—2016 | 电动汽车充换电服务信息交换　第 4 部分：数据传输及安全 |
| | T/CEC 208—2019 | 电动汽车充电设施信息安全技术规范 |
| | T/CEC 212—2019 | 电动汽车交直流充电桩低压元件技术要求 |
| | T/CEC 213—2019 | 电动汽车交流充电桩　高温沿海地区特殊要求 |
| | T/CEC 214—2019 | 电动汽车非车载充电机　高温沿海地区特殊要求 |
| | T/CEC 215—2019 | 电动汽车非车载充电机检验试验技术规范　高温沿海地区特殊要求 |
| | T/CEC 216—2019 | 电动汽车交流充电桩检验试验技术规范　高温沿海地区特殊要求 |
| | T/CECS 508—2018 | 居住区电动汽车充电设施技术规程 |
| | T/CECS 611—2019 | 电动汽车无线充电设施技术规程 |

## 2.1.4　企业标准

国家电网公司、南方电网公司等企业也相继颁布自己的企业标准，下面仅列举两例国家电网公司企业标准供大家参考：Q/GDW 238—2009《电动汽车充电站供电系统规范》及编制说明；Q/GDW 478—2010《电动汽车充电设施建设技术导则》。

## 2.2　国际上电动汽车充电设施标准简介

### 2.2.1　ISO 标准

国际标准化组织（International Organization for Standardization，ISO）是由国家标准化机构组成的世界标准联合会，现有 140 个成员。ISO 也制定了许多有关电动汽车充电设施的相关标准，主要标准见表 2-4。

表 2-4　电动汽车充电设施的相关标准

| 标准编号 | 标准英文名称 | 标准中文名称 |
|---|---|---|
| ISO 15118–1:2019 | Road vehicles - Vehicle to grid communication interface - Part 1: General information and use case definition | 道路车辆　车辆到电力通信接口 第 1 部分：通用信息和使用案例定义 |
| ISO 15118–2:2014 | Road vehicles - Vehicle to grid communication interface - Part 2: Network and application protocol requirements | 道路车辆　车辆到电力通信接口 第 2 部分：网络与应用协议要求 |
| ISO 15118–3:2015 | Road vehicles - Vehicle to grid communication interface - Part 3: Physical and data link layer requirements | 道路车辆　车辆到电力通信接口 第 3 部分：物理层与数据链路层要求 |
| ISO 15118–4:2018 | Road vehicles - Vehicle to grid communication interface - Part 4: Network and application protocol conformance test | 道路车辆　车辆到电力通信接口 第 4 部分：网络与应用协议性能测试 |
| ISO 15118–5:2018 | Road vehicles - Vehicles to grid communication interface - Part 5: Physical and data link layer conformance tests | 道路车辆　车辆到电力通信接口 第 5 部分：物理层与数据链路层性能测试 |
| ISO 15118–8:2018 | Road vehicles - Vehicle to grid communication interface - Part 8: Physical layer and data link layer requirements for wireless communication | 道路车辆　车辆到电力通信接口 第 8 部分：无线通信的物理层与数据链路层要求 |
| ISO 17409:2015 | Electrically propelled road vehicles - Connection to an external electric power supply - Safety requirements | 电动道路车辆连接到外部电源的安全要求 |

### 2.2.2　IEC 标准

同样在国际有影响力的国际电工委员会（IEC）也制定了许多有关电动汽车充电设施的标准，主要标准见表 2-5。

表 2-5　IEC 关于电动汽车充电设施的主要标准

| 标准编号 | 标准英文名称 | 标准中文名称 |
|---|---|---|
| IEC 60364–7—722:2018 | Low-voltage electrical installations - Part 7-722: Requirements for special installations or locations - Supplies for electric vehicles | 低压电气装置 第 7-722 部分：特殊装置或场所的要求　电动汽车供电 |

（续）

| 标准编号 | 标准英文名称 | 标准中文名称 |
|---|---|---|
| IEC 61439-7:2018 | Low-voltage switchgear and controlgear assemblies-Part 7: Assemblies for specific applications such as marinas, camping sites, market squares, electric vehicle charging stations | 低压成套开关设备和控制设备 第 7 部分: 特定应用的成套设备—如码头、露营地、市集广场和电动车辆充电站 |
| IECTR 61850-90-8:2016 | Communication networks and systems for power utility automation - Part 90-8: Object model for E-mobility | 电力自动化用通信网络和系统 第 90-8 部分: 电动汽车对象模型 |
| IEC 61851-1:2017 | Electric vehicle conductive charging system - Part 1: General requirements | 电动车辆充电系统 第 1 部分: 通用要求 |
| IEC 61851-21-1:2017 | Electric vehicle conductive charging system - Part 21-1: Electric vehicle on-board charger EMC requirements for conductive connection to AC/DC supply | 电动车辆传导充电系统 第 21 部分: 传导连接到交流/直流电源上的电动车辆车载充电机 EMC 要求 |
| IEC 61851-21-2:2018 | Electric vehicle conductive charging system - Part 21-2: Electric vehicle requirements for conductive connection to an AC/DC supply - EMC requirements for off board electric vehicle charging systems | 电动汽车导电充电系统 第 21-2 部分: 交流/直流电源导电连接的电动汽车要求—车外电动汽车充电系统的电磁兼容性要求 |
| IEC 61851-23:2014/COR1:2016 | Electric vehicle conductive charging system - Part 23: DC electric vehicle charging station | 电动汽车传导充电系统 第 23 部分: 直流电动汽车充电站 |
| IEC 61851-24:2014 /COR1:2015 | Electric vehicle conductive charging system - Part 24: Digital communication between a d.c. EV charging station and an electric vehicle for control of d.c. charging | 电动车辆传导充电系统 第 24 部分: 用于控制直流充电的直流电动车辆充电站和电动车辆之间的数字通信 |
| IEC 61980-1:2015 /COR1:2017 | Electric vehicle wireless power transfer (WPT) systems - Part 1: General requirements | 电动车辆无线电能传输(WPT)系统 第 1 部分: 一般要求 |
| IECTS 61980-2:2019 | Electric vehicle wireless power transfer (WPT) systems - Part 2: Specific requirements for communication between electric road vehicle (EV) and infrastructure | 电动车辆无线电能传输(WPT)系统 第 2 部分: 电动汽车与充电设施通信的特殊要求 |
| IECTS 61980-3:2019 | Electric vehicle wireless power transfer (WPT) systems - Part 3: Specific requirements for the magnetic field wireless power transfer systems | 电动车辆无线电能传输(WPT)系统 第 3 部分: 磁场无线电能传输系统特殊要求 |
| IEC 62196-3:2014 | Plugs, socket-outlets, vehicle connectors and vehicle inlets - Conductive charging of electric vehicles - Part 3: Dimensional compatibility and interchangeability requirements for d.c. and a.c./d.c. pin and contact-tube vehicle couplers | 插头、插座、车辆连接器和车辆插孔—电动车辆传导充电 第 3 部分: 直流和交流/直流电销以及导电管车辆耦合器的尺寸兼容性与互换性要求 |
| IEC 62576:2018 | Electric double-layer capacitors for use in hybrid electric vehicles - Test methods for electrical characteristics | 混合动力汽车用双电层电容器—电气特性试验方法 |
| IECTS 62840-1:2016 | Electric vehicle battery swap system - Part 1: General and guidance | 电动汽车电池更换系统 第 1 部分: 通用与导则 |
| IEC 62840-2:2016 | Electric vehicle battery swap system - Part 2: Safety requirements | 电动汽车电池更换系统 第 2 部分: 安全要求 |
| IEC 62893-1:2017 | Charging cables for electric vehicles for rated voltages up to and including 0.6/1 kV - Part 1: General requirements | 额定电压不超过 0.6/1kV 的电动汽车充电电缆 第 1 部分: 一般要求 |

（续）

| 标准编号 | 标准英文名称 | 标准中文名称 |
|---|---|---|
| IEC 62893–3:2017 | Charging cables for electric vehicles for rated voltages up to and including 0.6/1 kV - Part 3: Cables for AC charging according to modes 1, 2 and 3 of IEC 61851-1 of rated voltages up to and including 450/750 V | 额定电压不超过 0.6/1kV 的电动车充电电缆 第 3 部分：适用于按照 IEC 61851-1 的模式 1、2 和 3 交流充电的额定电压不超过 450/750 V 的电缆 |
| IEC 62955:2018 | Residual direct current detecting device (RDC-DD) to be used for mode 3 charging of electric vehicles | 电动汽车充电模式 3 充电用直流剩余电流检测电器(RDC–DD) |
| IEC 63119–1:2019 | Information exchange for electric vehicle charging roaming service - Part 1: General | 电动汽车充换电服务信息交换 第 1 部分：一般要求 |

## 2.2.3　日本标准

日本是汽车工业大国、强国，在新能源汽车方面居世界领先地位。日本电动汽车充电设施系统的相关标准见表 2-6。

表 2-6　日本电动汽车充电设施系统的相关标准

| 标准编号 | 标准日文名称 | 标准中文名称 |
|---|---|---|
| JEVS Z 001—2016 | ファーストレスポンダー及びセカンドレスポンダーの安全のための電気自動車及びハイブリッド自動車への推奨実施事項 | 电动汽车及混合动力汽车确保第一级响应及第二级响应的安全推荐实施事项 |
| JEVS D 001—2006 | 電気自動車用制御弁式鉛電池の外形寸法及び構造 | 电动汽车控制阀式铅电池的外形尺寸及结构 |
| JEVS D 002—1999 | 電気自動車用密閉形ニッケル・水素電池の外形寸法及び構造 | 电动汽车用密封型镍、氢电池的外形尺寸及构造 |
| JEVS D 701—2006 | 電気自動車用制御弁式鉛電池の容量試験方法 | 电动汽车控制阀式铅电池的容量试验方法 |
| JEVS D 702—2006 | 電気自動車用制御弁式鉛電池のエネルギ密度試験方法 | 电动汽车控制阀式铅电池的能量密度试验方法 |
| JEVS D 703—2006 | 電気自動車用制御弁式鉛電池の出力密度及びピーク出力試験方法 | 电动汽车控制阀式铅电池的输出密度及峰值输出试验方法 |
| JEVS D 704—2006 | 電気自動車用制御弁式鉛電池の寿命試験方法 | 电动汽车控制阀式铅电池的寿命测试方法 |
| JEVS D 705—1999 | 電気自動車用密閉形ニッケル・水素電池の容量試験方法 | 电动汽车用密闭型镍氢电池的容量试验方法 |
| JEVS D 706—1999 | 電気自動車用密閉形ニッケル・水素電池のエネルギー密度試験方法 | 电动汽车密闭型镍氢电池的能量密度试验方法 |
| JEVS D 707—1999 | 電気自動車用密閉形ニッケル・水素電池の出力密度及びピーク出力試験方法 | 电动汽车密闭型镍氢电池的输出密度及峰值输出试验方法 |

（续）

| 标准编号 | 标准日文名称 | 标准中文名称 |
| --- | --- | --- |
| JEVS D 708—1999 | 電気自動車用密閉形ニッケル・水素電池の寿命試験方法 | 电动汽车用密闭型镍氢电池的寿命试验方法 |
| JEVS D 709—1999 | 電気自動車用密閉形ニッケル・水素電池の動的放電容量試験方法 | 电动汽车密闭型镍氢电池的动态放电容量试验方法 |
| JEVS D 711—2003 | ハイブリッド電気自動車用密閉形ニッケル・水素電池の容量試験方法 | 混合动力汽车用密闭型镍氢电池的容量试验方法 |
| JEVS D 712—2003 | ハイブリッド電気自動車用密閉形ニッケル・水素電池のエネルギー密度試験方法 | 混合动力汽车用密封型镍氢电池的能量密度试验方法 |
| JEVS D 713—2003 | ハイブリッド電気自動車用密閉形ニッケル・水素電池の出力密度および入力密度試験方法 | 混合动力汽车用密闭型镍氢电池的输出密度和输入密度的试验方法 |
| JEVS D 714—2003 | ハイブリッド電気自動車用密閉形ニッケル・水素電池の直流内部抵抗算出方法 | 混合动力电动汽车用密封型镍氢电池的直流内部电阻计算 |
| JEVS D 715—2003 | ハイブリッド電気自動車用密閉形ニッケル・水素電池の容量保存特性試験方法 | 混合动力汽车用密封型镍和氢电池的容量保存特性的试验方法 |
| JEVS D 716—2004 | ハイブリッド電気自動車用密閉形ニッケル・水素電池の寿命試験方法 | 混合动力汽车用密封型镍氢电池的寿命试验方法 |
| JEVS D 717—2006 | 電気自動車用制御弁式鉛電池の動的放電容量試験方法 | 电动汽车控制阀式铅电池的动态放电容量测试方法 |
| JEVS D 718—2006 | 電気自動車用制御弁式鉛電池の容量保存特性試験方法 | 电动汽车控制阀式铅电池的容量保存特性的试验方法 |
| JEVS E 701—1994 | 電気自動車用電動機・制御装置組合せ出力試験方法 | 电动汽车用电动机、控制装置组合输出试验方法 |
| JEVS E 901—1985 | 電動機・制御装置の製品銘板 | 电动机制动产品铭牌 |
| JEVS G 102—1993 | 電気自動車用エコ・ステーション急速充電システムの鉛電池 | 电动汽车环保站快速充电系统的铅电池 |
| JEVS G 105—1993 | 電気自動車用エコ・ステーション急速充電システムのコネクタ | 电动汽车环保站快速充电系统连接器 |
| JEVS G 106—2000 | 電気自動車用インダクティブ充電システム一般要求事項 | 电动汽车用电感充电系统一般要求 |
| JEVS G 107—2000 | 電気自動車用インダクティブ充電システム手動接続 | 电动汽车用电感充电系统手动连接 |
| JEVS G 108—2001 | 電気自動車用インダクティブ充電システムソフトウエアインタフェース | 电动汽车电感充电系统软件接口 |
| JEVS G 901—1985 | 充電器の製品銘板 | 充电器的产品铭牌 |
| JEVS Z 109—1995 | 電気自動車加速試験方法 | 电动汽车加速试验方法 |

（续）

| 标准编号 | 标准日文名称 | 标准中文名称 |
|---|---|---|
| JEVS Z 110—1995 | 電気自動車実用最高速度試験方法 | 电动汽车实用最高速度测试方法 |
| JEVS Z 111—1995 | 電気自動車走行時電力量消費率試験方法 | 电动汽车行驶时电力消耗率的试验方法 |
| JEVS Z 112—1996 | 電気自動車登坂試験方法 | 电动汽车上坡试验方法 |
| JEVS Z 804—1998 | 電気自動車操作、計量及び警報装置の識別記号 | 电动汽车操作、计量及报警装置的识别符号 |
| JEVS Z 901—1995 | 電気自動車の仕様書（主要諸元表） | 电动汽车的规格书（主要规格表） |
| TG D 002—2016 | 電気自動車用リチウムイオン電池—損傷欠陥電池の識別方法と取り扱い指針 | 电动汽车用锂离子电池–损伤缺陷电池的识别方法和处理指南 |
| TG D 003—2016 | 電気自動車用リチウムイオン電池の残存性能推定方法 | 电动汽车用锂离子电池的残余性能推测方法 |
| TG D 001—1999 | 電気自動車用制御弁式鉛電池の安全表示に関するガイドライン | 电动汽车用控制阀式铅酸蓄电池安全标识指南 |
| TG Z 002—1999 | 電気自動車用高電圧部品の表示に関するガイドライン | 电动汽车用高压部件标识指南 |
| TG Z 003—2002 | 電気自動車高電圧配線の表示色に関するガイドライン | 电动汽车用高压线缆标识指南 |
| TG Z 101—1999 | 電気自動車　電力量計測方法 | 电能计量方法 |
| JIS D 0112—2000 | 電気自動車用語（車両） | 电动汽车术语　车辆 |
| JIS D 0113—2000 | 電気自動車用語（電動機·制御装置） | 电动汽车术语　电动机·制动装置 |
| JIS D 0114—2000 | 電気自動車用語（電池） | 电动汽车术语　电池 |
| JIS D 0115—2000 | 電気自動車用語（充電器） | 电动汽车术语　充电机 |
| JIS D 1301—2001 | 電気自動車——充電走行距離及び交流充電電力量消費率試験方法 | 电动汽车——一次充电里程及交流充电功率消耗率试验方法 |
| JIS D 1302—2004 | 電気自動車—電動機—最高出力試験方法 | 电动汽车—最大输出功率试验方法 |
| JIS D 1303—2004 | 電気自動車—電池—充電効率試験方法 | 电动汽车—充电功率试验方法 |
| JIS D 1304—2004 | 電気自動車—充電器—効率試験方法 | 电动汽车—功率试验方法 |
| JIS D 5305-1—2007 | 電気自動車—安全に関する仕様—第1部：主電池 | 电动汽车—安全要求　第1部分：主电池 |
| JIS D 5305-2—2007 | 電気自動車—安全に関する仕様—第2部：機能的安全手段及び故障時の保護 | 电动汽车—安全要求　第2部分：功能安全手段及故障时的保护 |
| JIS D 5305-3—2007 | 電気自動車—安全に関する仕様—第3部：電気危害に対する人の保護 | 电动汽车—安全要求　第3部分：人身电气危害防护 |

## 2.2.4　美国标准

美国是汽车工业大国和强国，被称为车轮上的国家。以特斯拉为代表的美国电动汽车企业领跑全球，相应的电动汽车充电设施技术和标准也是国际领先，美国汽车工程师协会（SAE）相关标准见表 2-7。

表 2-7　美国汽车工程师协会（SAE）相关标准

| 标准编号 | 标准名称 |
|---|---|
| J 1634—2012 | 电池电动车辆能耗与适用范围试验规程 |
| J 1711—2010 | 混合电动汽车，包括插电式混合动力车辆燃料经济性和排放污染物检测推荐规程 |
| J 1715—201410 | 混合动力电动车辆（HEV）和电动车辆（EV）术语 |
| J 1718—200811 | 电池驱动客车和轻型货车在充电期间的氢气排放测量 |
| J 1766—2014 | 电动和混合电动汽车电池系统碰撞完整性试验推荐规程 |
| J 1772—201710 | SAE 电动汽车和插式混合电动汽车传导充电系统连接 |
| J 1773—201406 | SAE 电动汽车耦合充电 |
| J 1797—2016 | 电动汽车电池模块包装推荐规程 |
| J 1798—2008 | 电动汽车电池模块性能级别推荐规程 |
| J 2288—2008 | 电动汽车电池模块寿命周期试验 |
| J 2293/1—201402 | 电动汽车能量转换系统—第 1 部分：功能要求及系统构造 |
| J 2293/2—201402 | 电动汽车能量转换系统—第 2 部分：通信要求及网络结构 |
| J 2344—201003 | 电动汽车安全指南 |
| J 2380—2013 | 电动汽车电池振动试验 |
| J 2464—2009 | 电动汽车电池滥用试验 |
| J 2836/1—201004 | 插接运载工具和通用输电网间通信的使用案例 |
| J 2836/2—201109 | 插电式车辆和场外直流充电器间通信的使用案例 |
| J 2836/3—201701 | 分布式能源插电式电动汽车通信使用案例 |
| J 2836/4—201706 | 插电式电动汽车诊断通信使用案例 |
| J 2836/5—201505 | 插电式电动汽车无线用户通信的使用案例 |
| J 2836/6—201305 | 插电式电动汽车无线充电通信的使用案例 |
| J 2841—201009 | 应用 2001 美国 DOT 家庭旅行调查数据的插件式混合动力电动汽车使用定义 |
| J 2847/1—201311 | 使用智能线图 2.0 的插电式电动汽车的智能充电通信 |
| J 2847/2—201504 | 插电式电动汽车和板式直流充电器之间的通信 |
| J 2847/3—201312 | 作为分布式能源资源的插电式电动汽车的通信 |
| J 2847/6—201508 | 无线充电车辆与无线电动车辆充电通信协议 |
| J 2894/1—201112 | 插电电动车辆充电开关质量要求 |
| J 2894/2—201503 | 插电电动车辆充电开关质量试验规程 |
| J 2907—201802 | 电气化动力结构电机驱动子系统的性能特征 |

（续）

| 标准编号 | 标准名称 |
|---|---|
| J 2908—201709 | 电气化动力结构的汽车动力测试 |
| J 2929—2013 | 电动车和混合动力电动汽车电池系统安全标准—锂离子电池 |
| J 2931/1—201412 | 插电式电动车辆数据通信 |
| J 2931/4—201410 | 插电式电动汽车的宽带 PLC 通信 |
| J 2931/6—201508 | 无线电充电电动车辆信号通信 |
| J 2931/7—201802 | 插电式电动汽车的通信安全 |
| J 2953/1—201310 | 插电式电动车辆（PEV）与电动车辆支持设备（EVSE）协同 |
| J 2953/2—201401 | 插电式电动车辆（PEV）与电动车辆支持设备（EVSE）协同试验规程 |
| J 2954—201711 | 轻型插电式/纯电动式汽车的无线充电和定位推荐性操作规程 |
| J 2990/2—20150 | 混合动力和电动车辆安全系统信息报告 |
| J 2990—201211 | 混合动力和电动车辆的首次和二次事故响应推荐规程 |
| J 3040—2015 | 电动汽车碰撞测试实验室安全指南 |
| J 3068—201804 | 使用三相耦合器的电动汽车动力传输系统 |
| J 3072—201505 | 车载使用交互式逆变器系统的互联要求 |
| J 3108—201703 | 协助第一和第二响应者及其他人的 xEV 标签 |

## 2.2.5　欧盟标准

欧盟电动汽车充放电标准参考了相应的 ISO 和 IEC 等国际标准。相关标准见表 2-8。

表 2-8　欧盟电动汽车充放电标准

| 标准编号 | 英文名称 | 中文名称 |
|---|---|---|
| EN 62576—2010 | Electric double-layer capacitors for use in hybrid electric vehicles - Test methods for electrical characteristics | 混合动力汽车用双电层电容器-电气特性试验方法 |
| EN 61851-1—2011 | Electric vehicle conductive charging system - Part 1: General requirements | 电动车辆传导充电系统　第 1 部分：一般要求 |
| EN 61851-21—2002 | Electric vehicle conductive charging system - Part 21: Electric vehicle requirements for conductive connection to an a.c/d.c. supply | 电动车辆传导充电系统　第 21 部分：电动汽车传导连接至交流/直流电源的要求 |
| EN 61851-21-1—2017 EN 61851-21-1—2017/ AC:2017-11 | Electric vehicle conductive charging system - Part 21-1: Electric vehicle on-board charger EMC requirements for conductive connection to an AC/DC supply | 电动车辆传导充电系统　第 21-1 部分：传导连接到交流/直流电源上的电动车辆车载充电机 EMC 要求 |
| EN 61851-22—2002 | Electric vehicle conductive charging system - Part 22: AC electric vehicle charging station | 电动汽车传导充电系统　第 22 部分：交流电动汽车充电站 |

（续）

| 标准编号 | 英文名称 | 中文名称 |
|---|---|---|
| EN 61851-23—2014<br>EN 61851-23—2014/<br>AC:2016-06 | Electric vehicle conductive charging system - Part 23: DC electric vehicle charging station | 电动车辆导电充电系统　第23 部分：直流电动汽车充电站 |
| EN 61851-24—2014<br>EN 61851-24—2014/<br>AC—2015 | Electric vehicle conductive charging system - Part 24: Digital communication between a d.c. EV charging station and an electric vehicle for control of d.c. charging | 电动车辆导电充电系统　第24 部分：直流电源之间的数字通信电动汽车充电站和控制直流电动汽车充电 |
| EN 62196-1:2012<br>EN 62196-1:2012/AC:2012<br>EN 62196-1:2012/A11:2013<br>EN 62196-1:2012/A12:2014<br>EN 62196-1:2014 | Plugs, socket-outlets, vehicle connectors and vehicle inlets - Conductive charging of electric vehicles - Part 1: General requirements | 插头、插座、车辆耦合器和车辆插孔　电动汽车传导充电第 1 部分：一般要求 |
| EN 62196-2:2012<br>EN 62196-2:2012/A11:2013<br>EN 62196-2:2012/A12:2014<br>EN 62196-2:2017 | Plugs, socket-outlets, vehicle connectors and vehicle inlets - Conductive charging of electric vehicles - Part 2: Dimensional compatibility and interchangeability requirements for a.c. pin and contact-tube accessories | 插头、插座、车辆耦合器和车辆插孔　电动汽车传导充电第 2 部分：交流插头和车辆插孔尺寸兼容性与互换性要求 |
| EN 62196-3:2014 | Plugs, socket-outlets, vehicle connectors and vehicle inlets - Conductive charging of electric vehicles - Part 3: Dimensional compatibility and interchangeability requirements for d.c. and a.c./d.c. pin and contact-tube vehicle couplers | 插头、插座、车辆耦合器和车辆插孔　电动汽车传导充电第 3 部分：直流和交流/直流插头和车辆插孔尺寸兼容性与互换性要求 |
| EN 50066:1992 | Mini-couplers for the interconnection of electrical mains supplied equipment in road vehicles | 道路车辆供电设备互连用微型耦合器 |

# 第3章 术语与图形符号

## 3.1 术语

GB/T 29317—2012《电动汽车充换电设施术语》给出的与电动汽车充换电设施相关的专业术语是比较权威的，但是民用建筑中常用的相关术语需要综合考虑民用建筑的特点，有的术语直接取自该国标，也有的取自中国建筑学会标准 T/ASC 17–2021《电动汽车充换电设施系统设计标准》，同时参考了国内外先进标准。为便于使用和对外交流，本节列出常用的术语名称（中英文对照），并进行解释说明，见表 3-1。

表 3-1 常用充换电设施系统术语一览表

| 中文名称 | 英文名称 | 定 义 | 说 明 |
|---|---|---|---|
| 充换电设施 | charging/battery swap infrastructure | 为电动汽车提供电能的相关设施的总称，一般包括充电站、电池更换站、电池配送中心、集中或分散布置的交流充电桩和非车载充电机等 | 取自 GB/T 29317—2012《电动汽车充换电设施术语》。结合使用者驻地停车位（基本车位）、城市公共停车位和路内临时停车位等配建，为电动汽车提供电能的设施，包括充电设备、供电设备和相关辅助设备等，也包括充电智能服务平台、集中式充电站和分散式充电桩等 |
| 充电设施 | charging infrastructure | 充换电设施的一种，采用整车充电方式为电动汽车提供电能的相关设施的总称 | |
| 充电设备 | charging equipment | 与电动汽车或动力蓄电池相连接，并为其提供电能的设备，包括车载充电机、非车载充电机和交流充电桩等设备 | 取自 GB/T 29317—2012《电动汽车充换电设施术语》 |
| 整车充电模式 | vehicle charge mode | 将电动汽车直接与充电设备相连接并进行充电的方式 | |
| 充电系统 | charging system | 充换电设施内的所有充电设备、电缆及相关辅助设备组成的系统 | |
| 供电系统 | power-supply system | 为充换电设施提供电源的电力设备和配电线路组成的系统 | |
| 直流充电 | DC charge | 采用直流电源为电动汽车提供电能的方式 | 取自 GB/T 29317—2012《电动汽车充换电设施术语》。多数直流充电功率大、充电时间短，因此直流充电也被称为"快充" |
| 交流充电 | AC charge | 采用交流电源为电动汽车提供电能的方式 | 取自 GB/T 29317—2012《电动汽车充换电设施术语》。大多数交流充电功率小、充电时间长。现在有少数车型可采用三相交流充电，充电时间得以缩短。"慢充"一般指单相交流充电 |

（续）

| 中文名称 | 英文名称 | 定　义 | 说　明 |
|---|---|---|---|
| 交流充电桩 | AC charging spot | 采用传导方式为具备车载充电装置的电动汽车提供交流电源的专用供电装置 | 取自 GB/T 29317—2012《电动汽车充换电设施术语》。交流充电桩包括单相交流充电桩和三相交流充电桩 |
| 非车载充电机 | off-board charger | 安装在电动汽车车体外，将交流电能变换为直流电能，采用传导方式为电动汽车动力蓄电池充电的专用装置 | 取自 GB/T 29317—2012《电动汽车充换电设施术语》。非车载充电机通常安装在地面，容量大，充电时间短。非车载充电机分为一体式和分体式非车载充电机 |
| 交/直流一体充电机 | AC & DC charging spot | 交流充电桩和非车载充电机的组合 | 取自 T/ASC 17—2021《电动汽车充换电设施系统设计标准》 |
| 充电主机系统 | Charging host system | 将电动汽车充电模块集中在一起，通过功率分配单元按电动汽车充电功率的实际需求对充电模块进行动态分配，并集成站级监控系统，对充电设备、配电设备及辅助设备进行集中控制，为多辆电动汽车同时充电的系统 | 1）参考国家建筑标准设计图集18D705-2《电动汽车充电基础设施设计与安装》编制而成。充电主机系统是分体式非车载充电机的一种形式，也称为柔性充电堆。 |
| 充电主机 | Charging host | 充电主机系统中实现能量变换和功率分配的核心部分 | 2）充电主机是实现功率转换和功率分配的核心部分，一般由动力电源输入接口及保护元件、充电模块、充电功率分配单元、充电监控系统、外壳以及必要的辅助系统（如照明、排风、环境监控和门禁等）组成。 |
| 充电终端 | charging terminate | 充电主机系统与电动汽车进行信息交互和能量传输、计量计费的部分 | 3）充电终端与电动汽车之间建立物理和数据连接，以进行能量和信息交互，集成了人机交互界面和计量计费系统的装置。一般含有充电控制单元、人机交互界面、计量装置、充电接口及相应的保护元件等 |
| 充电站 | charging station | 采用整车充电模式为电动汽车提供电能的场所，主要由三台及以上电动汽车充电设备（其中至少有一台非车载充电机）以及相关的供电设备、监控设备等组成 | 取自 GB/T 29317—2012《电动汽车充换电设施术语》 |
| 公共充电站 | public charging station | 对社会开放，可对各种社会车辆提供充电服务的充电站 | 取自 T/ASC 17—2021《电动汽车充换电设施系统设计标准》 |
| 电池更换站 | battery-swap station | 采用电池更换模式为电动汽车提供电能的场所 | 取自 GB/T 29317—2012《电动汽车充换电设施术语》。电池更换站内一般包括充电设备、电池箱更换设备、电池箱存储设备、电池箱转运设备、车辆导引系统、电池检测与维护设备、监控室、配电室、安全防护设施、行车道、停车位、营业室以及其他辅助设施，实际应用可根据具体情况合并功能相近的房间。电池更换站也称为换电站 |
| 预装式换电站 | prefabricated battery-swap station | 将充电设备、配电设备、监控设备、电池存放架和值班室等安装于一个封闭箱体内的电池更换站 | 取自 T/ASC 17—2021《电动汽车充换电设施系统设计标准》，也称为箱式换电站 |

（续）

| 中文名称 | 英文名称 | 定　义 | 说　明 |
|---|---|---|---|
| 公用充电设备 | public charging equipment | 对社会开放，可对各种社会车辆提供充电服务的充电设备 | 取自 T/ASC 17—2021《电动汽车充换电设施系统设计标准》。参考广东省标准 DBJ/T 15—150—2018《电动汽车充电基础设施建设技术规程》。简言之，公用充电设备是社会共用的充电设备；专用充电设备是单位专用的充电设备，不对外开放；自用充电设备是家用的充电设备，也不对外开放 |
| 专用充电设备 | special charging equipment | 专为某个法人单位及其职工的电动汽车提供充电服务的充电设备，以及在住宅小区内为全体业主电动汽车提供充电服务的充电设备 | |
| 自用充电设备 | private charging equipment | 专为某个私人用户的电动汽车提供充电服务的充电设备 | |
| 监控系统 | monitoring system | 对充电设施的供电设备、充电设备及相关辅助设备的运行状态、环境监测及报警等信息进行采集，应用计算机及网络通信技术，实现监视、控制和管理的系统 | 根据 GB 50966—2014《电动汽车充电站设计规范》、GB/T 29317—2012《电动汽车充换电设施术语》等标准编制而成 |
| 计量计费系统 | metering and billing system | 用于实现充电设施与电网之间及与电动汽车用户之间的电能结算的全套计量和计费装置 | 取自 T/ASC 17—2021《电动汽车充换电设施系统设计标准》 |
| 需要系数 | demand factor | 比值，用数值或百分比表示，在规定期间内一个或一组回路最大需量与其对应的总安装容量之比 | 取自 T/ASC 17—2021《电动汽车充换电设施系统设计标准》和 IEC 60364-7-722:2018 " Low-voltage electrical installations. Part 7-722:Requirements for special installations or locations. Supplies for electric vehicles"。<br>GB/T 2900.84—2009《电工术语 电价》有相同的定义，仅名称不同，该标准名称为"需量因数"，英文名称与 IEC 相同，都为"demand factor" |
| 防火单元 | fire unit | 在建筑内部采用耐火极限不小于 2h 的防火隔墙或防火卷帘、防火分隔水幕，耐火极限不小于 2h 的楼板及其他防火分隔设施分隔而成，能在一定时间内延缓火灾向同一建筑的其余部分蔓延的局部空间 | 取自 T/ASC 17—2021《电动汽车充换电设施系统设计标准》，参考国家标准 GB/T 51313—2018《电动汽车分散充电设施工程技术标准》、参考广东省标准 DBJ/T 15—150—2018《电动汽车充电基础设施建设技术规程》编制而成 |

表 3-1 中未列入的术语请参阅 GB/T 29317—2012，当其他标准中的术语与 GB/T 29317—2012 不一致时，建议以后者为准。

## 3.2　代号

代号是代表某技术术语、器件、设备和系统等正式名称的字母符号，用于技术文件、图样、标准和技术交流等。一般代号采用英文名称的缩写。电动汽车充换电设施系统设计中经常会用到表 3-2 中的代号，其他代号可参考相关标准。

表 3-2　常用电动汽车充换电设施系统相关代号

| 代号 | 中文名称 | 英文名称 |
|------|----------|----------|
| RCD | 剩余电流动作保护器 | Residual Current Device |
| DC | 直流 | Direct Current |
| AC | 交流 | Alternating Current |
| LPD | 照明功率密度 | Lighting Power Density |
| IMD | 绝缘监测器 | Insulation Monitor Device |
| SPD | 电涌保护器 | Surge Protective Device |
| LPZ | 防雷区 | Lightning Protection Zone |
| BMS | 电池管理系统 | Battery Management System |
| SOC | 电池的充电状态（又称电池剩余容量） | State of Charge |

## 3.3　图形符号

图形符号是以图形为主要特征、传递某些信息的视觉符号。其特点是信息传递不依赖语言，表达一定的事物或概念，具有简化、易懂的特征。

电气专业的图形符号有一系列国家标准，基本上等同于 IEC 标准，少数修改采用。涉及电气图形符号的国家标准见表 3-3。其中尽管最后一项 09DX001《建筑电气工程设计常用图形和文字符号》不是国家标准，而是国家建筑标准设计图集，但符合建筑电气特点，并符合表 3-3 中的国标要求，因此广泛应用于建筑电气行业。

表 3-3　有关电气图形符号的国家标准

| 标准号 | 标准名称 | 对应 IEC 标准 |
|--------|----------|---------------|
| GB/T 4728.1—2018 | 电气简图用图形符号　第 1 部分：一般要求 | IEC 60617 database |
| GB/T 4728.2—2018 | 电气简图用图形符号　第 2 部分：符号要素、限定符号和其他常用符号 | |
| GB/T 4728.3—2018 | 电气简图用图形符号　第 3 部分：导体和连接件 | |
| GB/T 4728.4—2018 | 电气简图用图形符号　第 4 部分：基本无源元件 | |
| GB/T 4728.5—2018 | 电气简图用图形符号　第 5 部分：半导体管和电子管 | |
| GB/T 4728.6—2008 | 电气简图用图形符号　第 6 部分：电能的发生与转换 | |
| GB/T 4728.7—2008 | 电气简图用图形符号　第 7 部分：开关、控制和保护器件 | |
| GB/T 4728.8—2008 | 电气简图用图形符号　第 8 部分：测量仪表、灯和信号器件 | |
| GB/T 4728.9—2008 | 电气简图用图形符号　第 9 部分：电信：交换和外围设备 | |
| GB/T 4728.10—2008 | 电气简图用图形符号　第 10 部分：电信：传输 | |

（续）

| 标准号 | 标准名称 | 对应 IEC 标准 |
|---|---|---|
| GB/T 4728.11—2008 | 电气简图用图形符号 第 11 部分：建筑安装平面布置图 | IEC 60617 database |
| GB/T 4728.12—2008 | 电气简图用图形符号 第 12 部分：二进制逻辑元件 | |
| GB/T 4728.13—2008 | 电气简图用图形符号 第 13 部分：模拟元件 | |
| GB/T 5465.1—2009 | 电气设备用图形符号 第 1 部分：概述与分类 | IEC 60417 database:2007 |
| GB/T 5465.2—2008 | 电气设备用图形符号 第 2 部分：图形符号 | |
| GB/T 5465.11—2007 | 电气设备用图形符号基本规则 第 1 部分：原形符号的生成 | IEC 80416—1:2001 |
| GB/T 23371.1—2013 | 电气设备用图形符号基本规则 第 1 部分：注册用图形符号的生成 | IEC 80416—1:2008 |
| GB/T 23371.2—2009 | 电气设备用图形符号基本规则 第 2 部分：箭头的形式与使用 | |
| GB/T 23371.3—2009 | 电气设备用图形符号基本规则 第 3 部分：应用导则 | IEC 80416—3:2002 |
| 09DX001 国家建筑标准设计图集 | 建筑电气工程设计常用图形和文字符号 | |

　　图形符号是工程设计、工程制图最基本的单元。对于民用建筑电气而言，电动汽车充换电设施系统必须创建一些新的图形符号，以满足工程设计和建设需要。电动汽车充电设备常用图形符号见表 3-4，引自 T/ASC 17–2021《电动汽车充换电设施系统设计标准》和国家建筑标准设计图集 18D 705–2《电动汽车充电基础设施设计与安装》，具有较强的逻辑关系，符号简单，形象直观，便于记忆和使用。

表 3-4　电动汽车充电设备常用图形符号

| 序号 | 类　别 | | 符　号 | 名　称 | 备　注 |
|---|---|---|---|---|---|
| 1 | 直流充电 | 非车载充电机 | | 非车载充电机（单枪） | 1）涂黑箭头表示充电枪，数字表示充电枪数量<br>2）$n = 2$，3，4，…<br>3）"—"表示直流，直流输出 |
| 2 | | | 或 | 非车载充电机（双枪） | |
| 3 | | | 或 | 非车载充电机（四枪） | |
| 4 | | | | 非车载充电机（多枪） | |
| 5 | | 充电主机系统 | | 充电主机系统的主机 | 两侧表示集中的充电模块 |
| 6 | | | | 充电主机系统的直流终端（单枪） | 1）涂黑箭头表示充电枪，数字表示充电枪数量<br>2）$n = 2$，3，4，… |
| 7 | | | 或 | 充电主机系统的直流终端（双枪） | |

（续）

| 序号 | 类 | 别 | 符　号 | 名　　称 | 备　　注 |
|---|---|---|---|---|---|
| 8 | 直流充电 | 充电主机系统 | □≡ *n* → | 充电主机系统的直流终端（多枪） | 3）"—"表示直流，直流输入、直流输出 |
| 9 | | | C | 充电主机系统的直流集控终端 | 4）"C"表示集控 |
| 10 | 交流充电 | 交流充电桩 | ～ → | 交流充电桩（单枪） | 1）涂黑箭头表示充电枪，数字表示充电枪数量 |
| 11 | | | ← ～ → 或 ～ ²→ | 交流充电桩（双枪） | 2）*n*=2，3，4，… |
| 12 | | | ← ～ → 或 ～ ⁴→ | 交流充电桩（四枪） | 3）"～"表示交流，交流输入、交流输出 |
| 13 | | | ～ *n*→ | 交流充电桩（多枪） | |

表 3-4 中的图形符号具有较强的逻辑关系，基本符号包括交流、直流、装置和充电枪，见表 3-5。四个基本符号通过有机组合形成电动汽车充电设备常用的图形符号。

对表 3-4 和表 3-5，进一步说明如下：

1）众所周知，符号"～"是交流电符号。对于交流充电桩，它是一个电气装置。因此，方框中加上交流电的符号就组成了交流充电桩的符号。

2）直流电的符号为"—"。直流充电设备也是电气装置，方框中加上直流电符号就是一体式直流充电设备的符号。

3）对于充电主机系统，由于其充电模块集中设置，所以它是由若干个直流充电模块所组成，见表 3-4 序号 5。

4）充电枪采用箭头表示，一个箭头是单枪，两个箭头是双枪，字母 *n* 表示 *n* 枪。

5）交流或直流的充电设备符号与充电枪符号组合成完整的充电设备符号。

表 3-5　电动汽车充电设备基本图形符号

| 基本符号 | 含　　义 | 图形符号 | 含　　义 |
|---|---|---|---|
| — | 直流 | □—□ | 直流充电设备 |
| ～ | 交流 | □～□ | 交流充电设备 |
| □ | 装置（如配电箱、柜） | □—→ | 单枪直流充电设备 |
| → | 充电枪 | □～→→ | 双枪交流充电设备 |

# 第4章 充电设备

## 4.1 充换电设施

正如本书第 3 章所述，国家标准 GB/T 29317—2012《电动汽车充换电设施术语》定义了充换电设施，即为电动汽车提供电能的相关设施的总称，一般包括充电站、电池更换站、电池配送中心及集中或分散布置的交流充电桩等。一般来讲，充换电设施可分为充电设施和换电设施两大类。而充电设施又包含充电设备、配电设备和其他设备。

充电站采用整车充电模式为电动汽车提供电能，主要由三台及以上电动汽车充电设备（其中至少有一台为非车载充电机）以及相关的供电设备、监控设备等组成。

电池更换站是采用电池更换模式为电动汽车提供电能的场所，详见本书第15.5 节。

充换电设施的分类如图 4-1 所示。本书重点介绍交流充电桩、非车载充电机、充电主机系统和电池更换站及其选用。

电池配送中心是对动力蓄电池集中进行充电，并为电池更换站提供电池配送服务的场所，也可以成为电池集中充电站。本书没有涉及这部分内容。充换电站能力及要求见表 4-1。

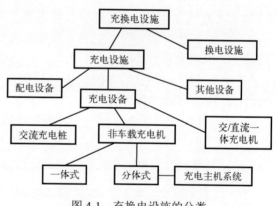

图 4-1 充换电设施的分类

表 4-1 充换电站能力及要求

| 类 别 | 电池更换站 | 充电设备 |
|---|---|---|
| 充电/换电能力 | 超强 | 一般 |
| 充电/换电时间 | <3min | 快充时间为 30min～2h，慢充时间为 6～8h 甚至更长 |
| 防火、防爆 | 按加油站标准设置即可满足防火、防爆要求 | 大容量充电设备在充电时存在安全隐患，不宜设在地下车库 |

## 4.2 充电设备

充电设备，即与电动汽车或动力蓄电池相连接，并为其提供电能的设备。

### 4.2.1 按输出电流的类型分类

按输出电流的类型分类，可以将充电设备分为交流充电桩、非车载充电机、充电主机系统和交/直流一体式充电设备。特点和适用范围见表4-2。

**表4-2 充电设备类型**（按输出电流类型分类）

| 充电设备类型 | 特 点 | 适用范围 |
|---|---|---|
| 交流充电桩 | 采用传导方式为具备车载充电机的电动汽车提供交流电能的专用装置，交流输入及输出。充电电流小，充电时间长。交流充电桩包括单相和三相充电桩。由于其只具备电能输出功能，需与电动汽车上的车载充电机连接为电动汽车动力蓄电池提供电能，如图4-5所示。交流充电桩分单相和三相交流充电桩。原理框图如图4-2所示 | 家用、公共场所慢充 |
| 非车载充电机 | 采用传导方式为电动汽车动力蓄电池充电的专用装置，交流输入，直流输出。充电电流大，充电时间短。非车载充电机输出为宽范围可调的直流电，直接为电动汽车动力蓄电池提供电能。原理框图如图4-3所示 | 公共场所、运营单位快充 |
| 充电主机系统 | 将充电模块集中，并通过智能控制按需分配充电功率的非车载充电机，交流输入，直流输出。充电电流大，充电时间短。充电主机系统的直流充电端直接为电动汽车动力蓄电池提供电能。原理框图如图4-4所示 | 公共场所、运营单位快充 |
| 交/直流一体式充电设备 | 交流输入，交流/直流输出。兼有快充和慢充特点。体积大，重量重，通常落地安装 | 公共场所快充或慢充 |

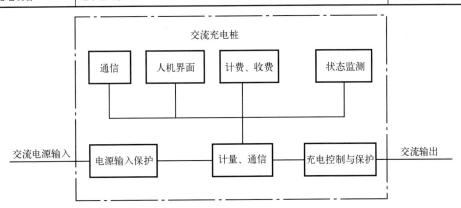

图 4-2 交流充电桩原理图

交流充电桩与非车载充电机最大的区别在于交流充电桩内部没有充电机，只提供电源，需要连接固定安装在电动汽车上的车载充电机为电动汽车动力蓄电池提供电能，参见图4-5实线部分，一辆完全放电的电动汽车充满电需要约8h，甚至更长的时间，故称为"慢充"。非车载充电机则不同，可以直接为电动汽车动力蓄电池提供电能，参见图4-5虚线部分，充电仅需要2～3h，一台大功率非车载充电机充满80%电量仅需30min，故称为"快充"。

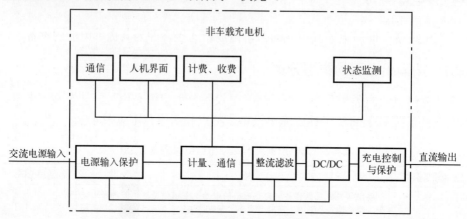

图4-3　非车载充电机原理图

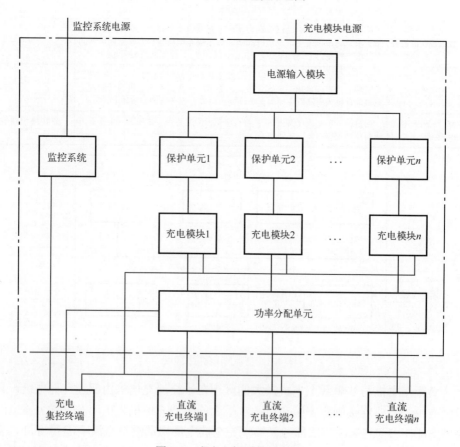

图4-4　充电主机系统原理图

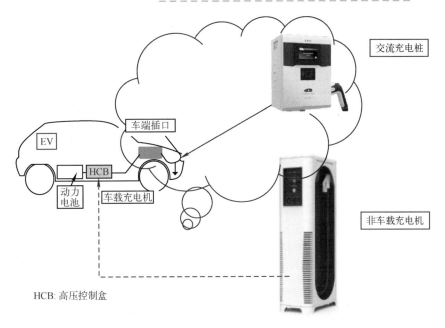

图 4-5 交流充电桩和非车载充电机充电示意图

注：图中实线为交流充电桩充电路径，虚线为非车载充电机充电路径。

## 4.2.2 按安装方式分类

按安装方式分类，可以将充电设备分为落地式、立柱式、壁挂式和箱式。其特点和适用范围见表 4-3。

表 4-3 充电设备类型（按安装方式分类）

| 充电设备类型 | 特　　点 | 适用范围 |
| --- | --- | --- |
| 落地式 | 体积大，重量重，落地安装，下设基础 | 非车载充电机、部分交流充电桩 |
| 立柱式 | 体积小，重量轻 | 中小功率的交流充电桩 |
| 壁挂式 | 体积小，重量轻，直接挂墙安装 | 中小功率的交流充电桩 |
| 箱式 | 将主机集中一机柜方式安装，实现按需分配充电功率 | 适用于充电主机系统 |

一般来说，对于重量较重、体积较大的充电设备应选择落地式安装，重量较轻、体积较小的充电设施宜选择壁挂式或立柱式安装，充电主机系统一般采用箱式安装。

## 4.2.3 按安装环境分类

按安装环境分类，可以将充电设备分为室内型和室外型。其特点和适用范围见表 4-4。

表 4-4　充电设备类型（按安装环境分类）

| 充电设备类型 | 特　点 | 适用范围 |
|---|---|---|
| 室内型 | 室内环境相对较好，其防护等级不低于 IP32 | 适用于家用等室内安装 |
| 室外型 | 具有防水、防尘能力，其防护等级不低于 IP54 | 适用于室外安装 |

注：沿海地区室外安装的充电设备应选防潮、防盐雾和防霉菌"TH"系列三防产品。海拔 2000m 以上地区需选用高原型产品。

### 4.2.4　按充电机安装位置分类

按充电机安装位置分类，可以将充电设备分为车载充电机和非车载充电机。车载充电机安装在电动汽车上，属于电动汽车产品设计范畴，无须进行工程设计；而非车载充电机安装在地面上，需要进行工程设计。

### 4.2.5　按额定功率大小分类

按充电设备额定功率大小分类，可以将充电设备分为大功率充电设备、中功率充电设备和小功率充电设备。这种分类目前没有明确的规定，笔者认为可以粗略地按表 4-5 分类。

表 4-5　按充电设备额定功率大小分类

| 充电设备类型 | 特　征 | 举　例 |
|---|---|---|
| 小功率 | 额定功率小、充电电流也小，一般指 25kW 及以下容量的充电设备 | 3.3kW、7kW 等交流充电桩，20kW 非车载充电机等 |
| 中功率 | 额定功率在 25～120kW 的充电设备 | 42kW 等大容量交流充电桩，30kW、45kW、60kW、90kW、120kW 的非车载充电机 |
| 大功率 | 额定功率大、充电电流很大，一般指 120kW 以上容量的充电设备 | 150kW、180kW、240kW、350kW、480kW 等大容量的非车载充电机、充电主机系统 |

交流充电桩充电模式是以单相或三相交流电源连接电动汽车内部的车载充电机为电动汽车动力蓄电池提供电能。目前国内主流的车载充电机功率为 3.3kW 和 6.6kW；非车载充电机内部搭载多个功率模块，通常为15kW、20kW。目前市面上主流的非车载充电机额定功率为 60～90kW，电动大客车所用的非车载充电机额定功率一般在 120kW 及以上。

不同车企的不同车型，由于其内部的电池管理系统（BMS）不同，因此充电方式存在细微差别。当电动汽车的充电需求小于充电设备额定功率时，充电速度根据电动汽车本身的容量、可接受电压/电流等技术性能决定；当电动汽车的充电需求大于充电设备额定功率时，充电速度则由充电设备自身充电能力决定，充电设备额定功率越大，充电速度越快。

充电主机系统具备充电模块集中、充电功率自动分配、适应性强和节能高效等特点。它将所有充电模块集中起来，按需分配输出功率，以满足各种车型的不同充电功率需求。同时根据动力蓄电池的发展，不断扩展完善自身功率，以满足充电市场的需求，节能、高效地为电动汽车充电。

# 4.3　电动汽车充电连接方式和充电模式

GB/T 18487.1—2015《电动汽车传导充电系统 第 1 部分：通用要求》规定，电动汽车的传导式充电存在三种连接方式和四种充电模式。在研究电动汽车充电连接方式和充电模式之前，首先对电动汽车传导充电用连接装置进行简要介绍。

## 4.3.1　电动汽车传导充电用连接装置

GB/T 20234.1—2015《电动汽车传导充电用连接装置 第 1 部分：通用要求》中定义充电连接设备是将电动汽车与供电设备连接起来以满足充电需求的组件。

如图 4-6 所示，供电接口包括供电插座和供电插头两部分，供电插座和电源供电线缆或供电设备连接在一起固定安装；供电插头则连接充电线缆，属于可以移动的部分。同样，车辆插座和车辆插头共同构成车辆接口，车辆插座固定安装在电动汽车上，通过电缆和车载充电机或车载动力蓄电池相互连接；车辆插头和

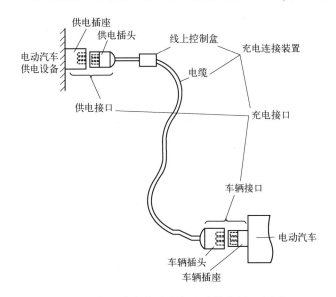

图 4-6　电动汽车传导充电用连接装置示意图

充电线缆连接并可以移动。缆上控制盒靠近供电插头一侧，具备连接确认、剩余电流动作保护等控制功能。一般要求充电连接装置性能安全可靠，对周围环境和使用者不会造成伤害。

## 4.3.2  电动汽车充电连接方式

电动汽车充电连接方式是指使用连接装置将电动汽车连接至电网或充电电源的方法。GB/T 18487.1—2015《电动汽车传导充电系统 第 1 部分：通用要求》中，根据连接装置的不同将充电连接方式分为三种，见表4-6。电动汽车充电用连接装置与连接方式见表4-7。连接方式示意图如图4-7所示。

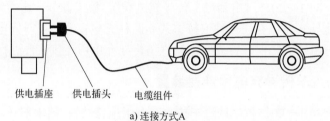

供电插座    供电插头    电缆组件

a) 连接方式A

注：电缆组件是车辆的一部分。

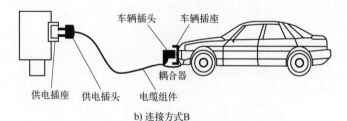

车辆插头    车辆插座

耦合器

供电插座    供电插头    电缆组件

b) 连接方式B

注：可拆卸电缆组件不是车辆或者充电设备的一部分。

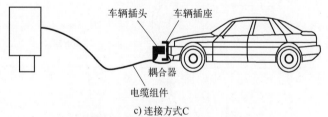

车辆插头    车辆插座

耦合器

电缆组件

c) 连接方式C

注：可拆卸电缆组件不是车辆或者充电设备的一部分。

图4-7    连接方式示意图

表 4-7 中的插座和插头应满足 GB/T 11918.1—2014《工业用插头插座和耦合器 第 1 部分：通用要求》、GB 1002—2008《家用和类似用途单相插头插座 形式、基本参数和尺寸》、GB 1003—2008《家用和类似用途三相插头插座 形式、基本

参数和尺寸》及 GB 2099.1—2008《家用和类似用途插头插座 第 1 部分：通用要求》等国家标准。

表 4-6 电动汽车充电连接方式

| 连接方式 | 说　明 | 备　注 |
|---|---|---|
| A | 使用和电动汽车永久连接在一起的充电电缆和供电插头，将电动汽车和交流电网连接起来。其中，电缆组件是电动汽车不可拆卸的一部分 | 实际应用较少 |
| B | 使用带有车辆插头和供电插头的独立活动可拆卸的电缆组件，以满足充电时电动汽车和交流电网连接需求。其中，电缆组件和供电插头既不属于供电装置，也不属于车辆 | 小功率应急使用，可随车携带电缆组件 |
| C | 使用和供电设备永久连接在一起的充电电缆和车辆插头，将电动汽车和交流电网连接。其中，电缆组件和车辆插头均连接在供电装置上，不可拆卸 | 现阶段大部分充电设备均采用此种连接方式 |

表 4-7 电动汽车充电用连接装置与连接方式

| 项　目 | 供电插头 | 供电插座 | 车辆插头 | 车辆插座 | 电缆组件 |
|---|---|---|---|---|---|
| 连接方式 A | √ | √ | × | × | √ |
| 连接方式 B | √ | √ | √ | √ | √ |
| 连接方式 C | × | × | √ | √ | √ |

注：表中，"√"表示有；"×"表示没有。

## 4.3.3　电动汽车充电模式

电动汽车充电模式是指连接电动汽车到电网或充电电源后给电动汽车供电的方式。GB/T 18487.1—2015《电动汽车传导充电系统 第 1 部分：通用要求》中，根据电动汽车接入电网形式定义充电模式主要分为四种，见表 4-8。

表 4-8 电动汽车充电模式

| 充电模式 | 说　明 | 备　注 |
|---|---|---|
| 模式 1 | 采用标准要求的插座和插头，将电动汽车直接连接至交流电网或电源，能量传输采用单相交流供电，不允许超过 250V/8A | 此充电模式必须接地，在电源侧也使用了相线、中性线和接地保护，应具有剩余电流保护功能 |
| 模式 2 | 采用标准要求的插头插座，经缆上控制与保护装置（IC-CPD）连接到交流电网或电源。电源侧接地且应备剩余电流保护功能、过电流保护功能及控制导引功能。能量传输采用单相交流供电，最大电压不超过 250V，能量传输可能存在以下两种情况：使用标准 16A 的插座和插头时，输出电流不大于 13A；使用 10A 的插座和插头时，输出电流不大于 8A | IC-CPD 可保证电动汽车在模式 2 下可靠安全地连接到充电设备上 |

（续）

| 充电模式 | 说　明 | 备　注 |
|---|---|---|
| 模式 3 | 使用专用供电设备将电动汽车直接和交流电网或电源连接在一起，同时在专用供电设备上设置了控制导引装置。电源侧必须含有剩余电流保护功能。电动汽车的供电设备应具有一个或多个可同时使用的模式 3 的连接点，每个连接点都应有专用保护装置，并保证控制导引功能可独立运行。而能量传输有两种供电方式：采用单相供电时，电流应不大于 32A，电压应不超过 250V；采用三相供电时，电流不大于 63A，电压应小于 440V | 连接方式 A、B、C 均适用于模式 3，但当电流超过 32A 时，应采用连接方式 C |
| 模式 4 | 通过带控制导引功能的直流供电设备将电动汽车连接至交流电网或直流电网，并在专用供电设备上安装控制导引装置。能量传输采用直流电供电的方式，充电电流不大于 250A，电压最高到 1000V | 只适用连接方式 C |

除了模式 1 外，其他三种充电模式均有控制导引功能。国标 GB 18487.1—2015 规定，不应使用模式 1 充电；模式 2 虽然采用了 IC-CPD 进行缆上控制保护，但由于充电电流不超过 13A，所以充电功率过小，充电时间较长；因此，模式 3 和模式 4 是目前最常用的两种充电模式，即所谓的"慢充"和"快充"。电动汽车四种充电模式的工作特性见表 4-9。

表 4-9　四种电动汽车充电模式的工作特性

| 项　目 | 充电类别 | 是否具有控制导引功能 | 是否需要车载充电机 | 适用连接方式 |
|---|---|---|---|---|
| 模式 1 | 慢充 | × | √ | — |
| 模式 2 | 慢充 | √ | √ | 连接方式 B |
| 模式 3 | 慢充 | √ | √ | 连接方式 A/B/C |
| 模式 4 | 快充 | √ | × | 连接方式 C |

注：表中，"√"表示有；"×"表示没有。

## 4.3.4　常用的充电场景

目前国内市面上常用的电动汽车充电组合主要有以下几种。

（1）模式 2+连接方式 B

这种充电方式也叫"飞线充电"，虽可实现在家充电，但充电速度很慢，存在安全隐患，不是最佳充电方案，不推荐采用。

（2）模式 3+连接方式 B

交流充电桩固定安装，配合独立可活动的充电电缆，线缆上不需要 IC-CPD，只适用于充电电流小于 32A 的单相交流电供电场景，充电速度缓慢。由于充电桩不带充电枪，需要用户自行配置双头枪，因此不够便捷。

（3）模式 3+连接方式 C

交流充电桩固定安装，充电电缆不可拆卸。充电导引电路集成在充电桩内部，不需要 IC-CPD。采用单相或三相交流电供电，当三相供电且充电电流大于 32A 时，必须采用此种充电方式，这也是现今市面上最常见的交流充电桩充电方式。充电接口需满足 GB/T 20234.2—2015《电动汽车传导充电用连接装置 第 2 部分：交流充电接口》标准要求，车辆接口和供电接口均含有 7 对触头，详见本书附录 A。

（4）模式 4+连接方式 C

非车载充电机固定安装，输出直流电，只能采用连接方式 C，充电电缆不可拆卸。这种模式下额定电压不大于 1000V，额定电流不大于 250A，这也是最常见的非车载充电机充电方式。充电接口需满足 GB/T 20234.3—2015《电动汽车传导充电用连接装置 第 3 部分：直流充电接口》标准要求，采用含 9 对触头的车辆插座和车辆插头，详见本书附录 A。

但是近年来大功率快充设备逐渐增多，如欧洲某知名品牌的 350kW 单枪非车载充电机额定电流超过 500A，如此大的电流已超出我国 GB/T 20234.3—2015 标准的直流充电接口要求。为了适应技术的发展，据悉我国正在制定大电流接口标准。

## 4.4　充电设备的负荷性质

充电设备在无负荷的情况下，有功功率输出为 0，充电设备内部电容器会向系统输送无功功率。图 4-8 为 180kW 非车载充电机（某国际品牌）待机状态下的电压/电流输入波形，可以看出电压滞后电流，系统呈现容性。

另实测某工程，120 kW 非车载充电机内设 8 个充电模块，每个模块内容性无功为 300var，故每台非车载充电机容性无功约为 2.4kvar。在待机状态下对其进行测试时，发现开启的充电模块数量越多，其无功功率越大，且均呈现容性。不同充电模块数量对无功功率的影响见表 4-10。

表 4-10　不同充电模块数量对无功功率的影响

| 开启充电模块数量/个 | 无功功率/kvar | 功率因数 PF | 负荷特性 |
|---|---|---|---|
| 2 | 1.2 | 0.09 | |
| 4 | 2.1 | 0.07 | |
| 6 | 3.1 | 0.06 | 容性 |
| 8 | 4.1 | 0.06 | |
| 16 | 7.5 | 0.06 | |
| 35 | 15.1 | 0.06 | |

不同充电设备在充电过程中的负荷特性也略有差异，下面将从交流充电桩单独使用非车载充电机待机、非车载充电机单独使用交流充电桩待机、交流充电桩和非车载充电机混合使用三个方面对充电设备在充电过程中的负荷特性进行分析。

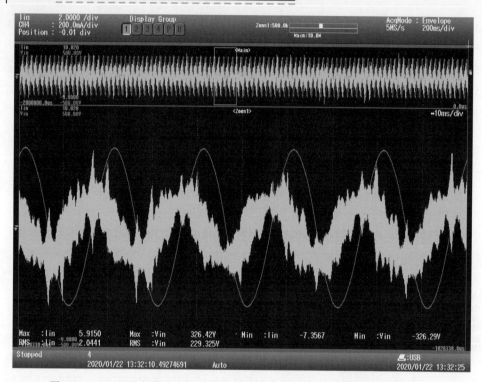

图4-8　180kW非车载充电机（某国际品牌）待机状态下电压/电流输入波形

## 4.4.1　交流充电桩单独使用非车载充电机待机

图 4-9 为交流充电桩在某实际运行过程中的充电曲线。其中 L1 分别接入 3.3kW 和 7kW 两台交流充电桩为电动汽车进行充电，L2 接入一台 3.3kW 交流充电桩为电动汽车进行充电，L3 空载。

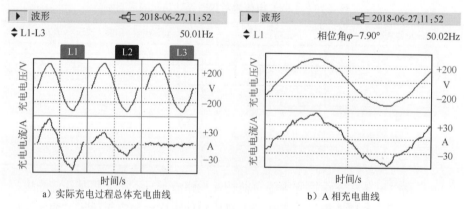

a）实际充电过程总体充电曲线　　　　b）A相充电曲线

图4-9　交流充电桩在某实际运行过程中的充电曲线

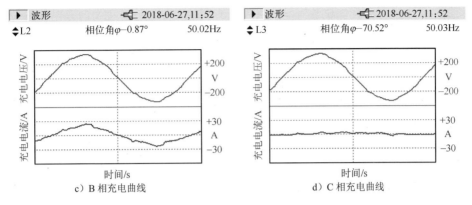

图 4-9　交流充电桩在某实际运行过程中的充电曲线（续）

## 4.4.2　非车载充电机单独使用交流充电桩待机

图 4-10 为 60kW 非车载充电机（A 枪）在某实际运行过程中的充电曲线（此时电池电量为 80%）。

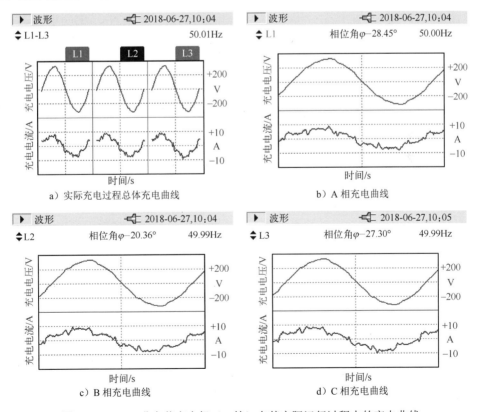

图 4-10　60kW 非车载充电机（A 枪）在某实际运行过程中的充电曲线

图 4-11 为 60kW 非车载充电机（B 枪）在某实际运行过程中的充电曲线（电池电量较低）。

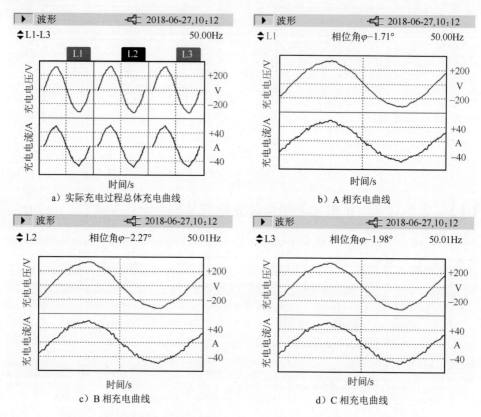

图 4-11　60kW 非车载充电机（B 枪）在某实际运行过程中的充电曲线

### 4.4.3　交流充电桩和非车载充电机混合使用

图 4-12 为交流充电桩和非车载充电机混合使用时实际运行过程中的充电曲线。其中 L1、L2 分别接入一台 3.3kW 交流充电桩为电动汽车进行充电，L3 空载。同时接入一台 60kW 非车载充电机为某电动汽车进行充电。

### 4.4.4　小结

综上所述，不同负载下的相位角见表 4-11。

从上述数据可以得到初步结论：

1）交流充电桩单独使用、非车载充电机待机时，L2、L3 呈现感性。

2）非车载充电机单独使用、交流充电桩待机时，三相均呈现容性。

3）交流充电桩和非车载充电机混合使用时，三相均呈现容性。

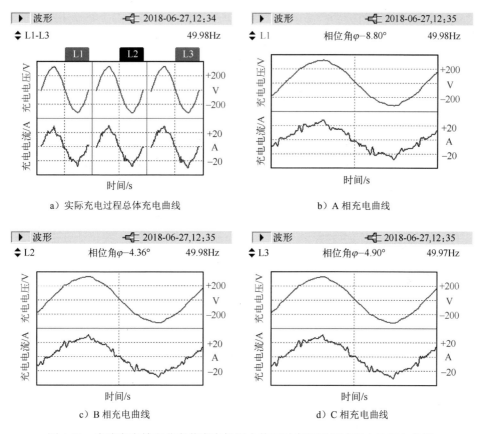

图 4-12　交流充电桩和非车载充电机混合使用时实际运行过程中的充电曲线

表 4-11　不同负载下的相位角

| 负载情况 | | 相位角 $\varphi$ / (°) | | |
|---|---|---|---|---|
| | | L1 | L2 | L3 |
| 直流充电 交流待机 | 60kW　A 枪 | −28.45 | −20.36 | −27.3 |
| | 60kW　B 枪 | −1.71 | −2.27 | −1.98 |
| 交流充电、直流待机 | | −7.9 | 0.87 | 70.52 |
| 交直流混合使用 | | −8.8 | −4.36 | −4.9 |

## 4.5　充电特性

### 4.5.1　充电电压特性

电动汽车在充电过程中，无论是交流充电桩还是非车载充电机，充电电压始终处于一个小范围的动态波动，充电设备的输出电压基本满足车辆需求电压值。

（1）交流充电桩

图 4-13 为交流充电桩在某充电过程中的充电电压曲线。由于交流充电桩输出电压不可调，充电电压始终维持在一个相对恒定的范围。

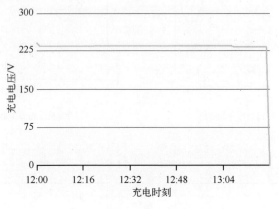

图 4-13　交流充电桩充电电压特性

（2）非车载充电机

图 4-14 为非车载充电机在某充电过程中的充电电压曲线。充电过程中，电池管理系统（Battery Management System，BMS）对电池进行监控和管理，充电电压缓慢上升。

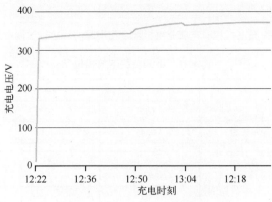

图 4-14　非车载充电机充电电压特性

## 4.5.2　充电电流特性

目前对动力蓄电池充电方法的研究主要基于 1972 年美国科学家马斯（J.A. Mas）提出的理想充电曲线，如图 4-15 所示。当充电电流大于理想充电曲线时，不仅不能提高充电效率，而且还会损耗电池；当充电电流小于理想充电曲线时，充电效率大大降低。

（1）交流充电桩

图 4-16 为交流充电桩在某充电过程中的充电电流曲线。图 4-16a 和图 4-16b 为较老车型，充电过程大致分为三个阶段，全电流充电约 2h，电流下降至原来的一半继续充电约 1h，最后以 4A 的充电电流充电直至充电结束。图 4-16c 为较新车型，大多采用恒流充电模式，且 32A 恒定电流充电居多。

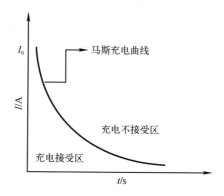

图 4-15 马斯理想充电曲线

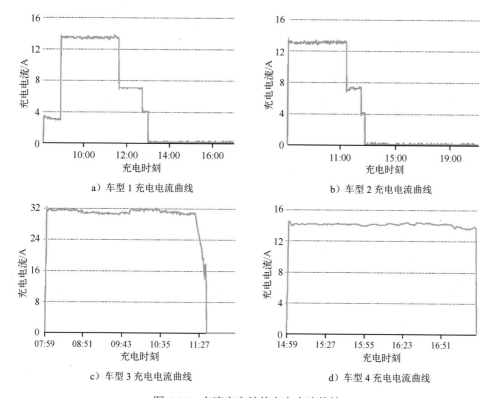

a）车型 1 充电电流曲线

b）车型 2 充电电流曲线

c）车型 3 充电电流曲线

d）车型 4 充电电流曲线

图 4-16 交流充电桩的充电电流特性

（2）非车载充电机

图 4-17 为非车载充电机在某充电过程中的充电电流曲线。我国国家标准 GB/T 27930—2015《电动汽车非车载传导式充电机与电池管理系统之间的通信协议》要求通过电池管理系统（BMS）对动力蓄电池温度进行监控。如图 4-17a 所示，在气温较低时，电动汽车在充电之前需要先进行预热。动力蓄电池充放电工作的效

率受温度影响很大，如图 4-17b 所示的北汽等车型。在低气温环境下，充电接受能力降低，充电 20min 电池容量很快达到 95%，之后充电电流下降至 20A 左右继续充电，直至充电结束。图 4-17c 为新车型（如 BYD、威玛和特斯拉等）采用的恒流充电模式，当电池容量达到 98% 时，充电电流急速下降，充电结束。图 4-17d 是适用北汽 EU260 等车型的典型充电电流曲线特征，充电过程中充电电流分段减小。

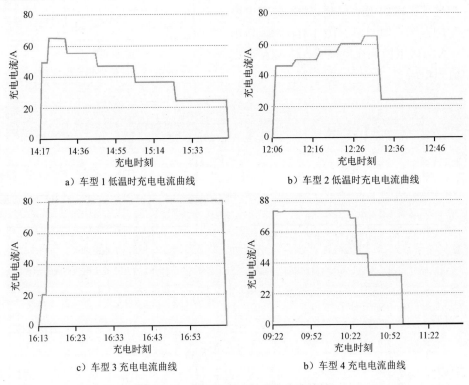

图 4-17　非车载充电机充电电流特性

### 4.5.3　充电功率特性

通过上述的研究可知，交流充电桩在充电过程中充电电压波动不大，非车载充电机在充电过程中充电电压缓慢平稳上升，而充电电流特性又各具差别。

（1）交流充电桩

图 4-18 为交流充电桩在某充电过程中的充电功率曲线，充电功率特性参考其充电电流特性。图 4-18a 和图 4-18b 为较老车型，充电过程大致分为三个阶段，全功率充电约 2h，降功率继续充电约 1h，最后以约 1kW 的充电功率充电直至充电结束。图 4-18c 为较新车型，大多采用恒功率充电模式，且 7kW 恒定功率充电居多。

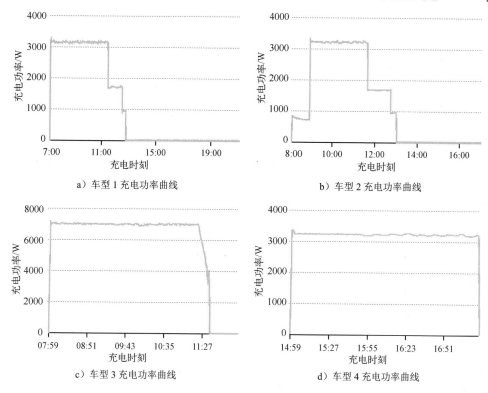

图 4-18    交流充电桩充电功率特性

（2）非车载充电机

图 4-19 为非车载充电机在某充电过程中的充电功率曲线，充电功率特性参考其充电电流特性，也分为三个阶段，开始有预热阶段（冬季时间略长），以后充电比较平稳，到 80% 左右时经过一次或多次降容充电过程。图 4-18c 和图 4-18d 为新车型的充电功率特性。

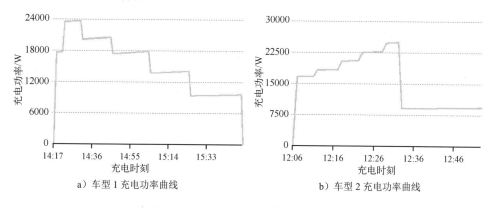

图 4-19    非车载充电机充电功率特性

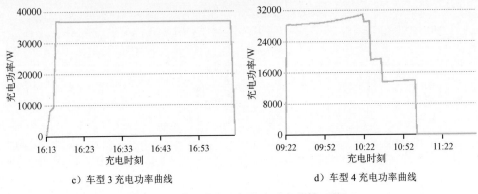

c）车型 3 充电功率曲线　　　　　　d）车型 4 充电功率曲线

图 4-19　非车载充电机充电功率特性（续）

### 4.5.4　小结

综上所述，可小结如下：

1）交流充电桩在充电过程中充电电压基本不变，非车载充电机的充电电压略有上升。

2）交流充电桩在充电过程中新车型大多采用恒流充电模式，且 32A 恒定电流充电居多。非车载充电机开始有预热阶段（冬季时间略长），以后充电电流比较平稳，到 80% 左右时经过一次或多次降容充电过程。

3）交流充电桩对新车型充电大多采用恒功率充电模式，且 7kW 恒定功率充电居多。非车载充电机开始充电也有预热阶段，以后充电比较平稳，到 80% 左右时经过一次或多次降容充电过程。

## 4.6　充电设备的谐波特性

对北京某充电站实测表明，不同充电设备在充电过程中的谐波特性也略有差异，下面将从非车载充电机单独使用交流充电桩待机、交流充电桩单独使用非车载充电机待机及交流充电桩和非车载充电机混合使用三个方面对充电设备在充电过程中的谐波特性进行分析。

### 4.6.1　交流充电桩单独使用非车载充电机待机

图 4-20 为交流充电桩在某实际运行过程中电流谐波含量。其中 L1 分别接入 3.3kW 和 7kW 两台交流充电桩为电动汽车进行充电，L2 接入一台 3.3kW 交流充电桩为电动汽车进行充电，L3 空载。其中，THD 表示总谐波失真；$K$ 为描述非线性负载变压器额外发热的参数，反映变压器承受谐波时所致额外温升的功能；$A_{rms}$ 表示谐振电流有效值；DF 表示 N 相谐波含有率。

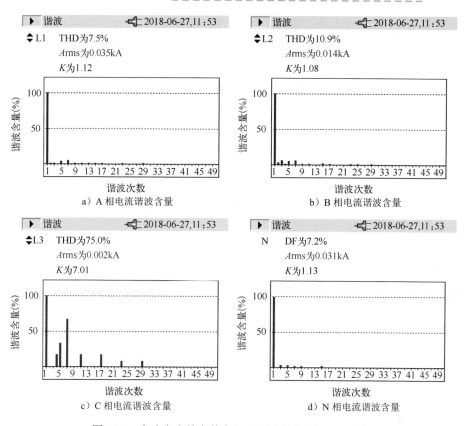

图 4-20 交流充电桩在某实际运行过程中电流谐波含量

## 4.6.2 非车载充电机单独使用交流充电桩待机

图 4-21 为 60kW 非车载充电机（A 枪）在某实际运行过程中电流谐波含量（此时电池电量为 80%），充电电流 5A。

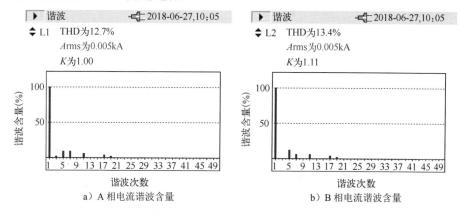

图 4-21　60kW 非车载充电机（A 枪）在某实际运行过程中电流谐波含量

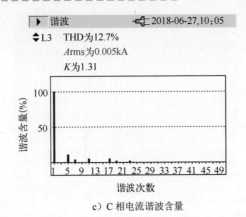

c）C 相电流谐波含量

图 4-21　60kW 非车载充电机（A 枪）在某实际运行过程中电流谐波含量（续）

图 4-22 为 60kW 非车载充电机（B 枪）在某实际运行过程中电流谐波含量，充电过程采用分段充电，起始阶段充电电流 40A，接近充满时 12A。

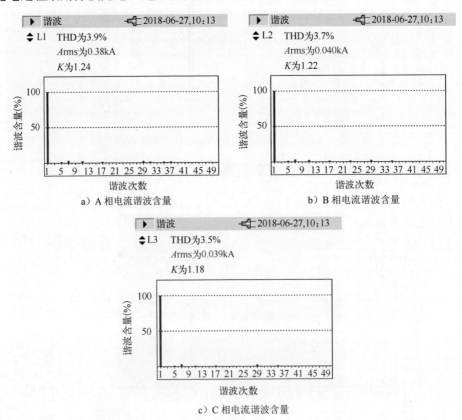

图 4-22　60kW 非车载充电机（B 枪）在某实际运行过程中电流谐波含量（40A）

12A 时电流谐波含量如图 4-23 所示。

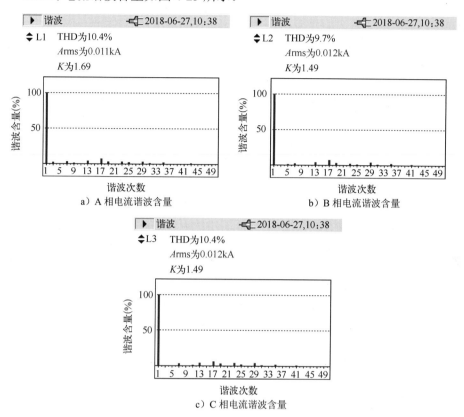

图 4-23    60kW 非车载充电机（B 枪）在某实际运行过程中电流谐波含量（12A）

图 4-24 为 60kW 非车载充电机（A 枪）在某实际运行过程中电流谐波含量，充电过程采用分段充电，起始阶段充电电流 60A，接近充满时 20A。

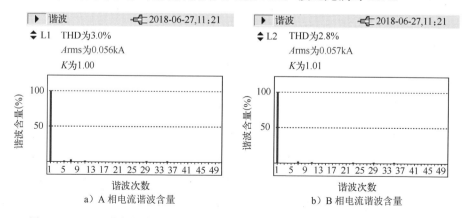

图 4-24    60kW 非车载充电机（A 枪）在某实际运行过程中电流谐波含量（60A）

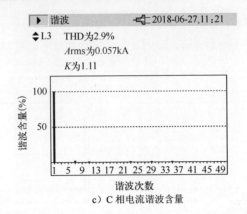

图 4-24    60kW 非车载充电机（A 枪）在某实际运行过程中电流谐波含量（60A）（续）

**20A 时电流谐波含量如图 4-25 所示。**

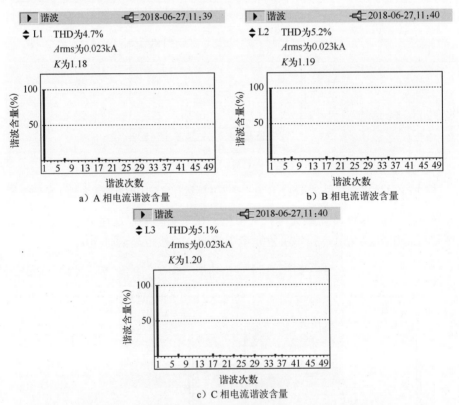

图 4-25    60kW 非车载充电机（A 枪）在某实际运行过程中电流谐波含量（20A）

### 4.6.3    交流充电桩和非车载充电机混合使用

图 4-26 为交流充电桩和非车载充电机混合使用时实际运行过程中电流谐波含

量。其中 L1、L2 分别接入一台 3.3kW 交流充电桩为电动汽车进行充电，L3 空载。同时接入一台 60kW 非车载充电机为某电动汽车进行充电。

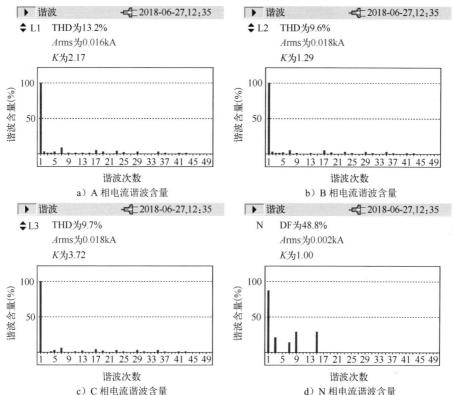

图 4-26 交流充电桩和非车载充电机混合使用时实际运行过程中电流谐波含量

## 4.6.4 小结

不同负载下的负载电流和谐波畸变率见表 4-12。

表 4-12 不同负载下的负载电流和谐波畸变率

| 负载情况 | | 负载电流/A | | | | 谐波畸变率（%） | | | |
|---|---|---|---|---|---|---|---|---|---|
| | | L1 | L2 | L3 | N | L1 | L2 | L3 | N |
| 直流充电、交流待机 | A 枪不分段 | 5 | 5 | 5 | | 12.7 | 13.4 | 12.7 | |
| | B 枪分段 | 38 | 40 | 39 | | 3.9 | 3.7 | 3.5 | |
| | | 11 | 12 | 12 | | 10.4 | 9.7 | 10.4 | |
| | A 枪分段 | 56 | 57 | 57 | | 3 | 2.8 | 2.9 | |
| | | 23 | 23 | 23 | | 4.7 | 5.2 | 5.1 | |
| 交流充电、直流待机 | | 35 | 14 | 2 | 31 | 7.5 | 10.9 | 75 | 7.2 |
| 交、直流同时充电 | | 16 | 18 | 18 | 2 | 13.2 | 9.6 | 9.7 | |

注：表中"分段"含义为多段充电功率（见图 4-19）。

从以上数据可以得到如下结论：

1）谐波含量与充电电流大小相关。无论是交流充电桩还是非车载充电机，都是充电电流越大，谐波畸变率越小。

2）非车载充电机在充电起始阶段，往往采用大电流充电，此时谐波绝对值较大，但谐波畸变率很小；到了充电后期，虽然谐波畸变率很高，但由于其充电电流较小，故谐波绝对值不大。因此，单个非车载充电机在整个充电周期内谐波含量对电能质量的影响不大。

3）交流充电桩具备配电、通信、计量、控制与保护等功能，因此对于单个交流充电桩谐波含量也不大，且主要反映车载充电机的谐波。

4）对于安装多组充电设备的配电线路，谐波畸变率大小更多取决于单相总的充电电流。单相充电电流越大，谐波畸变率越小。造成的影响与变压器容量有关，当变压器容量的裕量大时，谐波影响就小；反之谐波会造成严重的干扰。

5）含交流充电桩的回路在使用过程中三相负荷不平衡时，将导致中性线上电流过大，谐波含量过高，因此在导线选择时须加以注意。

## 4.7　充电设备的起动特性

起动特性的研究对充电设备运行寿命和运行损耗具有重要意义。不同充电设备在充电过程中的起动也略有差异，下面将从非车载充电机和交流充电桩两个方面对充电设备在充电过程中的起动特性进行分析。

### 4.7.1　交流充电桩

图 4-27 为三相交流充电桩（380V，42kW）在对北汽 EV200 车型某实际充电过程进行测试时捕获的起动特性。

三相交流充电桩起动瞬间，起动电流迅速上升至 64.7A（冲击电流），并保持 10ms 左右；之后在 1ms 内迅速降至 3A，持续 120ms；最后电流上升至 44.1A 进入稳定充电状态。故三相交流充电桩的起动电流约为 $1.47I_e$，从峰值电流到稳定运行的时间为 131ms 左右。

图 4-28 为单相交流充电桩（220V，7kW）在对北汽 EU260 车型某实际充电过程进行测试时捕获的起动特性。

单相交流充电桩起动瞬间，起动电流迅速上升至峰值电流 55.4A（冲击电流），在保持 10ms 后迅速降至 29.1A，由此进入稳定充电状态。故单相交流充电桩的起动电流约为 $1.90I_e$，从峰值电流到稳定运行的时间约为 10ms。

根据现行充电设备执行标准，在用户扫描二维码或插卡后，充电设备需检测车载动力蓄电池相关数据，将车辆和充电系统进行通信匹配以便选择最优充电模式，期间会出现起动时间较长的现象。结合以上两组数据可知，由于交流充电桩系统内部变换器和驱动电路存在软起动功能，所以属于延时起动，起动电流相对较小，峰值电流最大不到 $2I_e$（也可能高于此值），对电网和系统虽有一定的冲击，但影响甚微。另外，研究发现，充电桩内部软起动功能可在一定范围内减小冲击电流，以避免对内部模块和电网造成较大冲击。起动电流及冲击电流的大小之所以存在差别，与充电设备内部模块运行状态及配置有关，同样也与实际供电情况

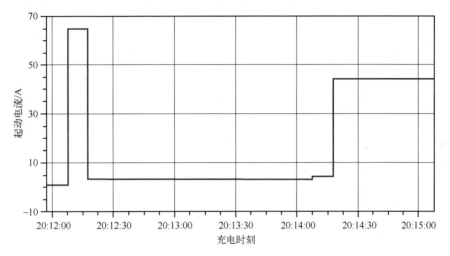

图 4-27　北汽 EV200 车型充电起动瞬变波形

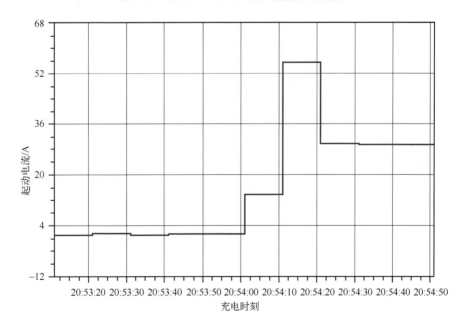

图 4-28　北汽 EU260 车型充电起动瞬变波形

和周围设备运行情况有关。

### 4.7.2　非车载充电机

　　GB/T 27930—2015《电动汽车非车载传导式充电机与电池管理系统之间的通信协议》中明确规定，非车载充电机充电过程分为六个阶段，即物理连接完成、低压辅助上电、充电握手阶段、充电参数配置阶段、充电阶段及充电结束阶段。非车载充电机充电过程如图 4-29 所示。

　　将处于待机状态的非车载充电机的充电枪插入车辆插座并实现锁止功能后，即视为物理连接完成。在用户刷卡或者扫描二维码之后，控制器接收到起动信号，充电机进入自检的一系列相关动作。这过程中包括了绝缘检测、低压辅助上电、充电握手阶段和充电参数配置阶段。在非车

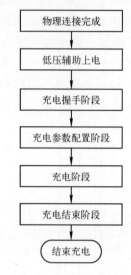

图 4-29　非车载充电机充电过程

载充电机和车辆 BMS 完成数据交互，并成功配置相关充电参数后，控制器将命令下发给充电机内部充电模块，充电模块按照指令要求输出电压和电流持续给电动汽车动力蓄电池充电。同样，非车载充电机的电源模块多采用两级变换器，且均具有软起动功能，以减小起动电流对电网的影响程度，保护充电机及其内部系统。综合以上，可以合理分析非车载充电机属于延时起动。虽然具有软起动功能可在一定程度上降低对电网及运行环境的冲击，但相比交流充电桩，非车载充电机的充电功率大，故对系统的冲击仍旧不可忽略。由于非车载充电机的充电电压高，充电功率大，冲击测试会对充电机内部元器件造成伤害，一般在研发阶段已完成测试，具体数据根据不同的非车载充电机分析，但冲击电流一般不应超过额定电流的 110%。

## 4.8　充电设备的选择

　　由于汽车内部空间有限，一般车载充电机功率不会太大，所以交流充电桩充电时间相对较长。非车载充电机则不同，与车内空间相比，地面上有足够的空间安装充电设备，所以非车载充电机功率可以做得很大，充电时间也就相对较短，仅需要 2～3h，大功率非车载充电机充满 80% 电量仅需 30min，故称为"快充"。

### 4.8.1　充换电设施的选择原则

　　1）常驻地的充电设施应以慢充为主。常驻地是指长时间停留地，如家中、办

公场所等。鼓励私家电动汽车车主利用单相交流充电桩在家夜间用电低谷时充电，此种充电方式利于延长电池寿命，节省充电电费，还起到削峰填谷的作用。

2）对需要快充的场所，可选择三相交流充电桩、非车载充电机、交/直流一体充电机和充电主机系统。慢充与快充是相对的，一般来说，单相交流充电桩功率小，充电时间长，充满电的时间在 5h 以上，因此称为慢充。而非车载充电机的功率较大，充电时间较短，故称为快充。三相交流充电桩充电功率大于单相交流充电桩，缩短了充电时间，大功率的三相交流充电桩（例如 42kW）充满电的时间达到或接近小功率非车载充电机的水平。

3）重量较重、体积较大的充电设备应选择落地式，重量较轻、体积较小的充电设备宜选择壁挂式或立柱式。重量较重、体积较大的充电设备主要有非车载充电机、交/直流一体充电机；而重量轻、体积小的充电设备主要有单相交流充电桩和三相交流充电桩，现在也出现壁挂式小容量非车载充电机。立柱式和壁挂式是不同的安装方式，现在许多交流充电桩都可支持这两种安装方式。

4）室外安装的充电设备防护等级不应低于 IP54，室内安装的充电设备防护等级不应低于 IP32，沿海等盐碱地区室外安装的充电设备还应具有防盐雾腐蚀能力。

5）充电终端较多且有快充需求的场所可采用充电主机系统。T/ASC 17-2021《电动汽车充换电设施系统设计标准》条文说明指出，充电终端数量较多，可界定为 5 台及以上。

6）对恢复行驶时间要求短的电动汽车可设置电池更换站。预装式换电站体积小、重量轻、占地省，便于标准化生产，质量可控，建议大力推广。

7）自用充电设备的功率宜与电动汽车相匹配，避免"大马拉小车"等不合适现象。

## 4.8.2　充电设备适用场所

充电设备适用场所见表 4-13。

表 4-13　各类充电设备的适用场所建议

| 充电设备类型 | 适用场所 |
| --- | --- |
| 单相交流充电桩 | ① 住宅私家车库或车位、住宅小区公共停车场（库） |
| | ② 公共建筑附建的车库、公共停车场（库）、停车楼 |
| | ③ 园区、校园停车场（库） |
| | ④ 小区、园区内路边停车位 |
| 三相交流充电桩 | ① 出租车企业 |
| | ② 公共充电站 |

（续）

| 充电设备类型 | 适用场所 |
|---|---|
| 非车载充电机 | ① 公共充电站、公共建筑的地面停车位、地面公共停车场 |
| | ② 出租车、公交车等运营单位 |
| | ③ 公安巡逻等需要快速出警、出车单位 |
| | ④ 其他需要快充的场所 |
| 电池更换站 | ① 出租车、公交等运营单位或场所 |
| | ② 电动汽车公共充/换电场所 |

注：1. 同时具有快充、慢充需求的场所或单位可选择交/直流一体充电机。
    2. 表中非车载充电机的适用场所和单位，当充电终端较多时宜采用充电主机系统。

### 4.8.3　光储充相结合

太阳能资源三类及以上地区可采用光伏、储能和充电相结合的充换电设施。

太阳能光伏系统发出的电为直流电，DC/DC 变换可以为电动汽车的电池充电。根据接受太阳能辐射量的大小，我国可分为五类地区，详见表 4-14。

表 4-14　我国太阳能资源的分类

| 地区类型 | 年日照时数/h | 年辐射总量/（MJ/m²） | 主要地区 | 备　　注 |
|---|---|---|---|---|
| 一类 | 3200～3300 | 6680～8400 | 宁夏北部、甘肃北部、新疆南部、青海西部、西藏西部 | 太阳能资源最丰富地区 |
| 二类 | 3000～3200 | 5852～6680 | 河北西北部、山西北部、内蒙古南部、宁夏南部、甘肃中部、青海东部、西藏东南部、新疆南部 | 太阳能资源较丰富地区 |
| 三类 | 2200～3000 | 5016～5852 | 山东、河南、河北东南部、山西南部、新疆北部、吉林、辽宁、云南、陕西北部、甘肃东南部、广东南部 | 太阳能资源中等地区 |
| 四类 | 1400～2200 | 4180～5016 | 湖南、广西、江西、浙江、湖北、福建北部、广东北部、陕西南部、安徽南部 | 太阳能资源较差地区 |
| 五类 | 1000～1400 | 3344～4180 | 四川大部地区、贵州、重庆 | 太阳能资源最差地区 |

### 4.8.4　充电设备选型表

为了方便工程应用，将常用的充电设备列表便于读者选用。交流充电桩技术参数见表 4-15～表 4-17，非车载充电机技术参数见表 4-18～表 4-20。

## 表 4-15　交流充电桩技术参数（一）

| 充电桩分类 | | 单相交流充电桩 | | | 三相交流充电桩 |
|---|---|---|---|---|---|
| 类别 | 名称 | 7kW 交流充电桩 | 14kW 交流充电桩 | 28kW 交流充电桩 | 84kW 交流充电桩 |
| 基本信息 | 产品型号 | TBEJ1-32A/1L TBEJ1-32A/1B | TBEJ1-32A/2B TBEJ1-32A/2L | TBEJ1-32A/4B TBEJ1-32A/4L | TBEJ2-63A/2L |
| 结构外观 | 安装方式 | 落地式、壁挂式 | | | 落地式 |
| | 安装组件 | 单插头充电线 | | | |
| | 外壳材质 | 钣金、防腐喷涂处理 | | | |
| | 插头数量 | 1 | 2 | 4 | 2 |
| | 连接方式 | C:供电设备有永久连接线缆和插头 | | | |
| | 线缆长度/m | 5 | | | |
| 电气指标 | 最大功率/kW | 7 | 14（双枪） | 28（四枪） | 84（双枪） |
| | 输出电流/A | 32 | 32（单枪） | 32（单枪） | 63（单枪） |
| | 输入电压/V | AC 220×（1±20%） | | | AC 380×（1±20%） |
| | 输入频率/Hz | 50×（1±10%） | | | |
| | 输出电压/V | AC 220×（1±20%） | | | AC 380×（1±20%） |
| | 计量精度 | 1 | 1 | 1 | 1 |
| 环境指标 | 使用场景 | 室内/户外 | | | |
| | 工作温度/℃ | −20～50 | | | |
| | 工作湿度（%） | 5～95 | | | |
| | 工作海拔/m | ≤2000 | | | |
| | 防护等级 | IP54 | | | |
| | 冷却方式 | 自然冷却 | | | |
| 安全设计 | 保护类型 | 过电压保护/欠电压保护/过载保护/短路保护/接地保护/过温保护/防雷保护 | | | |
| | 剩余电流保护 | A 型，动作电流 30mA | | | |
| | 急停按钮 | 有 | | | |
| | 倾倒保护 | 有 | | | 无 |
| 功能设计 | 充电模式 | 自动充满/定时充电/定价充电/定量充电 | | 定时充电/定价充电/定量充电 | 自动充满/定时充电/定价充电/定量充电 |
| | LED 指示灯 | 三色人机交互指示灯 | | | |
| | 用户界面 | 4.3 寸彩色触摸屏/2.3 寸 LCD 液晶显示屏+触摸按键/无屏幕 | | 5 寸彩色触摸屏 | 7 寸彩色屏幕、电阻触摸 |
| | 对外通信模式 | GPRS/以太网 | | | |
| | 计费模式 | 刷卡支付/扫码支付（选配） | | | |

注：本表根据贵州泰永长征技术股份有限公司的资料编制而成。

表 4-16　交流充电桩技术参数（二）

| 技术参数 | | 设备型号 | | | | |
|---|---|---|---|---|---|---|
| | | ZYJ22–X–32A/220V | ZYJ22–X–32A/220V–EN | ZYJ22–X–63A/380V–EN | ZYJ21–A–32A/220V | ZY200A 2.86 |
| 电气参数 | 额定输入功率/kW | 7 | 7 | 42 | 7 | 2.86 |
| | 额定输入电压/V | ～220 | ～220 | ～380 | ～220 | ～220 |
| | 额定输入电流/A | 32 | 32 | 63 | 32 | 13 |
| | 额定输入频率/Hz | 50 | | | | |
| | 额定输出电压/V | ～220 | ～220 | ～380 | ～220 | ～220 |
| | 额定输出电流/A | 32 | 32 | 60 | 32 | 13 |
| 功能指标 | 充电组件 | 充电枪/充电座 | 充电枪 | | | |
| | 人机交互界面 | 3 寸屏幕 | | | 7 寸高亮彩幕 | 无 |
| | 通信方式 | 以太网/CAN/GPRS/RS 485 | | | | 无 |
| | 计量功能 | 1.0 级 | | | | 无 |
| | 防雷功能 | 有 | | | | |
| | 剩余电流保护 | A 型 | | | | 有 |
| | 防护等级 | IP55 | IP65 | IP65 | IP55 | IP55 |
| 基本参数 | 工作温度/℃ | –30～55 | | | | |
| | 相对湿度（%） | 5～95 无凝露 | | | | |
| | 尺寸：$\dfrac{L}{mm}\times\dfrac{W}{mm}\times\dfrac{H}{mm}$ | 335×135×470 | 218×135×353 | 270×143×420 | 500×370×1610 | 74×47×195 |
| | 净重/kg | 5 | <7 | <16 | 30 | 1.5 |

注：本表根据震宇智慧（北京）新能源科技有限公司提供数据编制。

表 4-17　交流充电桩技术参数（三）

| 技术参数 | | 设备型号 | | |
|---|---|---|---|---|
| | | ZHENGER–C115/JAV1 | ZHENGER–C202/JAV1 | ZHENGER–C4/JAV2 |
| 电气参数 | 额定输入功率/kW | 7 | 7 | 84 |
| | 额定输入电压/V | ～220 | ～220 | ～380 |
| | 额定输入电流/A | 32 | 32 | 63 |
| | 额定输入频率/Hz | 50 | | |
| | 额定输出电压/V | ～220 | ～220 | ～380 |
| | 额定输出电流/A | 32 | 32 | 63×2 |

（续）

| 技术参数 | | 设备型号 | | |
|---|---|---|---|---|
| | | ZHENGER–C115/ JAV1 | ZHENGER–C202/ JAV1 | ZHENGER–C4/ JAV2 |
| 功能指标 | 充电组件 | 充电枪 | | |
| | 人机交互界面 | 4.3 英寸触摸屏+指示灯 | 9.7 英寸超清触摸屏 | 10.1 英寸触摸屏+LED 指示灯，刷卡、二维码支付 |
| | 通信方式 | Ethernet/4G | | |
| | 计量功能 | 1.0 级，波峰平谷分段计费 | | |
| | 防雷功能 | 有 | | |
| | 剩余电流保护 | 有 | | |
| | 防护等级 | IP54 | | |
| 基本参数 | 工作温度/℃ | –30～65 | | |
| | 相对湿度（%） | 5～95 无凝露 | | |
| | 尺寸： $\dfrac{L}{mm} \times \dfrac{W}{mm} \times \dfrac{H}{mm}$ | 400×220×126 | 290×290×60 | 400×1550×360 |
| | 净重/kg | 6 | 6 | 35 |

注：本表根据上海正尔智能科技股份有限公司提供数据编制。

### 表 4-18 非车载充电机技术参数（一）

| 参数类型 | | 技术参数 | | |
|---|---|---|---|---|
| 基本信息 | 设备名称 | 60kW | 120kW | 180kW |
| | 产品型号 | TBEZ1–60kW/1L TBEZ1–60kW/2L | TBEZ1–120kW/1L TBEZ1–120kW/2L | TBEZ1–180kW/1L TBEZ1–180kW/2L |
| 结构外观 | 安装方式 | 落地 | | |
| | 安装组件 | 地基附件 | | |
| | 外壳材质 | 钣金烤漆 | | |
| | 插头数量 | 1/2 枪 | | 2 枪 |
| | 连接方式 | C:供电设备有永久链接线缆和插头 | | |
| | 线缆长度/m | 5 | | |
| 电气指标 | 最大功率/kW | 60 | 120 | 180 |
| | 单枪最大输出电压/V | DC 200～450，DC 200～750 | | |
| | 单枪最大输出电流/A | 150 | 300 | 450 |
| | 输入电压/V | AC 380×（1±20%） | | |
| | 输入频率/Hz | 50×（1±10%） | | |

（续）

| 参数类型 | 技术参数 | | | |
|---|---|---|---|---|
| 基本信息 | 设备名称 | 60kW | 120kW | 180kW |
| | 产品型号 | TBEZ1-60kW/1L<br>TBEZ1-60kW/2L | TBEZ1-120kW/1L<br>TBEZ1-120kW/2L | TBEZ1-180kW/1L<br>TBEZ1-180kW/2L |
| 电气指标 | 限流保护（%） | ≥110 | | |
| | 稳压精度（%） | ≤±0.5 | | |
| | 稳流精度（%） | ≤±0.5 | | |
| | 纹波系数（%） | ≤±0.5 | | |
| | 效率（%） | ≥96 | | |
| | 功率因数 | ≥0.99（50%负载以上） | | |
| | 谐波含量（%） | ≤5（50%负载以上） | | |
| | 计量精度 | 1.0级 | | |
| 环境指标 | 使用场景 | 户外/室内 | | |
| | 工作温度/℃ | -20～50 | | |
| | 工作湿度（%） | 5～95 | | |
| | 工作海拔/m | ≤2000 | | |
| | 防护等级 | IP54 | | |
| | 噪声控制/dB | ≤60 | | |
| | MTBF/h | ≥8760 | | |
| | 冷却方式 | 强迫风冷 | | |
| 安全设计 | 保护方式 | 过电压保护，欠电压保护，过载保护，短路保护，剩余电流保护（A型），接地保护，过温保护，低温保护，防雷保护 | | |
| | 急停按钮 | 有 | | |
| | 绝缘监察 | 有 | | |
| | 倾倒保护 | 有 | | |
| 功能设计 | 充电模式 | 自动充满，定时充电，定价充电，定量充电 | | |
| | 用户界面 | 7寸彩色液晶屏幕、触摸界面 | | |
| | 通信模式 | 无线（2G/4G）（选配），以太网（标配） | | |
| | 计费模式 | 刷卡支付，扫码支付（预留） | | |
| | 控制方式 | 触摸操作 | | |

注：本表根据贵州泰永长征技术股份有限公司的资料编制而成。

表 4-19　非车载充电机技术参数（二）

| 技术参数 | | 设备型号 | | | | |
|---|---|---|---|---|---|---|
| | | ZYZ21–A–120A/500V–B1 | ZYZ21–A–80A/750V–B1 | ZYZ21–A–240A/500V–B2 | ZYZ21–A–160A/750V–B2 | ZYZ21–A–160A/750V–B4 |
| 电气参数 | 额定输入功率/kW | 60 | 60 | 120 | 120 | 120 |
| | 额定输入电压/V | ～380 | | | | |
| | 额定输入电流/A | 120 | 80 | 240 | 160 | 160 |
| | 额定输入频率/Hz | 50 | | | | |
| | 额定输出电压/V | 200～500 | 300～750 | 200～500 | 300～750 | 300～750 |
| | 额定输出电流/A | 120 | 80 | 240 | 160 | 160 |
| 功能指标 | 充电组件 | 充电枪 | | | | |
| | 人机交互界面 | 7 寸高亮彩幕 | | | | |
| | 通信方式 | 以太网/3G/4G | | | | |
| | 计量功能 | 1.0 级 | | | | |
| | 防雷功能 | 有 | | | | |
| | 剩余电流保护 | A 型 | | | | 有 |
| | 防护等级 | IP55 | IP65 | IP65 | IP55 | IP55 |
| 基本参数 | 工作温度/℃ | −30～55 | | | | |
| | 相对湿度（%） | 5～95 无凝露 | | | | |
| | 尺寸：$\dfrac{L}{mm}\times\dfrac{W}{mm}\times\dfrac{H}{mm}$ | 800×450×1670 | 800×450×1670 | 850×750×1760 | 800×750×1670 | 800×750×1670 |
| | 净重/kg | 150 | 150 | 260 | 260 | 260 |

注：本表根据震宇智慧（北京）新能源科技有限公司提供数据编制。

表 4-20　非车载充电机技术参数（三）

| 技术参数 | | 设备型号 | | | | | | |
|---|---|---|---|---|---|---|---|---|
| | | ZHENGER–C6S/JDV1 | ZHENGER–C6S/JDV2 | ZHENGER–C6/JDV1 | ZHENGER–C6/JDV2 | ZHENGER–C9/JDV2–180TLK | ZHENGER–C9/JDV2–240TLK | ZHENGER–C9/JDV2–360TLK |
| 电气参数 | 额定输入功率/kW | 60 | 120 | 60 | 120 | 180 | 240 | 360 |
| | 额定输入电压/V | ～380 | | | | | | |
| | 额定输入电流/A | 92 | 183 | 92 | 183 | 274 | 365 | 547 |
| | 额定输入频率/Hz | 50 | | | | | | |

（续）

| 技术参数 | | 设备型号 | | | | | | |
|---|---|---|---|---|---|---|---|---|
| | | ZHENGER –C6S/ JDV1 | ZHENGER –C6S/ JDV2 | ZHENGER –C6/JDV1 | ZHENGER –C6/JDV2 | ZHENGER –C9/JDV2 –180TLK | ZHENGER –C9/JDV2 –240TLK | ZHENGER –C9/JDV2 –360TLK |
| 电气参数 | 额定输出电压/V | DC 150～750 | | | | DC 150～1000 | | |
| | 额定输出电流/A | 80 | 160 | 80 | 160 | 180 | 240 | 360 |
| 功能指标 | 充电组件 | 充电枪 | | | | | | |
| | 人机交互界面 | 10.1 英寸触摸屏 +LED 指示灯，刷卡、二 维码支付 | | 15 英寸高清触摸屏+LED 指示灯，刷卡、二维码支付 | | | | |
| | 通信方式 | Ethernet/4G | | | | | | |
| | 计量功能 | 1.0 级，波峰平谷分段计费 | | | | | | |
| | 防雷功能 | 有 | | | | | | |
| | 剩余电流保护 | 有 | | | | | | |
| | 防护等级 | IP54 | | | | | | |
| 基本参数 | 工作温度/℃ | –30～65 | | | | | | |
| | 相对湿度（％） | 5～95 无凝露 | | | | | | |
| | 尺寸： $\dfrac{L}{mm} \times \dfrac{W}{mm} \times \dfrac{H}{mm}$ | 425×1680 ×720 | 425×1680 ×720 | 600×1680 ×720 | 600×1680 ×720 | 980×1800 ×370 | 980×1800 ×370 | 980×1800 ×370 |
| | 净重/kg | 210 | 240 | 210 | 240 | 260 | 290 | 350 |

注：本表根据上海正尔智能科技股份有限公司提供数据编制。

# 第5章 规划与选址

## 5.1 规划

### 5.1.1 公共充换电设施规划

建筑物中存在公共充电站、电池更换站，通常位于建筑物红线范围内的地面上。根据 T/ASC 17–2021《电动汽车充换电设施系统设计标准》，公共充电站、电池更换站应充分考虑电动汽车用户需要，合理确定服务半径和服务能力。公用充电设备和专用充电设备宜集中布置、统一管理。

公用充电设备、专用充电设备建议集中设置，便于管理、防护和监控，尤其对消防安全防护比较有利。

公共充电站、电池更换站提供公共服务，需按服务半径和服务能力设置，以满足电动汽车充电的需要。公共充电站、电池更换站的服务半径和服务能力受各地经济发展水平、电动汽车保有量等因素限制，城市级的公共充换电服务超出了本书范畴，但园区内的公共服务可以参考如下。

1）关于充换电站的布局，许多城市有各自的规划方案和算法，目前大多数充电站遵循的原则是：电动汽车发展比较好的一线城市充电站城区服务半径为 2km 以内，郊区为 5km 以内。由于电动汽车处于发展之中，其只占机动车保有量的 2% 左右，尚有很大的发展空间。图 5-1～图 5-4 分别为北京、上海、深圳和广州充电站分布图，这些图从国网的 e 充电 APP 截取，站点比较密集，符合真实情况，图中红点及数字处为充电站，供读者参考。

2）公共充电站原则为补电、应急充电所用，且每个充电站的充电设备数量不一，服务能力不同，建议采用快充补电、半小时应急充电使用方式（研究表明，充电等待时间超过 30min 车主有烦躁不安的情绪，因此快充时间建议小于 30min），不应长期占用快充设备和资源，否则失去快充的意义。

3）电池更换站要看服务车辆类型、车辆的保有量和运营情况等，以北汽新能源在北京换电站网络布局来看，城区服务半径按 2km 左右规划，在车辆聚集区可建成双通道或者多通道电池更换站，郊区视运营实际情况布点，如图 5-5 所示。截止到 2019 年年底，北汽新能源在北京重点区域（即五环内、出租车出行集中区域及机场沿线）已建成 90 座换电站。规划到 2020 年年底，将累计建成换电站 194 座。

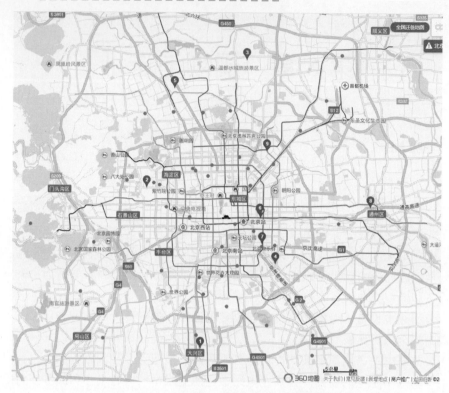

图 5-1　北京六环内充电站分布图（见彩插）

图 5-2　上海外环内充电站分布图（见彩插）

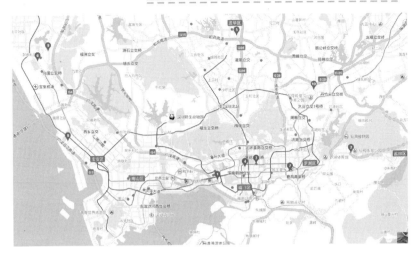

图 5-3　深圳充电站分布图（见彩插）

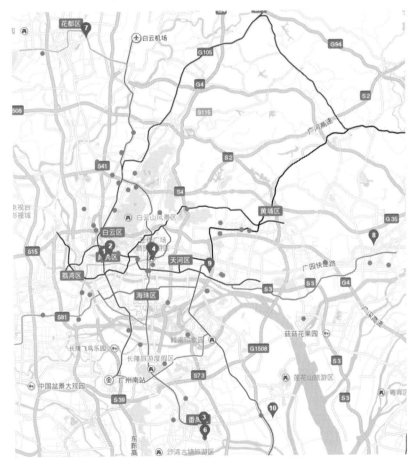

图 5-4　广州充电站分布图（见彩插）

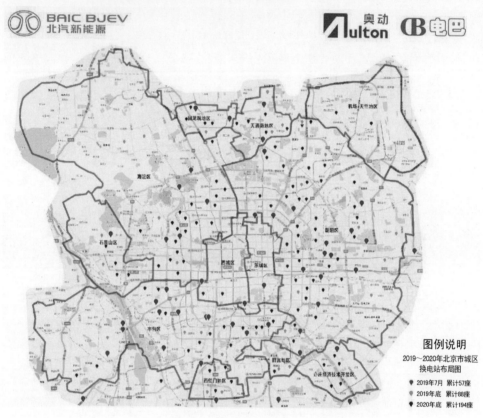

图 5-5　2019～2020 年北京市城区换电站布局图（见彩插）

注：本图由北京奥动公司提供。

4）电池更换站服务能力较强。国家标准中规定，乘用车的电池箱更换时间不宜大于 300s，商用车的电池箱更换时间不宜大于 600s。以北汽新能源电动汽车为例，标准电池更换站为 1 个换电工位，28 块电池，3min 换电，如果 24h 满负荷运营，从车辆进站到完成换电出站的平均时间不到 5min，1h 可以服务 12 辆车，一天服务 12 辆次/h×24h=288 辆次。

## 5.1.2　建筑物停车场（库）充电车位配比

现在各地大力扶持、推进电动汽车充电设施建设，为电动汽车普及提供基础条件，解决电动汽车车主充电难问题。其实，车主的充电行为对电动汽车充电设施的投入、布置和使用会产生很大的影响，许多问题值得全行业同仁认真思考。

在标准规范中，"按停车场（库）车位数的百分比安装或预留电动汽车充电设施安装条件"颇受争议。这种模式是现在各地普遍采用的安装充电设施或预留安装条件，有相关文件和标准支持。调查表明，大量已安装的充电设施没有得到很好的利用，闲置率高，设备损坏较严重，造成投资和电力资源的浪费。附录 D 为北京朝阳区某小区充电设备使用情况调查，详细给出了充电设施系统使用情况。

在电动汽车发展初期，通过政策引导、推动是可以理解的，但最终需按照标准、规范进行充换电设施系统设计与建设，按电动汽车保有量及服务半径规划、设计和安装充电设施。因为充电设施是为电动汽车提供能源供给，两者比例应该相互协调、适应。类似加油站和燃油汽车，两者也需比例协调、匹配。这样再考虑到一定的发展系数，合理的网点分布，快慢充结合，并运用互联网的平台，有望科学、经济和合理地解决电动汽车充电难的问题。

T/ASC 17–2021《电动汽车充换电设施系统设计标准》第 4.1.2 条规定，充电设备在各类建筑物停车场（库）的配置数量应按当地规定执行，若当地没有规定可参考表 5-1。

表 5-1　电动汽车充电车位配比

| 建筑类型 | 配置充电车位配比 | 预留充电车位配比 |
| --- | --- | --- |
| 新建建筑物的配建停车场（库） | ≥10% | ≥10% |
| 改建、扩建建筑物的配建停车场（库） | ≥5% | ≥10% |
| 政府办公楼停车场（库） | ≥20% | ≥10% |
| 医院、学校等公共事业单位停车场（库） | ≥10% | ≥10% |
| 新建住宅配建停车场（库） | 100%建设充电设施或预留建设安装条件 | |
| 大型公共建筑配建停车场（库） | 不低于10%的车位建设充电设施或预留建设安装条件 | |

表 5-1 中，配置充电车位配比是指安装充电设备的车位数与该建筑物或园区总车位数的比值；预留充电车位配比是指预留充电设备安装条件的车位数与该建筑物或园区总车位数的比值。配置充电车位配比和预留充电车位配比应同时满足表 5-1 中要求。

表 5-1 根据《国务院办公厅关于加快电动汽车充电基础设施建设的指导意见》（国办发［2015］73 号），以及国家能源局、国资委和国管局《关于加快单位内部电动汽车充电基础设施建设的通知》（国能电力［2017］19 号）等文件编制而成。

目前，许多地区已有地方标准或政策要求，需按当地规定执行，主要城市电动汽车充电设施系统配比见表 5-2。

表 5-2　主要城市电动汽车充电设施系统配比

| 地区 | 住宅 | 商业 | 办公 | 社会 | 其他 |
| --- | --- | --- | --- | --- | --- |
| 北京 | 18 | 20 | 25 | 20 | 15 |
| 上海 | 10 | 10 | 10 | 10 | 10 |

（续）

| 地区 | 住宅 | 商业 | 办公 | 社会 | 其他 |
|---|---|---|---|---|---|
| 重庆 | 10 | 10 | 10 | 10 | 10 |
| 浙江 | 10/12/14 | 10/10/12 | 10/10/12 | 10/12/15 | 10～14 |
| 福建 | 20 | 10 | 10 | | |
| 广州 | 18 | 18 | 18 | 18 | |
| 深圳 | 30 | 10 | 30 | 30 | |
| 湖南 | 100 预留 | 10 | 10 | 20 | 20 |
| 成都中心城区、天府新区 | 100 预留（10）/10 | 30 预留（10）/10 | 350 预留（10）/10 | 30 预留（10）/10 | 25 预留（10）/10 |
| 西安 | 新建各类停车场（独立的机械车库和临时平面停车场除外）应设置 30%的新能源汽车充电车位 | | | | |

注：1. 成都仅为中心城区、天府新区。"/"前的数据为新建建筑，"/"后的数据为既有建筑。

　　2. 表中"其他"为医院、学校和文体建筑等大型公共建筑。

　　需要说明的是，充电设施系统规划应预留电动汽车充电设施供配电装置的位置、空间和进出线路由，预留消防改造条件，满足未来安装充电设施的需要。这是"预留电动汽车充电设施安装条件"的内涵，取自 T/ASC 17–2021《电动汽车充换电设施系统设计标准》、18D 705–2《电动汽车充电基础设施设计与安装》。设计时，需要对电动汽车充换电设施统一规划、统一负荷计算和系统设计，分期实施，减少浪费。预留充电设备安装条件的车位应集中在某区域，便于未来对该区域进行相应的改造，包括消防改造，满足消防要求。

## 5.1.3　交直流充电设备配比

　　在充电设备设置中，交流充电桩与非车载充电机特点不同，应用场所也不一样，其合理配比有助于解决车主的充电需求，又可节省投资。交流充电桩与非车载充电机的配置比例应符合当地相关规定，在没有地方标准的地区可参考表5-3。

表5-3　同一项目中交流充电桩与非车载充电机的配置比例

| 建筑类型 | 交流充电桩与非车载充电机的配置比例 | 备　　注 |
|---|---|---|
| 别墅 | 每户只配置交流充电桩或预留交流充电桩安装条件 | 包括独栋别墅、联排别墅等有私家车库或车位 |
| 别墅小区、普通住宅小区 | 设置一定数量的非车载充电机 | 安装在小区公共停车位，如会所、商业等场所的停车位 |
| 办公楼（含政府办公楼、商业写字楼等） | 10:1 到 4:1 | 主要满足公务用车，满足员工、访客快充要求 |

（续）

| 建筑类型 | 交流充电桩与非车载充电机的配置比例 | 备　　注 |
|---|---|---|
| 大型商业及商业综合体、高等级酒店 | 8:1 到 4:1 | 满足顾客快充要求 |
| 高等级医院 | 10:1 到 4:1 | 主要满足访客、患者及家属充电需求 |
| 学校 | 10:1 到 6:1 | 满足教职员工充电需求，大中小学有差别 |
| 体育场馆 | 15:1 到 6:1 | 高等级场馆比例高 |
| 航站楼、火车站、候船楼、长途汽车站等 | 12:1 到 4:1 | 与交通建筑的等级、地区经济发展程度等有关 |
| 美术馆、展览馆、会展中心等 | 8:1 到 4:1 | 主要满足观众的需求 |
| 园区、其他大型公共建筑配建停车场 | 不低于 10:1 | 园区包括工业园区、科技园区等 |
| 社会公共停车场 | 非车载充电机大于 25% | 满足客人快充要求 |
| 公安电动巡逻车停车场 | 非车载充电机大于 50% | 满足快速出警的要求 |

注：本表根据 T/ASC 17–2021《电动汽车充换电设施系统设计标准》、18D 705–2《电动汽车充电基础设施设计与安装》编制而成。

### 5.1.4　电池更换站作为储能站的设想

有条件时，电池更换站可作为储能站。电动汽车的动力蓄电池本身就是储能设备，具有柔性负荷特点，兼有用电设备和电源双重特性。通过智能控制，可利用夜间用电低谷时为动力蓄电池充电；白天用电高峰时作为电源为其他用电负荷供电，起到电力系统削峰填谷的作用。在有峰谷电价地区，还具有较好的经济效益。

电动汽车有一种不可多得的特殊使命——储能站！其实，电动汽车是交通工具，与其他类型汽车相似，但是它又是一种储能装置，一种可移动、分散式和末端的储能系统。如何用好电动汽车这类资源，对社会、个人和集体都有益处。

（1）电动汽车的动力蓄电池

IEC 60364-7-722:2018 定义了电动汽车（简称 EV），是指以车载电源为动力，用电动机驱动车轮行驶，符合道路交通、安全法规各项要求的车辆。其核心是"三电"，即电池、电动机和电控。目前电动汽车的动力蓄电池主要类型参见本书第 1 章表 1-14，该表还提供动力蓄电池的电压参数。而电动汽车常用的动力蓄电池为三元锂电池和磷酸铁锂电池，其中三元锂电池占据主要份额，遥遥领先。动力蓄电池的串联数及电压参数参见本书第 1 章表 1-16。

（2）电动汽车作为储能系统的意义

经过多年的发展，目前电动汽车动力蓄电池容量逐渐增加，以满足较长续驶里程的需要，解决车主的充电焦虑。大部分新款电动汽车续驶里程超过 400km，电池容量多在 60kW·h 以上，甚至超过 100kW·h。附录 B 列举了我国常用电动汽车的主要参数。

另一方面，截至 2019 年 6 月底，我国电动汽车保有量不足汽车总量的 1.5%，参见本书第 1 章。平均电动汽车动力蓄电池按 60kW·h 计，按现有电动汽车保有量计算，动力蓄电池总容量高达 20640 万 kW·h，充分利用这些电池作为储能系统意义很大，可以起到智能柔性系统的作用，实现双向可控。

根据用车习惯调查，大多数车主晚上在家停车超过 8h，占 83%，这是在家慢充的最好时段。详见本书附录 C。因此，对电动汽车车主来说，晚上回家用交流充电桩充电可谓一举多得：

1）安全可靠。小电流慢充减少电池超温概率，降低火灾、爆炸风险。

2）便宜。利用夜间低谷电价充电，经济性占绝对优势。

3）延长电池寿命。小电流慢充可避免或减少对电池的损伤，同时可延长电池寿命。

4）削峰填谷。有助于电力系统的削峰填谷作用，平衡发电与用电。

（3）应用场景设想

1）某电动汽车电池容量 50kW·h，晚上回家利用低谷电价充电，采用标准的 7kW 单相交流充电桩充电，22:00～次日 5:00 即可充满电。假设低谷电价 0.3 元/kW·h，充满电需 0.3 元/kW·h×50kW·h=15 元。

2）白天上班，将充满电的电动汽车进行卖电（放电），假设卖电 30kW·h，余下电量能保证回家、办事即可，按 1 元/kW·h 计，可售电 30 元。车主一天可获利 15 元，一年按 200 天计（考虑节假日、外出办事等），一年获利 15 元/天×200 天=3000 元。

3）办公楼由于电动汽车储能系统的存在，变压器安装容量将大大减少，相应的供配电系统也节省投资，变压器减少的容量与储能系统的容量有关。

（4）多级储能系统

电动汽车作为末端的储能装置，具有量大面广、可移动、分散布置和灵活多变的特点；电池更换站可以作为区域级的储能站，根据城市规划设置相应的站点，既满足电动汽车换电需求，又具有区域级的储能站作用。以北京市城区为例（见图 5-5），截至 2019 年底，北京重点区域已建成 90 座换电站，随着电动汽车不断普及，换电站站点将加密，服务半径将进一步缩小；电力部门设置了不少储能站，作为电网级的储能系统；发电企业也设置一些储能站，作为发电级储能系统。

这样就形成基于电动汽车的多级储能系统，如图 5-6 所示，包括发电级储能、电网级储能、区域级储能——换电站和末端用户储能——电动汽车。

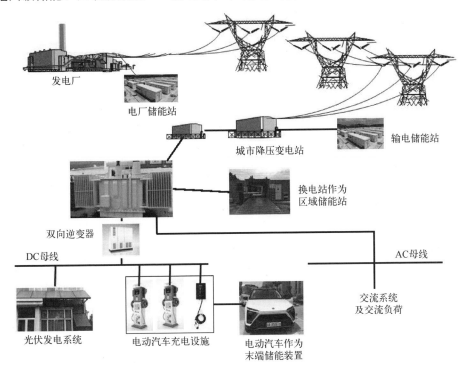

图 5-6　基于电动汽车及电池更换站的多级储能系统示意图

## 5.2　选址

民用建筑的充换电设施也存在选址问题，其选址应满足电源接入的要求，宜充分利用就近的供电、消防、通风、防洪及排水等公用设施。由于现在建筑中停车位数量较大，按照本书 5.1 节中的配置比例和预留比例，电动汽车所需电源容量较大，因此需要合理规划、设计。

### 5.2.1　公共充电站和电池更换站的选址

根据 T/ASC 17–2021《电动汽车充换电设施系统设计标准》，公共充电站、电池更换站的选址应符合下列要求：

1）不应靠近有潜在火灾或爆炸危险的场所，例如不靠近燃气调压站、直燃机房等。

2）应满足环境保护和消防安全的要求，并符合本书第 9 章的要求。

3）充换电设施不宜设在多尘或有腐蚀性气体的场所。当无法远离时，不应设在污染源主导风向的下风侧。

4）不应设在低洼和有可能积水的场所。

5）不应设在有剧烈振动或高温的场所，例如不贴邻锅炉房、热力站和烟囱等。

6）充换电设施的选址应满足通信要求，宜选在有公用通信网络覆盖的区域，便于信息采集和传输。

7）应靠近道路，并充分考虑对公共交通秩序的影响。

8）不应附设于民用建筑内。因为充换电站需留出停车位、车辆回旋位和车道等，所需场地面积较大；充电电流大，电池储存量大，火灾危险性也大，附设于建筑内安全风险大。

需要进一步说明的是，商业建筑、酒店等公共建筑地下停车库里装设的充电桩不属于公共充电站，尽管这些充电设施对外开放，但数量再多也不是公共充电站（参见第 3 章术语），它们属于分散充电设施。GB/T 51313—2018《电动汽车分散充电设施工程技术标准》第 2.0.1 条术语，分散充电设施是结合用户居住地停车位、单位停车场、公共建筑物停车场、社会公共停车场和路内临时停车位等配建的为电动汽车提供电能的设施，包括充电设备、供电系统和配套设施等。

### 5.2.2　电池更换站的附加要求

电动汽车电池更换站属于公共的充换电设施，应在地面上独立设置。因为电池更换站中存有大量动力蓄电池，在为电池充电时有一定的安全风险，电池更换站不建议与其他建筑物合建，更不可设在地下层、二层及以上楼层，唯有在地面上独立设置并与其他建筑物或构筑物保持一定的安全距离。电动汽车电池更换站距其他建（构）筑物的间距可参考 GB 501561—2012《汽车加油加气站设计与施工规范》，由于电动汽车动力蓄电池火灾危险性低于加油站、加气站，因此满足GB 501561—2012 中的安全间距要求即可满足公共充电站和电池换电站的安全要求。

GB 501561—2012《汽车加油加气站设计与施工规范》第 4.0.4 条规定，加油站、加油加气合建站的汽油设备与站外建（构）筑物的安全间距不应小于表 5-4 的规定。

需要对表 5-4 进一步说明：

1）室外变配电站是指电力系统电压为 35～500kV，且每台变压器容量在10MV·A 以上的室外变配电站，以及工业企业的变压器总油量大于 5t 的室外降压变电站。其他规格的室外变配电站或变压器应按丙类物品生产厂房确定。

2）表中道路是指机动车道路。油罐、加油机和油罐通气管管口与郊区公路的安全间距应按城市道路确定，高速公路、一级和二级公路应按城市快速路、主干路确定；三级和四级公路应按城市次干路、支路确定。

3）与重要公共建筑物的主要出入口（包括铁路、地铁和二级及以上公路的隧道出入口）应不小于 50m。

4）一、二级耐火等级民用建筑物面向加油站一侧的墙为无门窗洞口的实体墙时，油罐、加油机和通气管管口与该民用建筑物的距离不应低于表 5-4 规定的安全间距的 70%，并不得小于 6m。

表 5-4　汽油设备与站外建（构）筑物的安全间距　　　　　（单位：m）

| 站外建（构）筑物 | 站内汽油设备 | | | | | | | | | | | |
| --- | --- | --- | --- | --- | --- | --- | --- | --- | --- | --- | --- | --- |
| | 埋地油罐 | | | | | | | | | 加油机、通气管管口 | | |
| | 一级站 | | | 二级站 | | | 三级站 | | | | | |
| | 无油气回收系统 | 有卸油油气回收系统 | 有卸油和加油油气回收系统 | 无油气回收系统 | 有卸油油气回收系统 | 有卸油和加油油气回收系统 | 无油气回收系统 | 有卸油油气回收系统 | 有卸油和加油油气回收系统 | 无油气回收系统 | 有卸油油气回收系统 | 有卸油和加油油气回收系统 |
| 重要公共建筑物 | 50 | 40 | 35 | 50 | 40 | 35 | 50 | 40 | 35 | 50 | 40 | 35 |
| 明火地点或散发火花地点 | 30 | 24 | 21 | 25 | 20 | 17.5 | 18 | 14.5 | 12.5 | 18 | 14.5 | 12.5 |
| 民用建筑物保护类别　一类保护物 | 25 | 20 | 17.5 | 20 | 16 | 14 | 16 | 13 | 11 | 16 | 13 | 11 |
| 民用建筑物保护类别　二类保护物 | 20 | 16 | 14 | 16 | 13 | 11 | 12 | 9.5 | 8.5 | 12 | 9.5 | 8.5 |
| 民用建筑物保护类别　三类保护物 | 16 | 13 | 11 | 12 | 9.5 | 8.5 | 10 | 8 | 7 | 10 | 8 | 7 |
| 甲、乙类物品生产厂房、库房和甲、乙类液体储罐 | 25 | 20 | 17.5 | 22 | 17.5 | 15.5 | 18 | 14.5 | 12.5 | 18 | 14.5 | 12.5 |
| 丙、丁、戊类物品生产厂房、库房和丙类液体储罐以及容积不大于 $50m^3$ 的埋地甲、乙类液体储罐 | 18 | 14.5 | 12.5 | 16 | 13 | 11 | 15 | 12 | 10.5 | 15 | 12 | 10.5 |
| 室外变配电站 | 25 | 20 | 17.5 | 22 | 18 | 15.5 | 18 | 14.5 | 12.5 | 18 | 14.5 | 12.5 |
| 铁路 | 22 | 17.5 | 15.5 | 22 | 17.5 | 15.5 | 22 | 17.5 | 15.5 | 22 | 17.5 | 15.5 |
| 城市道路　快速路、主干路 | 10 | 8 | 7 | 8 | 6.5 | 5.5 | 8 | 6.5 | 5.5 | 6 | 5 | 5 |
| 城市道路　次干路、支路 | 8 | 6.5 | 5.5 | 6 | 5 | 5 | 6 | 5 | 5 | 5 | 5 | 5 |
| 架空通信线 | 1 倍杆高，且不应小于 5m | | | 5 | | | 5 | | | 5 | | |
| 架空电力线路　无绝缘层 | 1.5 倍杆（塔）高，且不应小于 6.5m | | | 1 倍杆（塔）高，且不应小于 6.5m | | | 6.5 | | | 6.5 | | |
| 架空电力线路　有绝缘层 | 1 倍杆（塔）高，且不应小于 5m | | | 0.75 倍杆（塔）高，且不应小于 5m | | | 5 | | | 5 | | |

# 第 6 章　供配电系统

## 6.1　负荷

### 6.1.1　负荷等级

充换电设施中，除服务于电动公安巡逻车和城市电动公交车辆等这类对公共安全、公共交通和社会秩序影响较大的充换电设施可按不低于二级负荷供电外；其他充换电设施均按三级负荷供电。对于大多数民用建筑配套建设的停车场或为社会车辆用的专用公共停车场的充电设施都属于三级负荷。此要求与国家建筑标准设计图集 18D 705–2《电动汽车充电基础设施设计与安装》相一致，参见表 6-1。

表 6-1　18D705–2 规定的负荷等级

| 负荷等级 | 描　　述 | 应用举例 |
|---|---|---|
| 不低于二级负荷 | 中断供电将在公共安全方面造成较大损失的充电设施 | 公安巡逻车用的非车载充电机 |
|  | 中断供电将对公共交通、社会秩序造成较大影响的充电设施 | 救护车、公交电动车等用的非车载充电机 |
| 三级负荷 | 其他场所的充电设施 | 居住小区、商场、办公等用的快充/慢充设施 |

### 6.1.2　负荷类别和特点

正如第 4 章所述，充换电设施是为电动汽车提供电能的相关设施的总称，包括充电设施、换电设施两类。其中，充电设施是通过各类充电设备以整车充电方式为电动汽车提供电能，实现外部电能与汽车之间的电能传输和转换，包括充电设备及其供配电设施和线缆等。换电设施则是通过更换电池为电动汽车提供电能，主要是电池更换站（简称换电站）。

充电设备是充电设施的主要组成部分，是与电动汽车或动力蓄电池相连接，并为其提供电能的设备。充电设备按照其输出特性不同，有交流和直流之分。其中输出为交流电的充电设备称为交流充电桩，有单相交流充电桩和三相交流充电桩（其中单相交流充电桩俗称"慢充"），主要由开关设备和计量监测设备组成。输出为直流的充电设备有两种形式：一种是充电主机和充电终端一体化的非车载充电机，由整流和计量监测等设备组成；另一种是一个充电主机和多个受控的分散布置的充电终端组成的充电主机系统，这种系统将电动汽车充电模块集中在一起，通过功率分配单元按电动汽车充电功率的实际需求对各充电模块的输出功率进行动态分配，并集成站级监控系统，对充电设备、配电设备及辅助设备进行集中控制，为多辆电动汽车同时充电。此外还有交流充电桩和非车载充电机组合在一起的交/直流一体充电机。充换电设施的种类可以用图 6-1 予以直观表示，也是第 4 章图 4-1 的另一种表述。

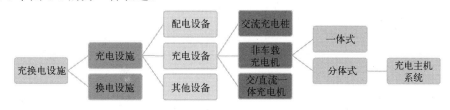

图 6-1　充换电设施组成

充换电设施系统服务对象是电动汽车的电池储能系统，对于交流供电电源而言，充换电设施的负荷特性是通过与电源主回路直接连接的整流装置体现出来的。该整流装置中，一类置于电动汽车的车载充电机中，须与交流充电桩配合使用，其连接控制电路原理如图 6-2 所示；另一类置于非车载充电机、充电主机装置或换电站中，非车载充电机连接控制电路原理如图 6-3 所示。图 6-2 和图 6-3 均取自 GB/T 18487.1—2015《电动汽车传导充电系统　第 1 部分：通用要求》。可见，充换电设备负荷特性实际上体现的是整流装置的电气特性。

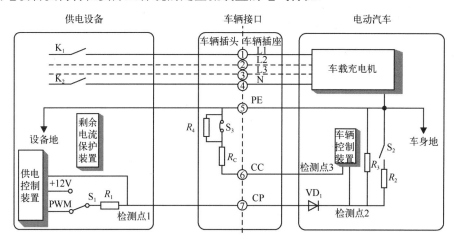

图 6-2　充电模式 3 连接方式 C 的控制导引电路原理图

由图 6-3 可以看出，交流充电桩的主回路主要是一个开关电器，并通过电动汽车自带的整流设备为其动力蓄电池充电；而非车载充电机、充电主机系统或换电站则是通过设备自带的整流设备将输入端交流电转换成直流电为电

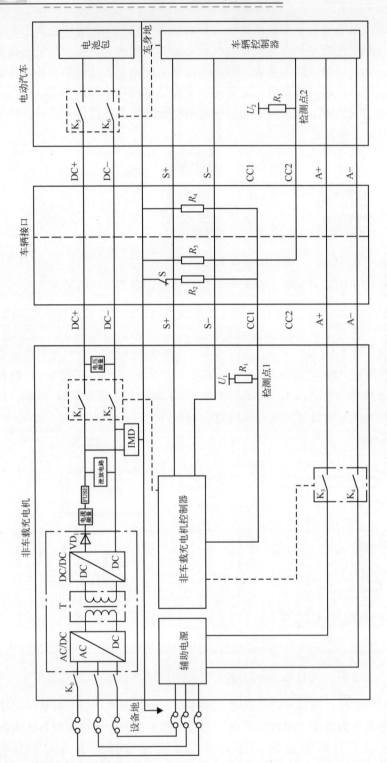

图 6-3　直流充电控制导引电路原理图

注： 1. 图中二极管 VD$_1$ 防止反向电流，可采用其他电路替代。

2. 泄放电路中应具备投切功能。

3. 绝缘检测电路应具备投切功能。

动汽车的动力蓄电池充电。从交流电源输入端看，不论接的是车载充电机还是非车载的充电机，与主回路直接连接的都是充电机的整流回路。可见，作为充换电设施供配电系统的用电负荷，交流充电桩和非车载充电机、充电主机系统及换电站内充电机均与整流设备特性及其充电时的工作特性密切相关，属于非线性负荷。这是充电设备负荷不同于其他普通用电设备负荷的特殊之处，负荷计算和供配电系统设计需要考虑这方面的因素。本书第 4 章详细介绍了充电设备的负荷特性，请读者参阅。

### 6.1.3　充电设备典型参数

充电设备主要技术参数参见本书第 4 章。充电设备的额定功率是指其输出功率，因为交流充电桩主要起到为车载充电机供电的作用，因此，其标称的额定功率可视为设备的输入功率；而非车载充电机内部有 AC/DC、DC/DC 变换，标称的设备额定功率要小于输入功率，供配电系统设计时负荷统计应折算到交流电源输入功率，所以对于非车载充电机需要计入设备的效率 $\eta$，即

$$P_\lambda = P_e / \eta \tag{6-1}$$

非车载充电机效率 $\eta$ 根据国家能源行业标准 NB/T 33001—2018《电动汽车非车载传导式充电机技术条件》关于充电机效率、输入功率因数要求确定，详见表 6-2。

表 6-2　额定输入电压下的充电机效率、输入功率因数

| 实际输出功率 $P_o$/额定输出功率 $P_n$ | 效率（%） | 输入功率因数 |
|---|---|---|
| $20\% \leqslant P_o/P_n \leqslant 50\%$ | $\geqslant 88$ | $\geqslant 0.95$ |
| $50\% < P_o/P_n \leqslant 100\%$ | $\geqslant 93$ | $\geqslant 0.98$ |

注：1. 输入功率因数要求仅适用于交流供电充电机。

　　2. 具备恒功率输出特性的充电机，效率测试点应至少涵盖充电机每个恒功率段的输出电压最大值、中间值和最小值三点。

此外，欧美国家还推出了超级大容量非车载充电机，单台的额定功率达到 240~500kW，这类充电桩一般仅用于公共充电场所和特殊场所，如 4S 店、电动汽车方程式赛车等场所，详见本书第 1 章。

### 6.1.4　负荷计算

电气系统设计中负荷计算广泛采用需要系数法，如式 6-2 所示。式中的需要系数 $K_d$ 是由同类用电设备的数量和运行工况决定的，一般来说，同类型用电设备，在一定数量范围内时，需要系数会随着设备数量增多逐渐变小，当设备数量超过比较大的一个值时，需要系数可能不再变化。在同一个供配电系统中，越靠近末

端的配电系统供电的用电设备数量越少，所以配电系统的上一级需要系数一般都会小于下一级，在配电系统的总体规划和各级配电系统设计时，需要根据各级配电系统供电的设备数量确定所在位置的需要系数 $K_d$。

$$P_j = K_d \Sigma P_e \qquad (6\text{-}2)$$

式中，$K_d$ 为在规定期间内一个或一组回路最大需量与其对应的总安装容量之比；$P_j$ 为计算功率；$P_e$ 为接入系统并正常使用的充电设备额定功率。

根据不同类型的充电设备和系统结构，计算公式还可以进一步细化。

式（6-3）、式（6-4）为非充电主机系统的计算公式，包括交流充电桩、非车载充电机等；式（6-5）为充电主机系统的负荷计算公式。

$$S_{js} \approx K_t \{ K_{d1}\Sigma[P_1/(\eta_1 \cos\varphi_1)] + K_{d2}\Sigma[P_2/(\eta_2 \cos\varphi_2)] + K_{d3}\Sigma[P_3/(\eta_3 \cos\varphi_3)] + \cdots \} \qquad (6\text{-}3)$$

或

$$S_{js} \approx K_t K_d \{ \Sigma[P_1/(\eta_1 \cos\varphi_1)] + \Sigma[P_2/(\eta_2 \cos\varphi_2)] + \Sigma[P_3/(\eta_3 \cos\varphi_3)] + \cdots \} \qquad (6\text{-}4)$$

式中，$S_{js}$ 为充电设施的计算容量（kV·A）；$P_1$、$P_2$、$P_3$ 为各类充电设施的额定功率，一般按单相交流充电桩、三相交流充电桩和非车载充电机等进行负荷分组和分类（kW）；$\eta_1$、$\eta_2$、$\eta_3$ 为各类充电设施的工作效率，非车载充电机一般取 0.95，交流充电桩取 1.0；$\cos\varphi_1$、$\cos\varphi_2$、$\cos\varphi_3$ 为各类充电设施的功率因数，一般大于 0.90；$K_t$ 为同时系数，一般取 0.8～0.9；$K_d$ 为需要系数，见下文说明。

$$S_{js} = K_d P/(\eta \cos\varphi) \qquad (6\text{-}5)$$

同时，负荷计算作为供配电系统设计的基础和依据，服务于不同设计阶段时，各阶段的负荷计算的重点也不同。T/ASC 17–2021《电动汽车充换电设施系统设计标准》对负荷计算给出具体的指导意见。

电动汽车充电设备的负荷计算应符合下列规定：

1）宜按非车载充电机、三相交流充电桩和单相交流充电桩进行负荷分组，分别进行负荷计算。

2）计算方法宜采用需要系数法。

3）充电设备的设备功率应为设备的额定交流输入功率。

4）充电设备功率因数取值不应小于 0.9，效率不应低于 90%。

方案阶段主要是确定供电电源方案，所以负荷计算的重点在于负荷容量的总体统计和区域分布，需要按照低压供电半径分区统计不同类别的充电设备容量，汇总至变压器低压侧，按照各类充电设备的数量确定需要系数，计算出每台变压器低压侧的充电设备计算容量。此时，如果根据计算结果需要设置专用变压器，还需要根据充电设备分布，汇总工程项目红线范围内所有充电桩专用变压器的装机容量和计算负荷，将负荷汇总至由电网引入的 10kV 供电电源处，并根据充电设备总数量确定需要系数，得出计算容量，结合负荷分布确定是采用单独 10kV 供电电源供电还是和其他类型负荷共用 10kV 供电电源。如果充电设备计算容量较小并有条件，则可采用共用变压器的方案。6kV、20kV 和 35kV 的电源与 10kV 类似，下面仅对 10kV 电源进行说明，其他不再赘述。

初步设计是在方案设计基础上的进一步深化。对于不是直接为每个充电设备供电的多级低压配电系统，初步设计阶段的负荷计算是在方案阶段估算的基础上，进一步根据其设备类别、数量和位置将充电设备成组地分配到单独的配电干线回路，一般交流充电桩和非车载充电机会分别由不同回路供电，负荷计算时也需要将不同类别和额定功率的充电设备分组统计、分别计算，根据每个干线回路供电的设备数量确定 $K_d$，计算每个干线回路的计算负荷，作为干线回路保护设置和线缆选择的依据。同时根据初步设计的条件进行方案阶段变压器低压侧和 10kV 供电电源处的负荷计算，进一步验证供电电源方案的准确性和合理性，条件发生较大变化时应做出相应调整，避免施工图设计阶段的返工和修改工作。

施工图设计阶段的负荷计算，将根据最终的充电设备的类别、额定功率、数量和位置，计算末端配电回路的负荷，并由末端配电系统逐级汇总到变压器和 10kV 供电电源处，进一步验证和完善初步设计阶段的负荷计算，完成最终的负荷计算书。

综上所述，各级配电系统负荷计算中需要系数的确定是充电设施系统负荷计算中很重要的一环，对于充电设备的需要系数，目前可参考的有 18D 705-2《电动汽车充电基础设施设计与安装》和 T/ASC 17–2021《电动汽车充换电设施系统设计标准》，详见表 6-3。此表是标准编写组根据各类充电设备实际运行数据进行分析、研究，根据补测数据进行修正，并适度考虑可靠系数、未来发展的需要得出的，可供充电设施系统设计时参考。

表 6-3　电动汽车充电设备的需要系数

| 充电设施类型及使用情况 | | 需要系数 | 说　　明 |
|---|---|---|---|
| 交流充电桩 | 单台交流充电桩 | 1 | 包括家用、公共场所使用的单台交流充电桩 |
| | 非运营场所 2 台及以上单相交流充电桩 | 0.28～1 | 见图 6-5，考虑车型、电池状态等的不确定性 |
| 非车载充电机 | 1 台 | 1 | 考虑设备的充电特性曲线及车端容量需求确定取值。另外，台数越多、单台设备功率越大，取值越小 |
| | 2～4 台 | 0.8～0.95 | |
| | 5 台及以上 | 0.3～0.8 | |
| | 运营单位专用 | ≥0.90 | 包括电动出租车、电动公共汽车 |
| 充电站 | | 0.4～0.8 | 适用于城区，非车载充电机的容量、数量对需要系数影响较大 |
| 充电主机系统 | 社会公共停车场（库） | 0.45～0.65 | 充电终端数量越多，取值越小 |
| | 运营单位专用 | ≥0.90 | 包括电动公共汽车、电动出租车企业 |

其中，7kW 单相交流充电桩需要系数可按图 6-4 取值。

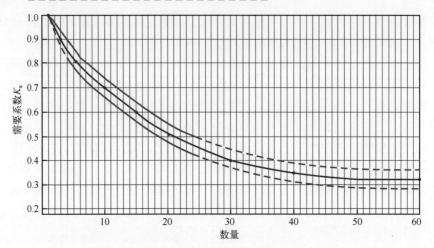

图 6-4　7kW 单相交流充电桩需要系数曲线（见彩插）

注：图中红线为平均值，上下蓝色虚线分别为上下限值。

为便于使用，图 6-4 可简化为表 6-4。需要说明的是，本图和表适用于单相交流充电桩，如果单相交流充电桩均匀分接到三相线路上，则充电桩总台数可为图表中台数的 3 倍。

表 6-4　单相交流 7kW 充电桩需要系数选择表

| 台数 | 需要系数 | 台数 | 需要系数 |
| --- | --- | --- | --- |
| 1 | 1 | 25 | 0.42~0.50 |
| 3 | 0.87~0.94 | 30 | 0.38~0.45 |
| 5 | 0.78~0.86 | 40 | 0.32~0.38 |
| 10 | 0.66~0.74 | 50 | 0.29~0.36 |
| 15 | 0.56~0.64 | 60 | 0.29~0.35 |
| 20 | 0.47~0.55 | 80 | 0.28~0.35 |

对于其他类型的充电设备，由于实际运行的数据量不足，无法准确给出相关的需要系数值。

由表 6-3 可以看出，充电桩需要系数首先和运营模式有很大关系。运营场所的充电设备需要系数为 0.9~1，变化范围小，不同需要系数取值对计算负荷、计算电流的影响基本控制在 10% 以内。而非运营场所中，各类充电设施需要系数的变化范围则比较大，其中较大的如 7kW 交流充电桩为 0.28~1，不同需要系数取值对计算负荷、计算电流的影响不同。其中，7kW 交流充电桩的需要系数可参考图 6-5 曲线确定。其他类型的充电设备则需要结合业主需求和实际使用情况具体分析确定。此外，充电设备需要系数也与当地各类电动车保有情况、运营管理方式（如整体的功率分配管控）、用车及充电行为习惯等有一定关系，这些宏观信息一般会在当地规划部门的相关规定中有一定体现,而业主也会据此提出相关要求。实际上,充电设备的多少和设备容量的大小对使用者而言主要体现在充电时间成本方面的影响,不至于对其正常的工作和生活产生较大影响,所以有一定弹性空间。同时由于需要系数的取值大小决定充电设施供配电系统的数量和容量,进而直接影响工程造价和业主方投资,所以工程中若遇到设有大量充电设备的情况,设计时负荷计算中需要系数的取值应与业主沟通确认。

【例】北京某新建住宅小区有 1000 个车位,问:变压器容量设多大?

答:根据北京地方标准要求,新建住宅小区安装充电桩车位占比不低于18%,至少需要 1000×18%=180 个充电车位。假设其中 10%为直流快充设备,则 180×10%=18 个快充车位。

拟快充设备选择单台容量 $P_1$=60kW 的非车载充电机,共计 $N_1$=18 个;余下 $N_2$=180–$N_1$=162 个选择标准的 $P_2$=7kW 单相交流充电桩。

根据式(6-3),充电设备计算容量为:$S_{js}=k_t(K_{d1}N_1P_1/\cos\varphi_1+K_{d2}N_2P_2/\cos\varphi_2)$= 0.8(0.45×18×60kW/0.98+0.28×162×7kW/0.98)=655.9kV·A。

故,变压器容量可选 800kV·A 即可。

注:162 个单相交流充电桩需均匀分接在三相上,每相上接 54 个单相交流充电桩,设计时做到三相负荷平衡。但使用时,用户使用充电桩是随机的,并不知道三相平衡,故经常会出现三相不平衡现象。因此,设计时要考虑到此类三相不平衡的影响,按最大相的 3 倍作为设备容量,即 3×54×7kW=1134kW。

## 6.1.5　需要系数的比较

上节说到充电设备需要系数的重要性。其实在电动汽车充电设施系统工程设计和建设过程中,需要系数是无法回避的大问题,该值取大了会造成供配电系统的浪费,取值小了会影响电动汽车正常充电。因此,除 6.1.4 介绍的 T/ASC 17–2021《电动汽车充换电设施系统设计标准》涉及需要系数取值外,我国还有多部标准涉及需要系数的取值。下面将几部标准中电动汽车充电设备需要系数值进行分析和对比。

对比的标准包括:T/CECS 508—2018《居住区电动汽车充电设施技术规程》;18D 705–2 国标图集《电动汽车充电基础设施设计与安装》;DBJ 13–278—2017《福建省电动汽车充电基础设施建设规程》;广东省标准 DBJ/T 15–150–2018《电动汽车充电基础设施建设技术规程》。T/ASC 17–2021《电动汽车充换电设施系统设计标准》采用国标图集 18D 705–2《电动汽车充电基础设施设计与安装》的数据。

上述标准中的需要系数值见表 6-5。

为了直观对比,将上述数据用曲线表示,如图 6-5~图 6-8 所示。

还有其他地方颁布了地方标准,由于篇幅所限在此不一一列举。为了对比,将上述曲线合并在一张图上，如图 6-9 所示。

表 6-5　需要系数值（$K_d$）

| 居住区电动汽车充电设施技术规程 T/CECS 508—2018 | | | | | | | | | | | |
|---|---|---|---|---|---|---|---|---|---|---|---|
| CECS | 数量 | 1 | 3 | 6 | 10 | 14 | 18 | 22 | 25 | 101 | 200 |
| | $K_d$ | 1 | 1 | 0.73 | 0.58 | 0.47 | 0.44 | 0.42 | 0.4 | 0.35 | 0.3 |
| 电动汽车充电基础设施设计与安装 18D 705-2 | | | | | | | | | | | |
| 18D 705-2 | 数量 | 1 | 3 | 5 | 10 | 15 | 20 | 25 | 30 | 40 | 50 | 60 |
| | $K_d$（上） | 1 | 0.94 | 0.86 | 0.74 | 0.64 | 0.55 | 0.5 | 0.45 | 0.38 | 0.36 | 0.35 |
| | $K_d$（下） | 1 | 0.87 | 0.78 | 0.66 | 0.56 | 0.47 | 0.42 | 0.38 | 0.32 | 0.29 | 0.28 |
| 福建省电动汽车充电基础设施建设规程 DBJ 13-278—2017 | | | | | | | | | | | |
| 福建地方标准 | 数量 | | | 6 | 12 | 18 | 24 | 36 | 50 | 100 | 150 |
| | $K_t$ | | | 0.8 | 0.6 | 0.45 | 0.4 | 0.35 | 0.3 | 0.25 | 0.2 |
| 广东省标准《电动汽车充电基础设施建设技术规程》DBJ/T 15-150—2018 | | | | | | | | | | | |
| 广东地方标准 | 数量 | 1 | 5 | 10 | 15 | 20 | 25 | 30 | 40 | 50 | 60 |
| | $K_d$（上） | 1 | 0.86 | 0.74 | 0.64 | 0.55 | 0.5 | 0.45 | 0.38 | 0.36 | 0.35 |
| | $K_d$（下） | 1 | 0.78 | 0.66 | 0.56 | 0.47 | 0.42 | 0.38 | 0.32 | 0.29 | 0.28 |

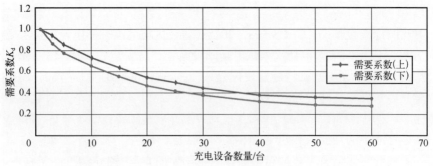

图 6-5　CECS 需要系数曲线

图 6-6　国标图集 18D 705-2 的需要系数曲线（见彩插）

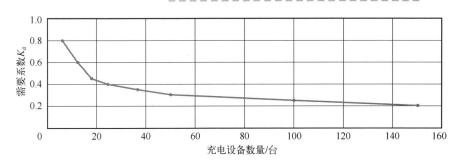

图 6-7　福建省地方标准的需要系数曲线

注：该地方标准采用同时系数代替需要系数。

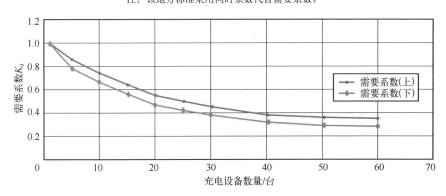

图 6-8　广东省地方标准的需要系数曲线（见彩插）

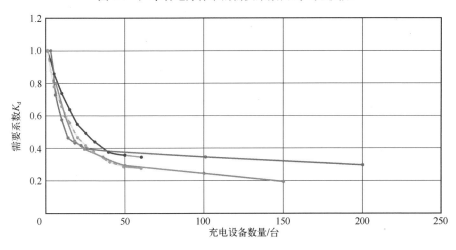

图 6-9　各标准需要系数对比（见彩插）

- CECS　　　福建地标　　　18D705-2需要系数(上)
- 18D705-2需要系数(下)　广东地标需要系数(上)　广东地标需要系数(下)

总体而言，充电桩数量越多，需要系数值越小。总体趋势基本相同，但各标准略有区别。其中国标图集 18D7 05-2 与广东省地方标准重合度较高，且这两个标准均有上下限值，具有一定弹性，符合电动汽车处于发展初期及各地电动汽车普及程度不平衡的现实。

需要注意的是，电动汽车充电设备需要系数是一动态过程。随着电动汽车的不断普及，充电设备不断增加，运行经验不断积累，用户的充电习惯逐渐养成，用于需要系数研究的采样数据会越来越多并呈现更多规律性分布，需要系数的取值也会越来越接近实际使用情况，可以更好地满足工程设计和工程建设需要。

## 6.2  供电电源

### 6.2.1  充换电设施供电电源的设计原则

充换电设施供电电源设计时应考虑以下几个方面：

1）充换电设施的负荷等级、类别、容量、分布以及供电距离等。

2）项目其他负荷情况。

3）当地规划部门的相关要求，如对充电设备的配建和预留配比、选型以及运维管理等方面要求。

4）供电公司相关的供电方案、计量要求。

5）业主的建设和运营管理要求，如商业价值利用、设备及线缆投资、土建投资、安装费用和运营管理等。

6）建筑特点如业态分布、室内空间条件、室外总图及景观等要求。

7）增设充电设施的既有建筑中，原有电源系统的裕量和使用情况。

其中，第1）～4）、7）项是供电电源设计时考虑的主要要素，但5）项和6）项也会对供电电源的设计产生一定影响。尤其是项目所在地的规划部门、供电部门以及业主方的相关规定和要求，需要在设计之初了解清楚，并尽早获得相关书面信息，确认外部设计条件和设计依据，以便于及早聚焦于专业内部进行电气系统设计。

总体上，充换电设施供电电源方案按照是否采用专用变压器分为两大类：一类是采用10kV（20kV或35kV）供电电源和专用变压器组，简称专用变压器方案，以下均以10kV电源为例说明，如图6-10所示；另一类是与其他用电负荷共用变压器组，由专用低压配电回路供电，简称共用变压器方案，如图6-11所示。

对于500kW及以上的大容量充电主机系统，或240kW、350kW和480kW等大容量非车载充电机，由于单个负荷接近或超过250kW，所以一般均采用专用变压器组方案。

电池更换站一般单独建设，是独立的建（构）筑物，负荷容量也在250kW以上，通常采用标准化、模块化设计的专用变压器组方案，如北汽新能源换电站目前大多采用 500kV·A 和 630kV·A 箱式变电站供电，随着新式设备的投放，将采用 800kV·A 甚至更大的箱式变电站。

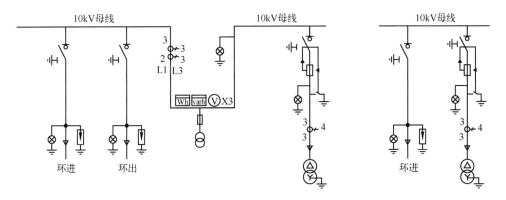

图 6-10　充换电设施专用变压器组方案

除上述充换电设施以外，其他充电设施的建设有配建和预留两种形式，对于总设备安装容量较大的预留充电设施，为避免现有变压器装机容量偏大、负载率低而造成的浪费，除了只预留少量充电设备以外，其余大部分情况下均采用专用变压器方案和预留后期实施的条件。而对于配建充电设施系统的供电电源方案，将按照专用变压器方案和共用变压器方案分别予以说明。

## 6.2.2　专用变压器供电电源方案

T/ASC 17–2021《电动汽车充换电设施系统设计标准》第 6.3.3 条给出具体要求，即满足下列条件之一时，宜设置专用变压器：①对于新建建筑，当充电设备总安装容量较大，且充电设备布置相对集中时；②大容量的充电主机系统，或大容量的非车载充电机；③电池更换站；④既有建筑停车位增设电动汽车充电设施及计入充电设备后的预期变压器最大负载率超过 85% 时。

新建建筑要求配建的充电设施需要根据工程实际情况进行具体分析才能确定合适的供电电源方案。一般来说，充电设备总安装容量较大，且充电设备布置相对集中时，应采用专用变压器方案。如室外公共停车场集中设置的充电设施，当远离单体建筑物，处于单体建筑物变电所低压供电半径范围之外时，或者虽位于单体建筑物低压供电半径范围之内，但充电桩设备总容量较大且与单体建筑合用变压器技术且经济性较差时，通常采用专用变压器方案，并在充电设施附近设置专用箱式变电站为其供电。此时，专用变压器可能由电力公司的 10kV 开闭所提供单独的 10kV 电源供电或者由建筑物内 10kV 配电所供电，如图 6-12 和图 6-13 所示。图 6-13 中的箱式变电站的容量一般控制在 1000kV·A 以内，同一个工程中其容量和规格尽量统一，以便于采购和设计标准化。

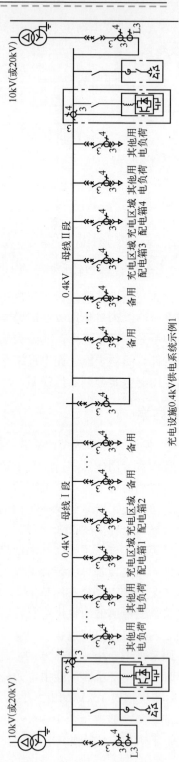

图 6-11　充电设施共用变压器方案

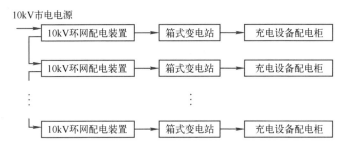

图 6-12　室外充电设备箱式变电站采用单独 10kV 电源供电方案示意图

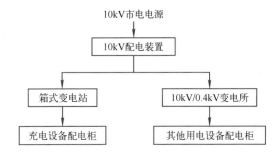

图 6-13　室外充电设备箱式变电站与其他负荷共用 10kV 电源供电方案示意图

新建建筑室内公共停车场配建充电设施设备总容量较大或运营有要求时，也会采用专用变压器方案。这里的设备容量较大是指在同一个变电所供电范围内，充电设备所需要的变压器容量达到 500kV·A 以上，且与其他负荷所需变压器单台容量相近或者二者合用时，单台变压器容量超过当地电力公司规定时的情况。运营要求是指运营方对充电设施系统独立性的要求，即要求从变压器开始全部为充电设施系统，如图 6-14 所示。

既有建筑增设电动汽车充电设施及计入充电设备后的预期变压器最大负载率超过 85%时，则也需采用增设专用变压器方案（见图 6-14）。

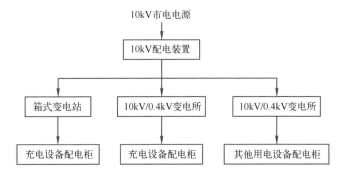

图 6-14　充电设备与其他负荷共用的 10kV 电源供电方案示意图

### 6.2.3 共用变压器供电方案

新建建筑配建充电设施采用共用变压器方案时，需要考虑充电设施的使用特点对变压器的影响。由于已建成的充电设施普遍存在日常使用率较低的情况，采用共用变压器时，如果充电设施计算容量占比较大，变压器平时负载率受充电桩使用率的影响较大，而且充电设施的日常使用率较低，则会出现变压器装机容量大而平时负载率很低的情况。因此，对于新建建筑配套的室外公共停车场充电设施，只有当集中设置在单体建筑物附近，处于建筑物内变电所供电半径之内，且充电设施容量较小，与建筑物内变压器容量相比占比不高以及附近没有其他室外合适的电源可利用时，才会采用共用变压器组方案。新建建筑配套的室内停车场，由于标准只允许设置不超过 7kW 的交流充电桩，除了住宅建筑要求 100%配建和预留安装条件以外，其他建筑的配建比例多为 10%~30%，充电设施的计算容量较小，一般可以采用共用变压器的方案。而对于停车楼建筑，则是采用以充电设施为主，与少量其他负荷共用变压器的一种特殊方式。

既有建筑增设电动汽车充电设施及计入充电设备后的预期变压器最大负载率不超过 85%时，则可以与原有建筑共用变压器组，但充电设施需设置专用的配电回路供电。

鼓励既有建筑采用共用变压器方案，因为按目前设计手册的指标，变压器负载率普遍偏低，原有变压器有足够容量为充电设施系统供电，对 100 多栋各类建筑物采集的实际运行数据进行分析得出的年最大运行负荷密度见表 6-6。

表 6-6　各类建筑物年最大运行的负荷密度（显著性水平 $\alpha$=0.10）

| 序号 | 建筑物类型 | 样本均值 $\mu$ | 样本标准差 $\sigma$ | 最大负荷密度值/（W/m²） | 符合条件样本数/样本总数 |
|---|---|---|---|---|---|
| 1 | 办公类 | 23.83 | 13.41 | 41.02 | 42/45 |
| 2 | 商业类 | 39.79 | 17.94 | 62.79 | 24/29 |
| 3 | 酒店类 | 32.50 | 13.31 | 49.56 | 27/28 |
| 4 | 医疗类 | 36.45 | 14.92 | 55.58 | 16/19 |
| 5 | 体育类 | 38.67 | 12.72 | 54.98 | 13/14 |
| 6 | 学校类 | 14.09 | 6.38 | 22.27 | 23/26 |
| 7 | 展览类 | 36.03 | 12.25 | 51.73 | 8/8 |

显著性水平是统计学中的概念，即估计总体参数落在某一区间内可能犯错误的概率，用 $\alpha$ 表示。$\alpha$=0.10，表示所得各类建筑实际运行的最大负荷密度范围值能满足至少 90%的同类建筑的需要。

## 6.3　供配电系统

根据上述两种供电电源方案，充电设施的供配电系统也按照专用变压器、共用变压器分为几种不同的系统方案。采用专用变压器组时，供配电系统从引入的10kV（20kV、35kV 类似，下同）市电电源开始，一直到低压侧充电设备处，包括有一、二级高压配电系统和一、二、三级低压配电系统；而采用共用变压器时，一般只包括一、二、三级充电设施系统专用的低压配电系统，如图 6-15 所示。以下将重点说明按照三级负荷供电的充电设施供配电系统。

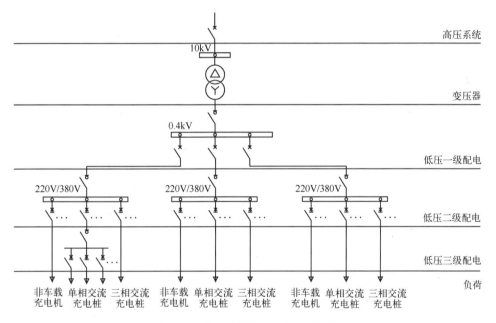

图 6-15　充电设备供配电系统示意图

### 6.3.1　高压配电系统

专用变压器组方案中，高压配电系统根据电源供应方式和变压器容量大小有不同的形式。当室外公共停车场的充电设施计算容量与当地电力公司的单路市电电源容量相当时，由电力公司提供单独的市电电源，采用环网供电方式，为充电设施专用的室外箱式变电站供电，线路保护设于电力公司的 10kV 开闭所内，如图 6-16 所示。

同一个工程中，当室外公共停车场充电设施的计算容量不足以占用一路市电电源，且和附近其他用电负荷容量可以合用一路市电电源时，则可以采用由区域10kV 配电所配出的一路 10kV 电源以环网方式为室外箱式变电站供电，如图 6-11

和图 6-15 所示。线路保护设于区域 10kV 配电所内。对于室内停车场充电设施的专用变压器，当变压器容量在 1000kV·A 及以下时，也可以采用类似上述环网供电做法；变压器容量大于 1000kV·A 时，则建议采用放射式供电。10kV 侧除了设置变压器本身的保护以外，其他按照当地电力公司相关要求设计。

## 6.3.2　低压配电系统

低压配电系统中的配电级数和保护设置一般不超过三级，为充电设备供电的有三级或二级配电系统，各级配电系统的保护设置应考虑相互配合。当单个充电设备容量在 60kW 以内且为多台集中布置时，为减少变电所低压配出回路，通常会分区设置区域配电箱/柜，这种情况下的低压配电系统和保护一般为三级。其中，采用专用变压器时，三级配电和保护均用于充电设备（见图 6-16）；当共用变压器时，则只有第二级和第三级配电用于充电设备。此时，充电设备的低压配电系统尽量自成系统，采用单独回路供电，便于计量和运营管理（见图 6-15）。当单个充电设备容量达到 120kW 及以上时，一般会由变压器低压侧馈出低压回路直接为每个充电设备供电。这种情况下，第二级保护即为末端充电设备的保护。由此可见，对于充电设备的配电系统和保护设置，主要包括专用变压器低压侧进线处的保护（即第一级保护）、为区域配电箱/柜供电的上级配电回路的保护（即第二级保护）及末端充电设备的保护（即第二级或第三级保护）这三种情况。

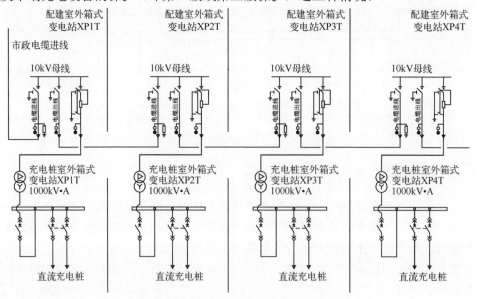

图 6-16　室外充电设施专用变压器环网供电

T/ASC 17–2021《电动汽车充换电设施系统设计标准》的要求高度概况了充电设施系统的低压配电的要点。

电动汽车充电设备的配电系统应符合下列规定：

1）非车载充电机、三相交流充电桩宜设置单独回路供电。

2）住宅家用充电设备应设单独回路供电。

3）单相交流充电桩可采用放射式、树干式或其组合的供电方式；三相树干式供电的单相充电桩数量不宜超过6个，并均匀分接到三相上，中性线截面积应符合《电动汽车充换电设施系统设计标准》第6.4.6条第3款规定。

4）电池更换站的充电设备和电池箱更换设备宜采用单独回路供电。

我国标准单相交流充电桩为7kW、32A，树干式供电的单相交流充电桩上限值定为6个，便于三相均匀分配负荷，每相负荷均为14kW。目前这种系统广泛应用于住宅小区、公共停车场（库）等场所，系统示意图如图6-17所示，图中车位配电箱中的计量表计是业主与供电部门或物业计费所用，充电桩上的计量是车主充电计费所用。

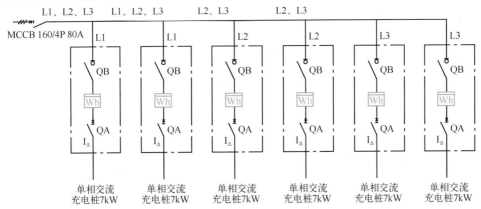

图6-17 树干式供电示意图

（1）低压第一级配电

充电设备专用变压器系统的第一级低压保护设于专用变压器的低压进线开关处，此处作为第一级保护设置，应设有过载长延时和短路短延时保护功能。当变压器低压侧设有联络开关时，联络开关一般设置长延时、短路短延时保护功能，并与低压进线断路器时间上实现选择性配合。低压进线开关、联络开关一般均采用断路器。

（2）低压第二级配电

为充电设备区域配电箱/柜供电的回路大多数为低压配电系统的第二级配电，由变压器低压侧直接馈出，这一级的保护设计重在线路的保护，对于TT和TN系统，都应设置短路瞬时、过载长延时保护和故障保护，在室内场所时，还应设置电气火灾监控器，监控器报警阈值宜为300～500mA，另外故障保护电器的选择和整定应根据接地类型确定。对于由室内变电所为室外充电设备配电，当充电设备距离建筑物接地装置在 40m 以内时，应和建筑物内共用接地装置并采用同样的接地形式，且 TN-S 或 TN-C-S 系统应做好充电设备处的等电位联结；距离超过 40m 时，可以采用局部 TT 系统。此时注意变电所内为充电设备供电的回路保护应按照 TT 系统要求设置，一般需要设置剩余电流动作保护实现故障保护。这种情况下，考虑室外环境条件较室内差，室外充电设备处也要设置等电位联结的附加保护措施。

（3）低压第三级配电

对于每个充电设备的末端配电回路保护设置，应重点关注电击防护。由于充电设备由非专业人员使用，并通过手持式充电枪建立与电动汽车的连接完成充电，同时人体也可能触及充电设备外壳，所以充电设备具有固定式和手持式设备的双重属性，而且很多充电设备安装在室外场所，因此需要特别关注电击防护引发的人身安全问题。所以除了正常的过载保护、短路保护和故障防护之外，还需要设置附加措施加以防护，如采用不超过 30mA 的 RCD 的自动切断电源和辅助等电位联结。在国际电工委员会电击防护系列标准 IEC 60364-7-722 中，将充电设备列为特殊装置和场所中的一类，对其电击防护有专门的规定，要求为每个充电设备单独设置不超过 30mA 的 RCD 自动切断电源作为基本防护和故障防护失效时的附加保护措施，RCD 应切断所有带电导体，包括中性导体。这里值得注意的是，由于充电设备具有非线性负荷特性，需要采用能够检测含有脉动直流或平滑直流成分剩余电流的 RCD，即 A 型、F 型或 B 型 RCD，而通常使用的 AC 型 RCD 因只能检测 50/60Hz 标准正弦波形的剩余交流电流，而不能满足充电设备的故障保护要求。关于 A 型、F 型或 B 型 RCD 具体适用情况如下：剩余电流为脉动直流电流或叠加有不大于 6mA 平滑直流电流的脉动直流电流时选用不低于 A 型的 RCD；剩余电流为叠加有 6～10mA 平滑直流电流的脉动直流电流和多种频率复合的交流电流时选用不低于 F 型的 RCD；剩余电流为 1000Hz 以内的高频交流正弦波、平滑直流电流、叠加有大于 10mA 平滑直流电流的交流或脉动直流电流时，选用 B 型的 RCD。

所以，设计时应根据负荷特点和剩余电流特性采用适合类型的 RCD，才可以避免误动作和保障保护的有效性。国内目前成熟的 RCD 产品只有 AC 型和 A 型，为数不多的厂家生产 B 型 RCD，同时由于进口 B 型 RCD 的价格比 AC 型和 A 型高出不少，所以工程中选用的很少，目前大部分充电设备的自动切断电源附加保护采用的是 30mA 的 A 型 RCD。

综上所述，各种类型 RCD 的特性及应用建议参见表 6-7。

此外，需要注意，在为单相交流充电桩供电时，不应该采用一个三相保护电器为 3 个单相回路提供保护，避免因某相故障引发保护电器动作而影响其他两非故障相正常工作。

表 6-7 各类 RCD 的特性及应用建议

| 类别 | 特 点 | 应 用 |
|---|---|---|
| AC 型 | 对交流剩余电流能正确动作，用于交流电路中 | 用于纯交流电路的剩余电流动作保护，如三相电动机类负荷 |
| A 型 | 对交流和脉动直流剩余电流均能正确动作，对脉动直流剩余电流叠加 6mA 平滑直流电流时也正确动作 | 用于具有一定直流分量的交流电路剩余电流动作保护，例如仅有整流电路的用电设备回路，如交流充电桩、电视机和办公器具等 |
| F 型 | 对交流和脉动直流剩余电流均能正确动作，对复合剩余电流及脉动直流剩余电流叠加 10mA 平滑直流电流时也能正确动作 | 用于具有较 A 型更多直流分量的交流电路的剩余电流动作保护，例如同时含有单相输入整流电路和变频电路的用电设备回路，如家用变频空调器、变频洗衣机等 |
| B 型 | 对交流、脉动直流和平滑直流剩余电流均能正确动作 | 用于具有较 F 型更多直流分量的交流电路的剩余电流动作保护，例如同时含有三相输入整流电路和变频电路的用电设备电路，如带有变频调速的三相电动机类负荷、非车载充电机等 |

注：AC、A、F、B 从基本型到更高型，依次覆盖前一类型的功能。

T/ASC 17–2021《电动汽车充换电设施系统设计标准》第 6.4.4 条给出了充电设施系统低压配电保护的要点。

充电设备供电回路的保护应符合下列规定：

1）末端配电回路应设过载保护和短路保护。

2）末端配电回路每个充电设备应单独设置 A 型或 B 型的 RCD 保护，其额定剩余动作电流不超过 30mA，且 RCD 应切断包括中性导体在内的所有带电导体。

3）多台充电设备不应共用一个 RCD 保护。

4）不应采用一个三相保护电器对单相分支回路进行保护。

（4）末端配电系统常用方案 1

单相交流充电桩配电系统示意图如图 6-18 所示。

图 6-18 适用于交流充电桩自带计量表的配电系统，当上级电源采用放射式供电且已经设有剩余电流探测器和多功能电力仪表时，总进线处可以取消剩余电流探测器和多功能电力仪表。滤波装置可以根据工程具体情况考虑设置。出线回路根据工程具体要求设置计量表。$K_d$ 取值参见本章表 6-4。如果充电设备容量与图 6-18 中不同，保护电器的选择需相应调整，见表 6-8。进线开关规格需经过负荷计算后确定。

（5）末端配电系统常用方案 2

另一种末端配电系统在实际工程中也经常采用，即采用一桩一箱系统，即每个末端配电箱带一个充电桩，充电桩上的计量、计费是运营商与车主间结算所用，配电箱上的计量是运营商与物业或供电部门间结算之用。末端配电系统示意图如图 6-19 所示。

图 6-19 可用于不同功率充电设备的配电系统。小容量充电设备时，电度表为直读式，不需要电流互感器；大容量的充电设备则需要电流互感器转接。元器件选择见表 6-9。

**表6-8　充电设备保护电器和电缆选择表**

| 类别 | 额定功率/kW | 额定电流/A | 建议供电电源 | 规格 | 泰永长征 | 常熟 A型 | 常熟 B型 | 施耐德 | 电缆 WDZ-YJV 最小规格/mm² |
|---|---|---|---|---|---|---|---|---|---|
| 交流充电桩 | 7 | 32 | 单相 AC 220V | 40A/2P, 30mA, 0.1s | MB1L-63 | CM5XL-125 | — | iC65N+Vigi iC65, NG125(H/L)+Vigi NG125 | 3×6 |
| | 14 | 64 | 单相 AC 220V | 80A/2P, 30mA, 0.1s | — | CM5XL-125 | — | C120(H/L)+Vigi C120 | 3×16 |
| | 28 | 128 | 三相 AC 380V | 150A/4P, 30mA, 0.1s | MB50L-250A | CM3L-250 | CM5L-250 | NSX160+VigiMH, NSX160m Mic4.1 | 4×50+1×25 |
| | 42 | 63 | 三相 AC 380V | 80A/4P, 30mA, 0.1s | MB50L-100A | CM3L-100, CM5XL-125 | CM5XL-125 | C120(H/L)+Vigi C120 | 5×16 |
| | 84 | 126 | 三相 AC 380V | 150A/4P, 30mA, 0.1s | MB50L-250A | CM3L-250 | CM5L-250 | NSX160+VigiMH, NSX160m Mic4.1 | 4×50+1×25 |
| 非车载充电机 | 30 | 48 | 三相 AC 380V | 63A/4P, 30mA, 0.1s | | CM3L-100, CM5XL-125 | CM5XL-125 | NG125(H/L)+Vigi NG125, C120(H/L)+Vigi C120 | 5×16 |
| | 45 | 72 | 三相 AC 380V | 100A/4P, 30mA, 0.1s | MB50L-100A | CM3L-250, CM5XL-125 | CM5L-250 | NSX160+VigiMH, NSX160m Mic4.1 | 4×25+1×16 |
| | 60 | 92 | 三相 AC 380V | 125A/4P, 30mA, 0.1s | MB50L-250A | CM3L-250, CM5XL-125 | CM5L-250 | NSX160+VigiMH, NSX160m Mic4.1 | 4×35+1×16 |
| | 120 | 192 | 三相 AC 380V | 225A/4P, 30mA, 0.1s | | CM3L-250 | CM5L-250 | NSX250+VigiMH, NSX250 Mic4.2/7.2 | 4×95+1×50 |
| | 180 | 288 | 三相 AC 380V | 315A/4P, 30mA, 0.1s | MB50L-400A | CM3L-400 | CM5L-400 | NSX400 Mic4.3/7.3 | 4×185+1×95 |

注：
1. 充电设备规格见本书第四章、4.8.4部分。
2. RCD为不低于A型，可为分体式，也可与断路器一体式。
3. 断路器需选择符合IEC 60947-2标准的产品，不应选择仅符合IEC 60898-1的产品，因为后者适用于家用或类似场所。
4. 表中电缆规格系根据19DX 101-1《建筑电气常用数据》敷设在明装导管内，环境温度30℃下选择，实际工程应用尚需根据电缆类型、敷设情况、压降和环境等因素校核、调整。

**表6-9　末端配电系统元器件选择表**

| 类别 | 额定功率/kW | 额定电流/A | 建议供电电源 | QB 隔离开关 规格 | QB 隔离开关 泰永/长征 | QB 隔离开关 常熟 | QB 隔离开关 施耐德 | QA 断路器 规格 | QA 断路器 泰永/长征 | QA 断路器 常熟 A型 | QA 断路器 常熟 B型 | QA 断路器 施耐德 | 电流互感器 | Wh 电能表 | 电缆最小规格/mm² |
|---|---|---|---|---|---|---|---|---|---|---|---|---|---|---|---|
| 交流充电桩 | 7 | 32 | 单相 AC 220V | 63A/2P | — | CH3G-125 | iINT125 | 40A/2P, 30mA, 0.1s | MB1L-63 MB2H-63 | CM5XL-125 | — | iC65N+Vigi iC65, NG125(H/L)+Vigi NG125 | — | 10(40)A、5(60) A | 3×6 |
| 交流充电桩 | 14 | 64 | 单相 AC 220V | 100A/2P | — | CH3G-125 | iINT125 | 80A/2P, 30mA, 0.1s | MB1L-125 | CM5XL-125 | — | C120(H/L)+Vigi C120 | — | 20(80)A、5(60) A | 3×16 |
| 交流充电桩 | 28 | 128 | 三相 AC 380V | 160A/4P | — | CM3G-160/CM5G-250 | NSX160 m NA | 150A/4P, 30mA, 0.1s | MB50L-250A | CM3L-250 | CM5L-250 | NSX160+VigiMH, NSX160m Mic4.1 | 150/5 | 1.5(6)A | 4×50+1×25 |
| 交流充电桩 | 42 | 63 | 三相 AC 380V | 100A/4P | — | CM3G-160/CM5G-125 | iINT125, NSX100 m NA | 80A/4P, 30mA, 0.1s | MB1L-125 | CM3L-100/CM5XL-125 | CM5XL-125 | C120(H/L)+Vigi C120 | — | 20(80)A | 5×16 |
| 交流充电桩 | 84 | 126 | 三相 AC 380V | 160A/4P | — | CM3G-160/CM5G-250 | NSX160 m NA | 150A/4P, 30mA, 0.1s | MB50L-250A | CM3L-250 | CM5L-250 | NSX160+VigiMH, NSX160m Mic4.1 | 150/5 | 1.5(6)A | 4×50+1×25 |
| 非车载充电机 | 30 | 48 | 三相 AC 380V | 100A/4P | MG1-160 | CM3G-160/CM5G-125 | iINT125, NSX100 m NA | 63A/4P, 30mA, 0.1s | MB1L-125 | CM3L-100/CM5XL-125 | CM5XL-125 | NG125(H/L)+Vigi NG125, C120(H/L)+Vigi C120 | — | 15(60)A | 5×16 |
| 非车载充电机 | 45 | 72 | 三相 AC 380V | 160A/4P | MG1-160 | CM3G-160/CM5G-250 | NSX160 m NA | 100A/4P, 30mA, 0.1s | MB50L-250A | CM3L-250 | CM5L-250 | NSX160+VigiMH, NSX160m Mic4.1 | — | 30(100)A | 4×25+1×16 |
| 非车载充电机 | 60 | 92 | 三相 AC 380V | 250A/4P | MG1-250 | CM3G-250/CM5G-250 | NSX250 NA | 125A/4P, 30mA, 0.1s | MB50L-250A | CM3L-250/CM5XL-125 | CM5XL-125 | NSX160+VigiMH, NSX160m Mic4.1 | 150/5 | 1.5(6)A | 4×35+1×16 |
| 非车载充电机 | 120 | 192 | 三相 AC 380V | 250A/4P | MG1-250 | CM3G-250/CM5G-250 | NSX250 NA | 225A/4P, 30mA, 0.1s | MB50L-250A | CM3L-250 | CM5L-250 | NSX250+VigiMH, NSX250 Mic4.2/7.2 | 250/5 | 1.5(6)A | 4×95+1×50 |
| 非车载充电机 | 180 | 288 | 三相 AC 380V | 400A/4P | MG1-630 | CM5G-400 | NSX400 NA | 315A/4P, 30mA, 0.1s | MB50L-400A | CM3L-400 | CM5L-400 | NSX400 Mic4.3/7.3 | 300/5 | 1.5(6)A | 4×185+1×95 |

注：1. 充电设备规格见本书第四章、4.8.4部分。
2. RCD为不低于A型，额定动作时间≤0.1s。RCD可为分体式，也可与断路器一体式。
3. 断路器选择符合IEC 60947-2标准，额定动作时间≤0.1s，不应选择仅符合IEC 60898-1的产品，因为后者仅适用于家用或类似场所。
4. 表中电缆规格系根据19DX101-1《建筑电气常用数据》敷设在明装导管内，环境温度30℃下选择，实际工程应用尚需根据电缆类型、敷设情况、压降和环境等因素校核、调整。

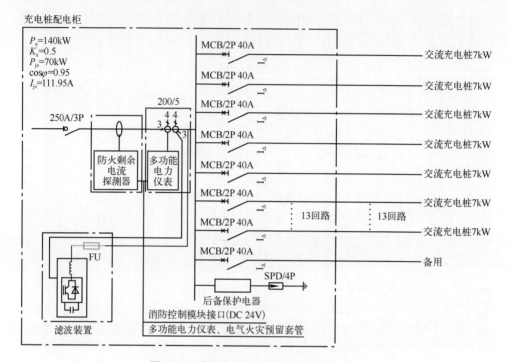

图 6-18　单相交流充电桩配电系统示意图

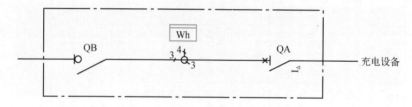

图 6-19　末端配电系统示意图

## 6.3.3　线路选择及敷设

推荐电动汽车充换电设备配电线路采用铜芯线缆。因为与铝芯、铝合金线缆相比，铜芯线缆在电气性能、机械性能和安全性能等方面均占有明显优势，以电气性能为例加以说明。图 6-20 为 XLPE 多芯、空气中敷设的铜芯和铝芯电缆载流量对比图，是根据 GB/T 16895.6—2014/IEC 60364–5–52: 2009《低压电气装置》第 5-52 部分：电气设备的选择和安装布线系统编制而成。从图 6-20 可知，铜芯电缆与同类型的铝芯电缆相比，载流量高于铝芯电缆 1~2 档，电缆截面积越大，两者的差距也越大。而充电设备具有固定设备和移动设备双重特性，多由车主自助充电，许多充电设备安装在室外，使用环境不佳。铝导体电缆在接头、端子处的氧化也是不利因素。因此，从安全角度考虑，充换电设备配电线路采用铜芯线缆是合理的。

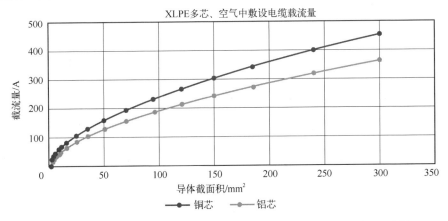

图 6-20　XLPE 多芯、空气中敷设的铜芯和铝芯电缆载流量对比图（见彩插）

由上述可知，充电设备属于非线性负荷，因此为充电设备供电的回路中中性导体的截面积应不小于相导体。考虑对室内环境的影响，室内低压供电电缆的绝缘和护套材料应采用低烟无卤电缆。电动汽车充换电设备配电系统主干线截面积应根据充换电设备负荷容量、线路长度、供电系统容量和敷设环境等因素计算确定，其载流量与保护电器的整定值相匹配。

户内电缆线路一般沿桥架或穿保护管方式明敷；户外既有停车位的电缆线路宜按照工程实际情况，视施工安装、后期维护管理和用电安全等需要，采用穿保护管埋地或架设槽盒等方式敷设；户外新建停车位应充分考虑经济性，同时考虑施工安装、后期维护管理和用电安全等需要，采用电缆桥架、电缆沟或排管敷设，局部可穿保护管敷设；充电设施通信线缆应单独穿金属管或金属槽盒敷设，以利于电磁屏蔽和避免干扰。

# 6.4　电能质量

在我国，标准的交流电都是 50Hz 的光滑正弦波，其主要参数是频率、幅值和波形，电能质量的衡量指标也由这三个方面决定，其主要的指标有供电电压偏差、电力系统频率偏差、三相电压不平衡度、电压波动和闪变以及电网谐波等。相关国家标准对这些指标的规定和要求如下：

1）GB/T 15945—2008《电能质量 电力系统频率偏差》要求电力系统正常运行条件下频率偏差不超过±0.2Hz。

2）GB/T 12325—2008《电能质量 供电电压偏差》要求 35kV 及以上供电电压正负偏差的绝对值之和不超过标称电压的 10%；20kV 及以下三相供电电压偏差

不超过标称电压的±7%；220V 单相供电电压偏差不超过标称电压的+7%、−10%。

3）GB/T 15543—2008《电能质量 三相电压不平衡》要求在电网正常运行时，电力系统公共连接点负序电压不平衡度不超过 2%，短时不得超过 4%；接于公共连接点的每个用户引起该点负序电压不平衡度不超过 1.3%，短时不超过 2.6%。

4）GB/T 14549—1993《电能质量 公用电网谐波》要求 6～220kV 各级公用电网电压（相电压）总谐波畸变率：0.38kV 不大于 5.0%；6～10kV 不大于 4.0%；35～66kV 不大于 3.0%；110kV 不大于 2.0%。用户注入电网的谐波电流允许值应保证各级电网谐波电压在限值范围内，产生的电压总谐波畸变率：0.38kV 不大于 2.6%；6～10kV 不大于 2.2%；35～66kV 不大于 1.9%；110kV 不大于 1.5%。

5）GB 50052—2009《供配电系统设计规范》中第 5.0.4 条规定了用电设备端子处电压偏差允许值，除了部分照明为+5%、−10%外，当无特殊规定时，其他用电设备为±5%额定电压。

上述标准和规范中，1）～2）是供电电源的电能质量要求，3）～4）是对公用电网和用户的要求，5）是对用电设备处电源电压偏差的要求。可见，电能质量有供电电源、公用电网端和用户端之分，充换电设施配电系统对于其供电电源和公用电网而言是用户，对于充电设备而言又是电源。各级配电系统作为充电设备的供电电源，应满足用电设备对电源质量的要求；作为用户，则要限制充电设备产生过量谐波以及电压不平衡度对供电电源和公用电网电能质量的影响。

GB/T 50966—2014《电动汽车充电站设计规范》也有电能质量的规定，与 1）～4）要求一致，即 220V 单相供电电压偏差不超过标称电压的+7%，而不是 5）中的 5%。在国家能源行业标准 NB/T 33001—2018《电动汽车非车载传导式充电机技术条件》中对供电电源电压偏差限值要求为±15%、频率偏差要求为±1Hz，远低于上述标准的要求，可见满足上述标准电能质量要求的电源均能满足充换电设施的用电要求。

同时，充换电设施作为公用电网用户或公用电网用户的一个组成部分，由于用电设备的非线性特性，为限制其对供电电源和公用电网电能质量的影响，需要从配电系统设计和充电设备选择两方面入手，根据充电设备的电气特性设计配电系统，才能达到标准要求。需要说明的是，对于交流充电设备，反映在其电源输入端的电能质量参数主要取决于电动汽车车载充电机特性；而对于直流输出的非车载充电机类充电设备，则取决于设备本身的特性。NB/T 33001—2018《电动汽车非车载传导式充电机技术条件》中有关于充电输入功率因数的要求详见表 6-2，但没有对设备产生的谐波和三相电压不平衡度提出要求。为使充电设备接入电网所注入的谐波电流和引起公共连接点电压畸变率符合现行国家标准 GB/T 14549—1993《电能质量 公用电网谐波》的有关规定，当充电设备产生的谐波含量较大且不满足要求时需采取相应的治理措施，如应用无源滤波装置、有源滤波装置或有源和无源滤波组合型装置，具体可根据各级配电系统和充电设备处的谐波含量大小集中或分散设置。对于单相交流充电桩的配电系统中可能出现的三相电压不平衡问题，设计时应尽量将单相交流充电桩均匀分配到三相上，同时通过充电设备监控系统进行适当的功率调配，减少单相用电设备引起的三相电压不平衡问题，从而达到规范要求。对于充换电设施的无功功率补偿，则应根据当地供电部门规定，在变压器低压侧或其他低压用户电业计量点处设集中补偿，达到规范要求。

# 第7章　充电设施的布置与安装

## 7.1　一般要求

### 7.1.1　总体布置要求

　　电动汽车充电设施的总体布置应便于使用、管理、维护及车辆进出，应保障人员及设施的安全。

　　充电设施的布置不应妨碍车辆和行人的正常通行，应结合停车位合理布局，便于电动汽车的出入、停放及充电。充电设备不应设置在汽车库（场）通道出入口两侧，也不应设置在走廊或疏散通道上。充电设备不应遮挡行车视线，电动汽车在停车位充电时不应妨碍区域内其他车辆的充电与通行，也不应影响人员的疏散。

　　充电设备应靠近充电车位布置，以便于操作及检修。根据车位、场地条件等实际情况可采用后面布置、侧面布置和集中布置等方式，各种布置方式在 7.2 节有详细介绍。

### 7.1.2　缩短配电线路

　　公用充电设备和专用充电设备可"一位一桩"，也可多个车位共用一套充电设备，但充电设备需配备与车位数量相等的充电枪或充电终端。

　　"一位一桩"是指一个车位设置一个充电设备。多个车位共用一套充电设备，简称"多位共桩"。目前有两种情况：一种是多枪的充电设备，即一个充电设备带有两个及以上的充电枪，可以为多台电动汽车同时充电；另一种是多充电终端，即充电主机系统或分体式非车载充电机可同时为多个车位提供充电服务。

　　为了缩短充电设备配电线路的长度，停车场（库）宜将低压电源引至充电车位区域，并设置配电箱，这样有利于减小线路压降，便于操作、控制。当采用充电主机系统时，充电主机与充电终端的线路长度需符合产品要求，充电主机应尽量靠近充电车位。分体式非车载充电机与其充电终端应尽量靠近，以满足末端压降的要求。

### 7.1.3　最小间距要求

　　充电设备与充电车位、建（构）筑物的最小间距应满足操作及维修的要求，充电设备宜设置在两个车位之间的后方。充电设备安装在车位正后方时，设备外廓距充电车位边缘的净距不宜小于 0.4m；安装在车位侧面时，不应妨碍车门的开启。这里的设备外廓包括了防撞设施。有的规范规定充电设备距电动汽车的净距不小于 0.4m，但具体实施时很难操作，因此还是控制充电设备到充电车位的距离比较合适。充电设备操作及维修距离一般应不小于 0.8m，若安装在车位正后方，可在车位没有车时进行维修，因此操作距离也可以认为是满足要求。

充电车位预留充电设备安装空间应满足表 7-1 的要求。

表 7-1　充电设备预留安装空间

| 布置方式 | 安装空间 | 交流充电桩/m | 非车载充电机/m |
| --- | --- | --- | --- |
| 后面布置 | 车位后边缘到墙距离<br>（参见图 7-4） | ≥0.7 | ≥1.0 |
| 侧面布置 | 柱间充电设备两侧两个车位水平距离<br>（参见图 7-7） | ≥1.1 | ≥1.4 |
| 集中布置 | 上下两排车位的距离<br>（参见图 7-8） | ≥1.1 | ≥1.4 |

注：充电设备尺寸参见本书第 4 章 4.8.4 节内容。本表源自《某商业综合体地下车库电动汽车充电桩的电气设计》。

### 7.1.4　安装方式要求

根据充电设备实际情况及实际工程经验，交流充电桩可采用壁挂式、立柱式或落地式安装；大中容量的非车载充电机应采用落地式安装，小容量的非车载充电机可采用壁挂式安装。现在已有 20kW 非车载充电机采用壁挂式安装。这里的大中容量一般指 30kW 及以上容量的非车载充电机，随着技术进步，功率模块性能逐渐提高，大中容量性能会进一步提高。充电设备安装实景如图 7-1 所示。

为了便于用户操作、查看信息，壁挂式安装的充电设备操作界面中心线距地面宜为 1.5m；落地式充电设备应设有安装基础，基础高出地面不应小于 0.2m；充电主机宜下设电缆沟。

图 7-2 为落地式充电设备安装基础示意图，取自 18D 705-2《电动汽车充电基础设施设计与安装》，适用于在室内落地安装的交流充电桩、非车载充电机和充电主机系统充电集控终端等充电设备。

图 7-2 中，$L$、$W$、$H$ 为充电设备的长、宽、高，见本书第 4 章 4.8.4 节相关技术资料；$L_1$、$W_1$、$H_1$ 为钢结构基础的长、宽、高，由实际工程确定。基础高度 $H_1 \geq 0.2m$，$L_1$、$W_1$ 宜比充电设备外轮廓大 30～50mm。充电设备重量较大时，应由结构专业对基础进行校核。基础还可以采用混凝土基础，总体要求与槽钢基础一致。

充电设备垂直安装时，偏离垂直位置任一方向的误差不应大于5°。

可利用不锈钢螺栓接线鼻子做接地连接，不建议在槽钢上焊接接地，以免影响基础强度。

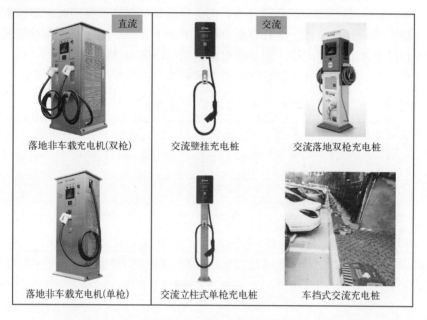

图7-1　充电设备安装实景

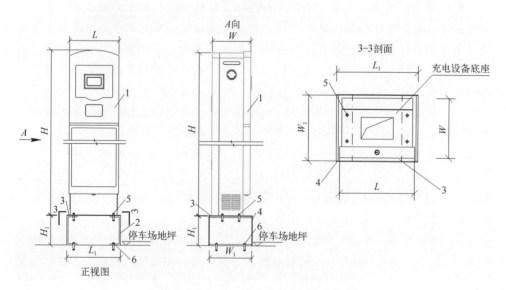

图7-2　落地式充电设备安装基础示意图

1—充电设备　2—槽钢　3、4—钢板　5—不锈钢螺栓　6—膨胀螺栓

### 7.1.5　防撞击要求

　　充电设施应设置在避免撞击的地方，或安装防撞设施，保护充电设备及操作人员安全。防撞设施包括车挡、防撞杆等，机械损伤防护建议按 AG3（强烈撞击）考虑，即加强防护。防撞杆可采用 $\phi$100mm 镀锌钢管，顶端封头，管内灌混凝土。防撞杆要用黄黑相间的油漆涂刷，间距 100mm，高度不小于 0.5m。

　　电气设备的选择与安装需要考虑外界因素的影响，其中机械撞击是充电设施应该考虑的因素之一。机械撞击分轻微（AG1）、中等（AG2）和强烈（AG3）三个级别，常规的电气装置（如家用或类似的设备）按轻微撞击考虑防护措施即可，标准工业设备可按中等撞击考虑防护措施。充电设施按照最新 IEC 标准高等级强烈撞击（即 AG3）考虑防护措施，例如安装的位置或场所可以避免可预见撞击所造成的损坏，即正常情况下不会被外物（如电动汽车）撞上；或者采取局部或一般机械防护，即设置车挡、防撞杆等；另外，还可以要求充电设施的外壳对外部机械撞击防护等级为 IK08，即可耐受 5J 的撞击[参见 GB/T 20138—2006/IEC 62262:2002《电器设备外壳对外界机械碰撞的防护等级（IK 代码）》]。采取以上三种方式之一或组合均可满足机械损伤防护的要求。充电设备防撞设施安装实景如图 7-3 所示。

图 7-3　充电设备防撞设施安装实景

## 7.2　停车位充电设备的布置

### 7.2.1　后面布置

　　后面布置是指电动汽车充电设备布置在停车位后面的布置方式，这里的停车位后面是指停车位有车挡的一侧。此方式适用于"一位一桩",且车位后方有足够的空间满足充电设备的安装要求,以保证充电设备安装后距充电车位的距离不小于 0.4m,其典型布局如图 7-4 所示。

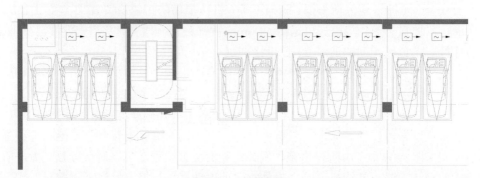

图 7-4　后面布置

充电设备的安装需结合现场情况确定,满足充电设备操作和检修的要求。后面布置的充电设备通常布置在车挡后面的空间内,不妨碍正常停车,又便于操作、维护。图 7-1 和图 7-3 为某工程实例,由于车位后方的安装空间不够,所以为了实际使用方便、便于操作,该工程将交流充电桩安装在两个充电车位之间的后方位置。充电设备安装示例如图 7-5 所示。充电设备安装实景如图 7-6 所示。

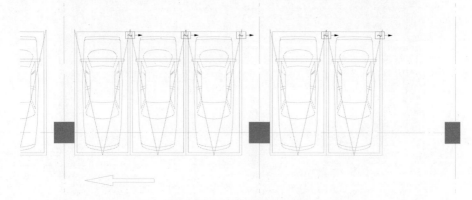

图 7-5　充电设备安装示例

车位后方是指车位中有车挡的一侧。

## 7.2.2　侧面布置

侧面布置是指电动汽车充电设备布置在停车位侧面的布置方式。侧面布置的充电设备通常结合侧面柱子、墙进行布置,不妨碍正常停车,又能有效利用柱子、侧墙的空间。同时柱子、墙对充电设备起到保护作用。此方式适用于多个车位共用一套充电设备,车位后方不能满足充电设备的安装距离要求,两排车位距离较近甚至相连。此布置方式需注意两个柱子间三个充电车位中任一车位在汽车充电时，不能影响其他车位的汽车充电、进入及离开，其典型布局如图 7-7 所示。

图 7-6　充电设备安装实景

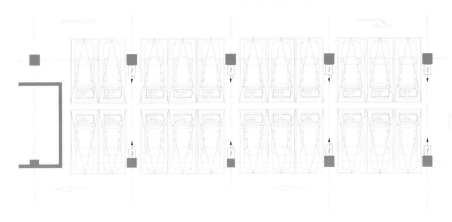

图 7-7　侧面布置

## 7.2.3　集中布置

集中布置是指电动汽车充电设备集中布置在停车位附近某区域内的布置方式。集中布置的充电设备不能妨碍正常停车，便于布线和管理。此方式适用于多个车位共用一套充电设备，如多枪的非车载充电机、充电主机系统等。布置在车位后方时，应有足够的空间满足充电设备的安装要求，以保证充电设备安装后距充电车位的距离不小于 0.4m。典型布局如图 7-8 所示，图中所示为四枪和双枪，分别服务 4 个和 2 个停车位。

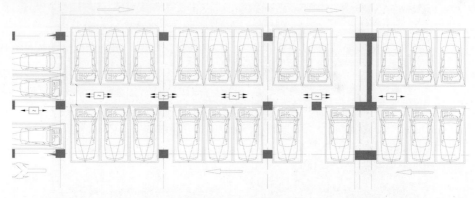

图 7-8　集中布置

## 7.3　室内充电设备的安装

室内安装的充电设备防护等级不应低于 IP32，安装方式如前所述可以是壁挂式、立柱式或落地式。壁挂式安装示意图如图 7-9 所示。充电设备落地安装时可采用钢结构基础（见图 7-2）。

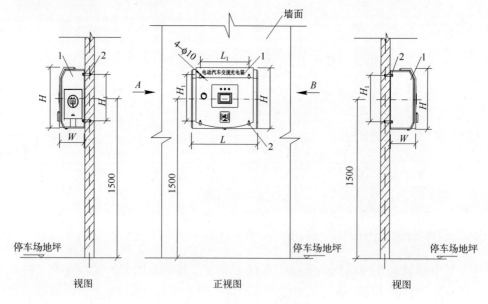

图 7-9　壁挂式安装示意图

1—充电设备　2—膨胀螺栓

图 7-9 来源于 18D 705–2《电动汽车充电基础设施设计与安装》，并在工程中经常使用。该图适用于安装在墙面上的壁挂式交流充电桩、小功率壁挂式非车载充电机等充电设备。室内安装的充电主机宜布置在单独房间内。图 7-10 为室内安装的充电主机外观，与模块化的数据机柜相似。其外形尺寸根据输出功率大小为长度 3000～5400mm，宽度 1838～3000mm，高度约 2600mm，充电主机四周应留有检修维护通道。

图 7-10　充电主机室内安装外观

## 7.4　室外充电设备的安装

### 7.4.1　非充电主机系统的安装

室外安装的充电设备防护等级不应低于 IP54，沿海等盐碱地区室外安装的充电设备还应具有防盐雾腐蚀能力。安装方式以立柱式或落地式为主。充电设备落地安装时一般采用混凝土基础。

图 7-11 为充电设备室外落地安装示意图，适用于在室外落地安装的交流充电桩、非车载充电机和充电主机系统充电集控终端等充电设备。图中，$L$、$W$、$H$ 为充电设备的长、宽、高，参见本书第 4 章相关技术资料；$L_1$、$W_1$、$H_1$ 为混凝土基础的长、宽、出地面高度；$L_2$、$W_2$ 为充电设备底座固定螺栓的间距。基础、开孔尺寸及位置、螺栓间距均由实际工程确定。一般采用混凝土基础，基础高出地面不应小于 0.2m。

### 7.4.2　充电主机系统的安装

充电主机系统的充电主机建议采用箱式安装。

（1）无通风口充电主机系统的安装

图 7-12 为充电主机系统安装示意图，适用于室外安装无通风口的充电主机，图 7-12 中 $L$、$W$ 为充电主机的长、宽，一般用于输出功率 1080kW 及以下的充电主机系统。参考做法如下，具体可根据工程实际情况进行必要的调整、补充和完善。

开挖基坑素土应夯实，遇松散杂土应做地基加固处理，基础表面应水平。接地装置埋深 0.8m，接地电阻值应满足设计要求，否则应增加接地极，详见本书第 10 章。接地极、接地线的连接处应用电焊焊牢，焊缝长 120mm 并补刷防锈漆。所有外露铁件均应刷防锈底漆两道，灰铅漆两道。充电主机外壳、电缆头金属外

皮、电缆保护管以及所有金属支架必须可靠接地。接地扁钢应与基础槽钢和充电

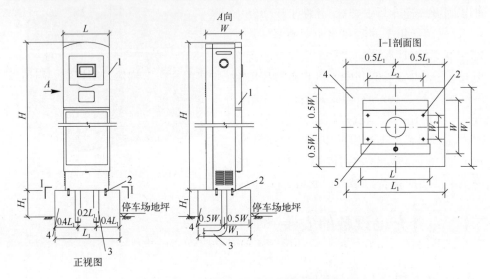

图 7-11    充电设备室外落地安装示意图

1—充电设备  2—膨胀螺栓  3—套管  4—混凝土基础  5—交流充电桩底座

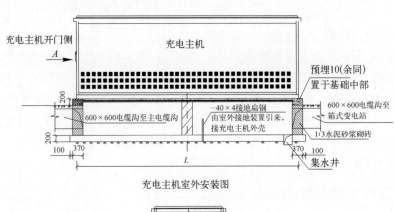

图 7-12    充电主机系统安装示意图（无通风口）

主机底座可靠焊接，扁钢四面施焊，长度不小于 2 倍扁钢宽度。钢材采用 Q235B，钢筋为 HPB300 级；基础底板厚 200mm，采用 C25 混凝土；砖墙基础、踏步均采用 MU7.5 标准砖、M5 水泥砂浆砌筑；图中基础地面以上部分外露面 20mm 厚 1:2 水泥砂浆抹面，地面以下部分内壁采用 12mm 厚 1:3 防水水泥砂浆（掺 5%防水剂，余同）打底、扫毛，8mm 厚 1:2.5 防水水泥砂浆粉面。钢构件采用焊接，周边满焊，所有焊缝高度应满足相关规范要求。预埋槽钢应在混凝土压顶浇筑时预埋并保证平整度，槽钢面应比地面标高高 10mm，且槽钢面应间距 300mm 钻 $\phi$3mm 冒气孔。在电缆进出口处采用 PFB 型电缆防火包封堵，电缆孔洞应使用有机防火堵料封堵并做好防水处理。基础底板应落于实土上，如遇虚土应换填。换填做法为：采用素土分层夯实，夯填度不应大于 0.9，换土厚度视土质情况为 300～600mm，每边外扩不小于 300mm，地基承载力特征值不小于 100kPa，肥槽应用素土分层夯实回填。集水井：$L$（300mm）×$W$（300mm）×$H$（300mm）。集水井内设 $\phi$110mmUPVC 排水管就近排入市政或场站内的雨污水检查井，管口设滤栅。

（2）有通风口充电主机系统的安装

图 7-13 为另一种充电主机系统安装示意图，适用于室外安装带通风口的充电主机，图中 $L$、$W$ 为充电主机的长、宽，一般用于输出功率大于 1080kW 的充电

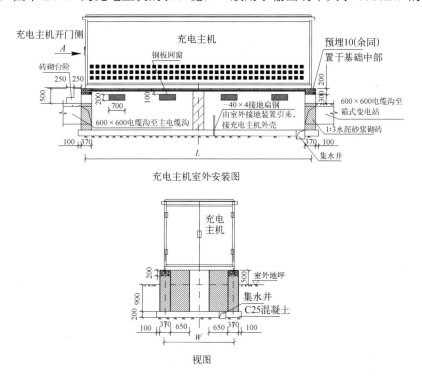

图 7-13　充电主机系统安装示意图（带通风口）

主机系统。钢板网窗用以防止雨、雪和小动物进入，网眼不大于 30mm，具体数量及位置由实际工程确定。安装要求、做法与无通风口充电主机系统安装相同或相似。充电主机及其充电终端室外安装实景如图 7-14 所示。

图 7-14　充电主机及其充电终端室外安装实景

## 7.5　其他安装方式

### 7.5.1　机械停车库的充电设施

　　机械式立体车库具有存取量大、占地面积少、运行经济和维修方便等特点，是解决车辆较多而停车面积较少的一种方案。在国内许多城市，特别是车位紧张的场所，已经有很多应用。据了解，有些城市将机械式立体车库与充电设施相结合，建成了电动汽车充电立体停车库。

　　虽然在机械停车库上安装充电设施有其优点，如节约空间、车位不易被普通汽油车占据及可以不用另外配置电源等，但是其缺点及劣势也是比较明显的：首先机械式停车位需配置与其配套的一体化充电设施，对设备及安装要求较高；其次从消防安全的角度考虑，隐患较大，一旦其中一辆电动汽车在充电时着火，将很难扑救，而且会殃及同一机械车库的其他车辆；同时由于室内充电式机械车库比较高，电动汽车的密度更大，对消防设施的要求更高，有些甚至无法实现，如很难做到每个车位上部应至少设置两个喷头。因此，不推荐机械停车库设置充电设施的方案。

### 7.5.2　特殊充电设备的安装问题

　　目前，市场上还有悬挂式充电设备、车挡式充电桩等产品，应用较少。

　　悬挂式充电设备一般安装高度较高，身材不高者使用不便，身材较高者容易碰头。若安装较低，则容易碰到充电的电动汽车。

　　车挡式充电桩对产品的防撞击、防水和防尘要求颇高，容易损坏，无人机交互界面，不利于使用和维护。图 7-15 为车挡式充电设备安装示例。图 7-16 中虽然充电设备没有作为车挡，但也是在地面水平安装，和车挡式充电设备的缺点是一样的，同样不予推荐。

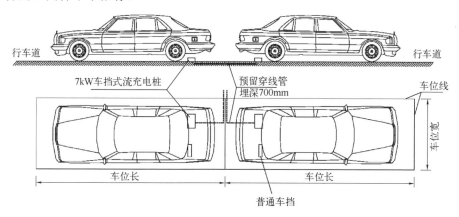

图 7-15　车挡式充电设备安装示例

图 7-16　充电设备地面水平安装实景

# 第8章 监控系统及计量计费系统

## 8.1 监控系统

### 8.1.1 监控系统的分类与功能

（1）监控系统的定义

正如本书第 3 章所述，监控系统是指对充电设施的供电设备、充电设备及相关辅助设备的运行状态、环境监测及报警等信息进行采集，应用计算机及网络通信技术，实现监视、控制和管理的系统。

（2）监控系统的分类

根据 T/ASC 17–2021《电动汽车充换电设施系统设计标准》和国家标准图集 18D 705–2《电动汽车充电基础设施设计与安装》，按充电终端的数量，可将监控系统分为 A、B、C 三类，见表 8-1。

表 8-1 监控系统的分类

| 类型 | 要 求 |
| --- | --- |
| A 类 | 充电设备数量超过 30 个的监控系统 |
| B 类 | 充电设备数量超过 3 个，且不超过 30 个的监控系统 |
| C 类 | 充电设备数量不超过 3 个的监控系统 |

注：此处充电设备指交流充电桩、非车载充电机（含分体式）。例如，1 台交流充电桩和 1 台非车载充电机（无论是单枪还是多枪）都按 1 个充电设备计。充电主机系统不受此分类限制。

通常专用、公用电动汽车充电设备由于使用人是非专业的一般驾乘人员，为保证人身和设备安全，确保充电设备正常运行，一般均设置监控系统，仅在充电设备数量极少等特殊情况下才可不设置。

充电主机系统、充电站和电池更换站应设置监控系统；而住宅小区住户自用的电动汽车充电设备由使用人自行管理、维护，可不设监控系统。

（3）监控系统的功能

监控系统具体可实现的功能有：

1）实现数据采集自动化：①系统易于扩展，便于监控数据的汇总和集中管理；②数据采集自动上传，自动分析、存储，系统维护较少；③监控系统实时监测，记录充电设备及相关辅助设备的各类信息并实现共享；④在确保用户数据安全的前提下，通过管理云端完成数据托管服务。

2）提高充换电设施运维的可视化水平及可追溯能力：①通过监控系统的数据采集，随时随地了解系统内各个充电设备的运行状态；②存储大量的监控数据，可随时调阅系统运行以来各个时段、各个末端点的数据，供查询分析；③通过图表的方式对监控指标进行描绘，提高运维水平。

3）监控系统具有供配电监控、充电监控及安防监控等功能。室外场所宜设置环境监测系统，电池更换站监控系统应设置电池箱更换监控系统。电池箱更换监控系统具备对电池箱充电状态、电池箱更换设备运行状态及电池箱更换过程进行监测和控制的功能。

4）确保充电的安全性、可靠性。全系统的信号采集、监视及控制、事故/故障处理能力，提高运行的可靠性、经济性，进一步确保充电的安全性。

监控系统框图如图 8-1 所示。

图 8-1　监控系统框图

## 8.1.2　监控系统的结构形式

监控系统由控制层、网络设备及间隔层构成。

1）控制层。提供充换电设施内各运行系统的人机交互界面，实现相关信息的收集和实时显示、设备的远方控制以及数据的存储、查询和统计等功能，并可与相关系统通信；控制层设备主要包括服务器、工作站和打印机等。

2）网络设备。包括网络交换设备、通信网关、光电转换设备、电缆和光缆等。

3）间隔层。采集设备运行状态及相关运行数据，通过网络设备上传至控制层，接收和执行控制层的控制命令。

云监控平台系统示意图如图 8-2 所示。

4）重要的 A 类和 B 类监控系统宜设置双网结构，其他系统可采用单网结构。规模较小的 B 类、C 类充电设施，其监控系统可根据实际需要进行简化，网络结构可以采用单网结构。单网结构和双网结构如图 8-3 所示。

火灾报警单元仅用于充电主机系统，其他情况下应尽量使用建筑物设置的火灾自动报警系统。各类系统的监控系统配置见表 8-2。

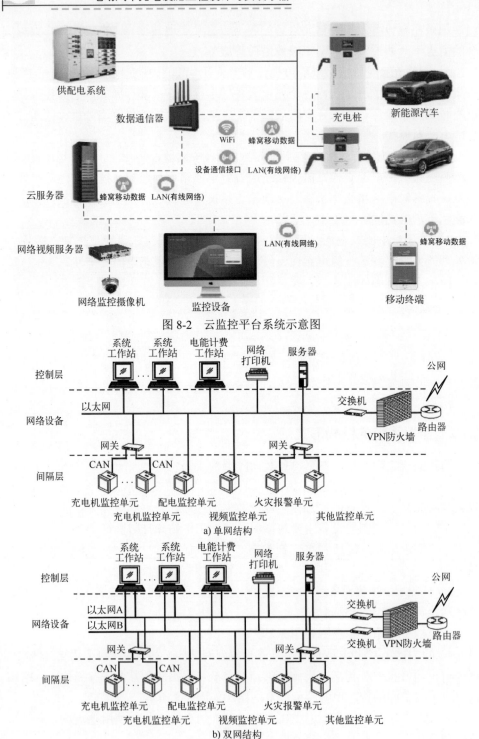

图 8-2　云监控平台系统示意图

a) 单网结构

b) 双网结构

图 8-3　监控系统典型网络结构示意图

表 8-2　充电设施监控系统配置表

| 类　别 | | A | B | C |
|---|---|---|---|---|
| 充电设备数量/个 | | >30 | 4～30 | ≤3 |
| 监控系统设置建议 | | 应设置监控系统 | 有条件宜设置监控系统 | 工程确定 |
| 网络结构 | | 双网/单网 | 双网/单网 | 单网 |
| 控制层 | 服务器 | √ | √ | √ |
| | 工作站 | 监控系统和计费系统独立设置 | 监控系统和计费系统合用设置 | 合用设置 |
| | 打印机 | √ | √ | √ |
| 间隔层 | 充电设备监控单元 | √ | √ | √ |
| | 供配电设备监控单元 | √ | ○ | ○ |
| | 安防终端 | √ | ○ | ○ |
| 网络设备 | 交换机 | √ | √ | √ |
| | 网关 | √ | √ | √ |
| | 光电转化设备 | √ | √ | √ |
| | 网线 | √ | √ | √ |

注："√"表示应设置；"○"表示根据需要设置。

### 8.1.3　监控系统的内容

　　监控系统应具备充电监控、供电监控及安防监控等功能，室外场所宜设置环境监测系统。

　　（1）供配电监控系统

　　供配电监控系统可采集充电设备供配电系统的电能质量、开关状态、保护信号、电压、电流、有功功率、无功功率、功率因数、谐波和电能计量等信息；具备供电系统的超限报警、事件记录和故障统计等功能。监测内容详见表 8-3。

表 8-3　供配电监控系统的监测内容

| 类别 | 监测内容 |
|---|---|
| 电能质量 | 电压、频率、功率因数、谐波和三相不平衡度 |
| 开关状态 | 开、关 |
| 保护信号 | 短路、过载和剩余电流 |
| 监测参数 | 电压、电流、有功功率、无功功率、功率因数、谐波和电能计量信息 |
| 超限报警 | 火灾漏电报警 |
| 事件记录 | 上述信息分类记录 |
| 故障统计 | 短路、过载、接地等故障 |

（2）充电监控系统

充电监控系统应满足以下要求：

1）具备对充电设备运行状态和充电过程进行监测、控制和保护，以及数据处理与存储、事故状态下的紧急处理等功能。

2）具备对车载充电机运行的监视和对电动汽车储能单元、储能状态的监视等功能。

3）具有兼容性和扩展性，满足不同类型充电设备的接入，以及充电设施规模的扩容等要求。

4）数据采集频率宜不大于30s。

5）可接受时钟同步系统校时，保证系统时间的一致性。

6）充电监控系统的监测内容应符合表8-4的要求。

表 8-4　充电监控系统的监测内容

| 分类 | 监测类别 | 监测内容 | | | | |
|---|---|---|---|---|---|---|
| | | 共有内容<br>必选项 | 交流充电桩专有 | | 非车载充电机专有 | |
| | | | 必选项 | 可选项 | 必选项 | 可选项 |
| 充电设备 | 充电机<br>运行状态 | — | — | 车载充电机的充电、空闲、离线、故障、可选预约 | 充电、空闲、离线、故障 | 枪头温度、柜体内部温度 |
| | 充电枪状态 | 已与车辆连接、未与车辆连接 | — | — | — | — |
| | 充电状态 | 正在充电、停止充电 | — | — | 已充满 | 待机，充电百分比 |
| | 充电起动模式 | 手动、顺序起动、定时起动等 | — | 预约起动 | 预约起动 | 多枪智能分配、负荷管理 |
| | 输入输出参数 | 电能质量 | 电压、电流、功率 | 相数、频率 | 输出电压、输出电流、输出功率 | 输入电源相数 |
| 储能单元 | BMS 请求 | — | — | — | 请求电压、请求电流 | — |
| | BMS 监测 | — | — | — | 监测电压、监测电流 | — |
| | 电池组 | — | — | — | 最高温度、最低温度 | — |
| | 单个电池 | — | — | — | 最高电池电压、电池 SOC | — |
| 其他 | 车辆信息 | — | — | — | — | VIN 码 |
| | 故障信息 | 急停、漏电超限、短路、过载 | — | — | 过电压、充电枪和电池温度过高、连接失败 | 欠电压 |

（3）安防监控系统

对建筑物内的充电设施宜利用建筑物的安防监控系统。安防系统的功能要求见表 8-5。

表 8-5　安防系统的功能要求

| 安防系统类别 | 系统功能描述 |
| --- | --- |
| 消防监控系统 | 对配备火灾自动报警装置的充电站、场，各传感器和探测器等设备采用现场总线方式接入站内火灾自动报警装置，由转换器接入站内监控系统。实现消防多设备互联互通、自动巡检。火灾报警单元仅用于充电主机系统，其他情况下应尽量使用建筑物设置的火灾自动报警系统 |
| 视频监控系统 | 视频监控等安防监控系统设备应根据充电设施的重要等级及安全管理要求进行设置：①就地监控设备包括各种功能摄像机、用于周界的红外对射报警器等，与站控层后台设备配合，实现对环境进行防盗、防火和防人为事故的监控，对充电站设备如充电机、蓄电池和配电设备等进行监控；②视频处理单元可按硬盘录像视频服务器设置，通过与网络通道进行通信，将被监控目标的动态图像以 IP 单播、组播的方式上传至监控主机，并实现一对多、多对一的监控功能；③视频压缩采用 MPEG2 或 MPEG4 数字编码，支持 TCP/IP 的网络系统；④布置在户外的摄像设备应为全天候使用设备，红外对射报警器也应为全天候使用设备 |

此外，对于设置在建筑物内部的小型监控系统，可不配置配电监控系统和安防监控系统，网络结构可采用单网结构。监控系统应预留与建筑设备管理系统、智能化集成系统的接口，以便与建筑智能一体化。

## 8.1.4　通信系统

1）间隔层网络通信可采用 4G/5G、WiFi 等无线通信，也可采用以太网、CAN 总线和 RS485 等网络结构连接。

2）控制层和间隔层之间及控制层各主机之间网络通信结构应采用以太网连接，也可采用 4G/5G 等无线传输。

3）网络设备包括网络交换设备、通信网关、光电转换设备、网络连线、电缆和光缆等。

4）监控系统应预留以太网或无线公网接口，实现与各类上级监控系统的数据交换。

## 8.1.5　对监控系统硬件的要求

监控系统应设监控室，并应靠近充电区域布置。监控室可独立设置，也可与其他控制室、值班室合用。

1）硬件设备应采用模块化结构，选用标准化、系列化产品，便于扩展、配套和运行维护，并具有较强的适应能力。

2）硬件设备必须具备抗强电场、强磁场和静电干扰的能力，并应有防止雷电冲击和系统过电压措施。

监控系统拓扑图如图 8-4 所示。

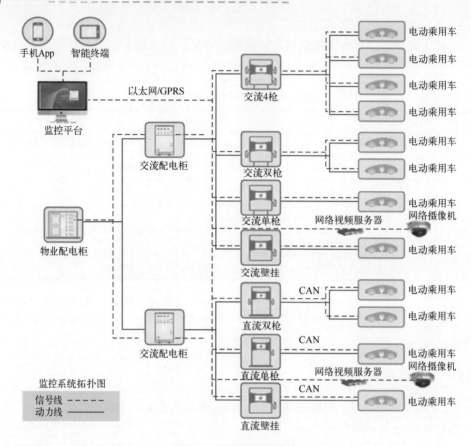

图 8-4　监控系统拓扑图

利用充电设施监控系统可以拓展进行能耗统计、能效分析。

1）监测电压、电流、有无功和能耗等实时状态，分时段、设备了解用能趋势，并进行差异对比。

2）分析峰/谷电费、电能投入与产出比效率，指导优化用电管理，达到节能减排目标。

3）针对功率因数、谐波等电能质量问题进行分析，帮助客户判断负载电能质量，助力改善提升。

## 8.2　计量

### 8.2.1　充电系统的电能计量分类与功能

1）充电系统的电能计量包括两部分，即充电设备的业主和电力部门之间的电能结算计量以及充电设备和电动汽车之间的电能及服务费用结算计量。

2）充电设备业主与电力部门之间的电能计量由供电单位按照国家标准实施；充电设备和电动汽车之间的计量应选用符合国家计量标准的电能计量装置，安装在充电设备和电动汽车之间；末端充电设备应具有多种结算方式的功能。末端充电设备的结算方式有信用卡、微信、支付宝、预付费 IC 卡和 App 等。

3）新建住宅自用的交流充电桩应符合当地供电部门的规定，可与住户其他用电负荷共用电能计量装置，也可单独设置计量装置。

## 8.2.2　计量仪表设置原则

1）三相回路的电流表宜三相配置。

2）电压表按低压母线设置，能够通过转换开关测量三相线电压、相电压。

3）变压器低压侧进线宜配置功率因数表。

4）电能表宜采用电子化、低损耗电子式电能表，也可采用长寿命机械式电能表。

5）中性点直接接地系统应选用三相四线电能表，中性点非直接接地系统应选用三相三线电能表。

6）电能表电流过载能力宜选用过载 4 倍及以上的表计。

计量仪表的配置要求见表 8-6。

表 8-6　计量仪表的配置要求

| 表计种类 | 安装位置 | | | | | |
|---|---|---|---|---|---|---|
| | 变压器高低压侧进线 | 充电回路 | 联络断路器 | 无功补偿 | 充电桩供电回路 | 低压母线 |
| 电流 | √ | √ | √ | √ | √ | √ |
| 电压 | ○ | ○ | ○ | ○ | ○ | √ |
| 有功电能表 | √ | √ | ○ | ○ | √ | ○ |
| 无功电能表 | √ | ○ | ○ | ○ | ○ | ○ |

注："√"表示应设置；"○"表示根据需要设置。

## 8.2.3　电能计量装置

（1）非车载充电机的电能计量装置

非车载充电机电能计量应符合现行国家标准 GB/T 29318—2012《电动汽车非车载充电机电能计量》的有关规定，并应采用直流计量。具有多个可同时充电接口的充电设备，其每个接口应单独配置直流电能表。

1）采用电子式直流电能表（以下简称直流电能表）和分流器时，应安装在非车载充电机直流端和电动汽车之间。

2）直流电能表的精度等级应为 1.0 级，分流器的精度等级应为 0.2 级。

3）根据充电电流的大小，直流电能表的电流线路可采用直接接入方式或经分流器接入方式。经分流器接入时，分流器额定二次电压为 75mV，直流电能表的电流采集回路应接入分流器电压信号。

4）电能计量装置的规格配置见表 8-7。

表 8-7　电能计量装置的规格配置

| 额定电压/V | （100）、350、500、700 |
|---|---|
| 额定电流/A | 10、20、50、100、150、200、300、500 |

注：括号中的 100V 为经电阻分压得到的电压规格，为减少电能表规格，350V、500V 和 700V 可经分压器转换为 100V 进行计量，分压器的精度等级为 0.1 级。

5）应在供用电设施产权分界处设置交流电能计量装置；每个充电终端应装配直流电能表；电能计量表计应具有将数据实时上传至监控系统的通信接口。

（2）交流充电桩电能计量装置

交流充电桩电能计量应符合现行国家标准 GB/T 28569—2012《电动汽车交流充电桩电能计量》的有关规定。交流充电桩具备多个可同时充电的接口，每个接口应单独配备交流电能表。

1）交流充电桩的充电计量装置应选用静止式交流多费率有功电能表，并采用直接接入式，其主要电气技术参数见表 8-8。

表 8-8　交流计量装置的主要电气技术参数

| 技术参数 | 指　标 |
|---|---|
| 参比电压 $U_n$/V | 220 |
| 基本电流 $I_b$/A | 10 |
| 最大电流 $I_{max}$/A | $\geqslant 4I_b$ |
| 参比频率/Hz | 50 |
| 精度等级 | 2.0 |

2）交流充电桩从交流电能表采集的数据须与用户显示的内容保持一致。

3）交流电能表宜安装在交流充电桩内部，位于交流输出端与车载充电机之间，电能表与车载充电机之间不应接入其他与计量无关的设备。

4）交流充电桩应能采集交流电能表数据，计算充电电量，显示充电时间、充电电量及充电费用等信息。

5）交流充电桩应显示本次充电电量，并可将该项清零。

6）交流充电桩可至少记录 100 次充电行为，记录内容包括充电起始时刻、起始时刻电量值、结束时刻、结束时刻电量值和充电电量。

7）交流充电桩从交流电能表采集的数据应与其对用户的显示内容保持一致。

（3）电池更换站电能计量

1）电池更换站和电网之间的电能计量点应设置在供用电设施产权分界处。

2）电能计量表计应具有将数据实时上传至监控系统的通信接口。

（4）其他

当工程设有建筑物能效管理系统时，充换电设施系统的计量宜预留与该系统接驳的接口。

### 8.2.4　示例

图 8-5 为建筑物内 B 类充电设施监控系统示例，系统结构及设备的型号、规格及数量由工程设计深化确定。

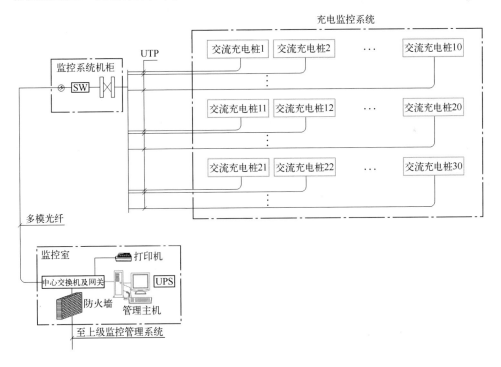

图 8-5　建筑物内 B 类充电设施监控系统示例

图 8-6 为 A 类充电设施监控系统示例，包含充电监控系统、供电监控系统和安防监控系统。系统结构及设备的型号、规格及数量由工程设计深化确定。

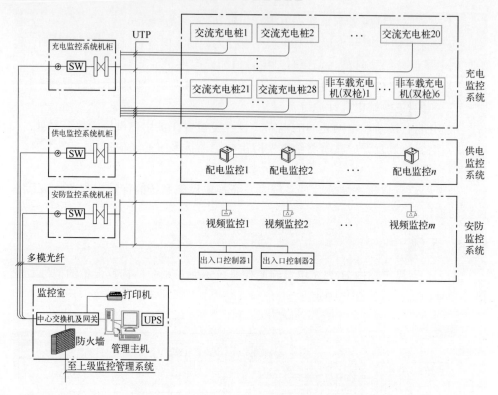

图 8-6    建筑物内 A 类充电设施监控系统示例

# 第9章 消　　防

## 9.1　电动汽车的火灾特性

本书 1.5 节介绍了电动汽车及其动力蓄电池的相关情况，本节从电动汽车及其动力蓄电池的火灾特性入手，为后续的电动汽车充电设施系统的消防配置奠定基础。

### 9.1.1　电动汽车发生火灾情况

关于电动汽车充电设施系统的消防，先从电动车（电动自行车、电动三轮车和电动摩托车等）的火灾说起，因为电动汽车与电动车同宗同源，都是以动力蓄电池为能源驱动车辆行驶。进入 21 世纪，我国电动车保有量直线上升，由其引发的火灾事故已经成为城市主要的火灾隐患。为此，公安部曾于 2017 年 12 月 29 日发布《关于规范电动车停放充电加强火灾防范的通告》，严禁在建筑内的共用走道、楼梯间和安全出口处等公共区域停放电动车或者为电动车充电。根据相关文献，电动汽车发生火灾的总体情况见表 9-1。

表 9-1　电动汽车发生火灾的总体情况

| 电动汽车发生火灾总体情况 | 占比 |
|---|---|
| 因整车线路故障引发火灾 | 90%以上 |
| 停放充电时引发火灾 | 80% 以上 |
| 20:00—次日 5:00 之间的火灾发生 | 67%左右 |

电动汽车采用动力蓄电池驱动车辆行驶，且电池数量、容量均远大于其他电动车，同样存在火灾隐患。根据新能源汽车国家大数据联盟 2019 年 8 月发布的《新能源汽车国家监管平台大数据安全监管成果报告》，2019 年 5 月—7 月，新能源汽车国家监管平台共收报 79 起安全事故，涉及车辆 96 辆。该报告进一步分析，新能源汽车起火原因中，电池问题占 58%，高居榜首；涉及多个厂家多种车型，而在自燃的车型中，三元锂电池占大多数。

据不完全统计，2019 年 1 月—12 月底，根据媒体报道的电动汽车发生火灾事故共计 73 起，见表 9-2。由表 9-2 和图 9-1 可知，电动汽车停放、搁置时发生火灾共计 28 起，占 38%；行驶中（含 1 起等红绿灯）发生自燃共 22 起，占 30%；

充电时自燃共计 15 起（含 1 起充电后自燃），占 21%，其他原因导致自燃 8 起，占 11%。

表 9-2　我国 2019 年 1 月—12 月电动汽车发生火灾事故情况

| 序号 | 月份 | 日期 | 地点 | 电池类型 | 事故原因 |
|---|---|---|---|---|---|
| 1 | 1 月 | 1 月 9 日 | 信阳 | 三元锂电池 | 停车时发生火灾 |
| 2 | | 2 月 5 日 | 吕梁 | 三元锂电池 | 停放时自燃 |
| 3 | 2 月 | 2 月 12 日 | 深圳 | 不明 | 行驶中自燃 |
| 4 | | 2 月 27 日 | 深圳 | 三元锂电池 | 行驶中起火 |
| 5 | | 3 月 2 日 | 长沙 | 三元锂电池 | 充电中起火 |
| 6 | 3 月 | 3 月 8 日 | 上海 | 三元 18650 锂电池 | 充电自燃起火，蔓延 |
| 7 | | 3 月 25 日 | 深圳 | 不明 | 行驶中自燃 |
| 8 | | 3 月 27 日 | 广州 | 三元 18650 锂电池 | 无故自燃，蔓延，复燃 |
| 9 | | 4 月 7 日 | 杭州 | 三元锂电池 | 充电自燃，蔓延 |
| 10 | | 4 月 21 日 | 上海 | 三元 18650 锂电池 | 停放时猛烈自燃，蔓延 |
| 11 | | 4 月 22 日 | 杭州 | 三元锂电池 | 停车时发生火灾 |
| 12 | 4 月 | 4 月 22 日 | 西安 | 三元方壳电池 | 撞击底盘，电池短路 |
| 13 | | 4 月 23 日 | 杭州 | 三元方壳电池 | 行驶中起火 |
| 14 | | 4 月 23 日 | 遵义 | 三元锂电池 | 行驶中起火 |
| 15 | | 4 月 24 日 | 武汉 | 磷酸铁锂电池 | 行李舱起火，电池完好 |
| 16 | | 5 月 4 日 | 杭州 | 磷酸铁锂电池 | 未知，或与电池无关 |
| 17 | | 5 月 8 日 | 宁波 | 三元方壳电池 | 停车过程中自燃 |
| 18 | 5 月 | 5 月 12 日 | 香港 | 三元锂电池 | 停放时自燃，燃烧过程中 3 次爆炸 |
| 19 | | 5 月 14 日 | 香港 | 三元 18650 锂电池 | 快充至 97% 搁置时起火 |
| 20 | | 5 月 16 日 | 上海 | 三元方壳电池 | 搁置时自燃冒烟，为起火 |
| 21 | | 5 月 17 日 | 定州 | 三元锂电池 | 行驶中起火，蔓延 |
| 22 | | 6 月 1 日 | 连云港 | 三元锂电池 | 停车时自燃 |
| 23 | | 6 月 1 日 | 重庆 | 不明 | 充电时自燃 |
| 24 | | 6 月 5 日 | 常州 | 三元锂电池 | 行驶中自燃 |
| 25 | | 6 月 5 日 | 宜春 | 三元锂电池 | 行驶中自燃 |
| 26 | 6 月 | 6 月 13 日 | 沧州 | 三元锂电池 | 充电后充电器未拔下来，电气线路短路 |
| 27 | | 6 月 15 日 | 重庆 | 三元锂电池 | 充电中起火 |
| 28 | | 6 月 15 日 | 武汉 | 三元方壳电池 | 搁置时自燃 |
| 29 | | 6 月 19 日 | 重庆 | 三元锂电池 | 充电时自燃冒烟 |
| 30 | | 6 月 22 日 | 武汉 | 三元方壳电池 | 积水中自燃 |
| 31 | | 6 月 24 日 | 西安 | 不明 | 停车场自燃 |

（续）

| 序号 | 月份 | 日期 | 地点 | 电池类型 | 事故原因 |
|---|---|---|---|---|---|
| 32 | 6月 | 6月24日 | 南昌 | 不明 | 充电时自燃 |
| 33 | | 6月26日 | 南京 | 三元18650锂电池 | 停车过程中自燃 |
| 34 | | 6月26日 | 漯河 | 不明 | 行驶中自燃 |
| 35 | | 6月27日 | 石家庄 | 三元锂电池 | 搁置时冒烟 |
| 36 | | 6月27日 | 重庆 | 不明 | 停车时发生火灾 |
| 37 | 7月 | 7月2日 | 盐城 | 不明 | 停车时自燃 |
| 38 | | 7月5日 | 武汉 | 三元方壳电池 | 充电时冒浓烟 |
| 39 | | 7月7日 | 长沙 | 三元锂电池 | 充电后在地库起火 |
| 40 | | 7月8日 | 成都 | 不明 | 行驶中起火 |
| 41 | | 7月11日 | 金华 | 不明 | 等红绿灯时起火 |
| 42 | | 7月12日 | 江西 | 不明 | 停车时自燃 |
| 43 | | 7月16日 | 江西 | 三元锂电池 | 停车时自燃 |
| 44 | | 7月18日 | 襄阳 | 三元锂电池 | 充电时自燃 |
| 45 | | 7月18日 | 北京 | 三元锂电池 | 搁置时自燃 |
| 46 | | 7月25日 | 西安 | 不明 | 行驶中自燃 |
| 47 | | 7月25日 | 宜春 | 疑似圆柱电池 | 停车时自燃 |
| 48 | 8月 | 8月1日 | 西安 | 不明 | 行驶中自燃 |
| 49 | | 8月1日 | 新宾 | 三元锂电池 | 行驶中起火 |
| 50 | | 8月2日 | 南京 | 三元锂电池 | 充电时自燃 |
| 51 | | 8月2日 | 遵义 | 三元锂电池 | 停车时自燃 |
| 52 | | 8月2日 | 汨罗 | 不明 | 停车时自燃 |
| 53 | | 8月4日 | 杭州 | 三元锂电池 | 行驶中起火 |
| 54 | | 8月4日 | 富阳 | 三元锂电池 | 行驶时自燃 |
| 55 | | 8月8日 | 开封 | 三元锂电池 | 停车时自燃 |
| 56 | | 8月10日 | 南宁 | 三元锂电池 | 行驶中起火 |
| 57 | | 8月14日 | 宜宾 | 磷酸铁锂电池 | 行驶中冒烟，瞬间燃爆 |
| 58 | | 8月21日 | 扬州 | 三元锂电池 | 停车时自燃 |
| 59 | | 8月23日 | 西安 | 不明 | 充电中起火 |
| 60 | | 8月23日 | 无锡 | 三元锂电池 | 4S店内发生火灾 |
| 61 | 9月 | 9月5日 | 珠海 | 三元镍钴锰酸锂电池 | 充电时自燃 |
| 62 | | 9月10日 | 福州 | 三元锂电池 | 撞击路边护栏后自燃 |
| 63 | | 9月14日 | 洛阳 | 三元锂电池 | 停车时发生火灾 |
| 64 | | 9月19日 | 北京 | 三元锂电池 | 停车时自燃 |

（续）

| 序号 | 月份 | 日期 | 地点 | 电池类型 | 事故原因 |
|---|---|---|---|---|---|
| 65 | 9 月 | 9 月 23 日 | 温州 | 三元锂电池 | 行驶中起火 |
| 66 | | 9 月 29 日 | 杭州 | 三元锂电池 | 4S 店内发生火灾 |
| 67 | 10 月 | 10 月 2 日 | 太原 | 三元锂电池 | 停车时自燃 |
| 68 | | 10 月 14 日 | 长春 | 三元锂电池 | 行驶时自燃 |
| 69 | | 10 月 15 日 | 杭州 | 不明 | 充电中起火 |
| 70 | | 10 月 17 日 | 杭州 | 三元锂电池 | 行驶中起火 |
| 71 | 11 月 | 11 月 8 日 | 成都 | 三元锂电池 | 维修期间因电池质量问题导致自燃 |
| 72 | 12 月 | 12 月 3 日 | 上海 | 三元锂电池 | 行驶中起火 |
| 73 | | 12 月 19 日 | 广州 | 三元锂电池 | 停车时着火，外部火源引发 |

注：1. 本表在 CEVE：《2019 年动力电池安全性研究报告》基础上补充公共媒体报道的事故编制而成。

2. 表中 18650 指电池外形尺寸，直径为 18mm，高度 65mm，"0" 表示圆形。

3. 表中三元表示电池的正极材料采用镍钴锰酸锂 $LiNiCoMnO_2$ 三元材料。

2019 年 1 月—12 月我国电动汽车发生火灾分类如图 9-1 所示。2019 年各月电动汽车发生火灾统计如图 9-2 所示。

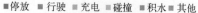

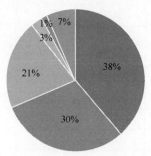

图 9-1　2019 年 1 月—12 月我国电动汽车发生火灾分类（见彩插）

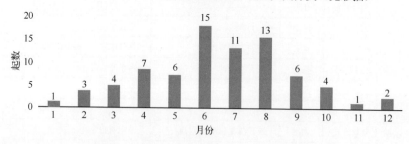

图 9-2　2019 年各月电动汽车发生火灾统计

由图 9-2 可知，6 月份是电动汽车发生火灾的高发月，共计 15 起，占年度电动汽车火灾总量的 20% 以上；夏季是电动汽车发生火灾的高发季节，6～8 月三个月共计 39 起,占比超过 53%;春秋季节电动汽车发生火灾起数居次位;冬季电动汽车发生火灾事故数量较少,11 月、12 月、1 月和 2 月四个月共发生火灾 7 起,占比约为 9.6%。

## 9.1.2　电动汽车发生火灾的原因

应急管理部沈阳消防研究所的研究表明,现在所有电动汽车的动力蓄电池防护系统都不足以保证电池不发生热失控。而电动汽车火灾隐患主要来自于动力蓄电池系统、充电系统和高压动力总线。

清华大学电池安全实验室研究表明,锂离子电池的热失控是动力蓄电池安全事故的核心原因。大电流快速充电可能导致负极表面析出活性很高的金属锂,活性锂与电解液之间发生放热反应,导致电池异常产热,甚至自燃。

中国汽车动力蓄电池产业创新联盟根据事故分析发现,引发事故的大部分原因是电池内部出现的问题引发了电池热失控。当前,电动大客车很少用三元锂材料的电池,因为大客车的电池组必须做热失控试验,这是强制性要求,而三元锂材料的电池不能通过热失控试验。

中国科学技术大学的研究成果表明,电池热失控扩散基本特征如下:一是火焰辐射和电池接触传热;二是火焰冲刷使电池侧面受热,引发电池着火、阴燃和爆炸等无规律性火蔓延现象。

因此,国内外权威研究机构的研究成果一致认为,现有锂离子电池的热失控是电动汽车引发火灾的主要原因。

## 9.1.3　电动汽车发生火灾扑救难度大

由于电动汽车动力蓄电池存在热失控风险,一旦其发生火灾,扑救难度很大,甚至束手无策。试验表明,三元锂电池燃烧特性如下:

1)燃烧初期,电池温度快速上升,约 210s 电池温度达到约 100℃。

2)燃烧初期烟雾不明显,约 206s 烟雾急剧增加,迅速达到最高值,并趋于稳定。

3)燃烧初期,CO 浓度增加不明显,近 210s 其浓度急剧增加,然后产生大量的 CO,218s 左右开始稳定。

4)燃烧初期,火焰不明显,近 210s 火焰开始增加,约 205s 火焰急剧增加,呈现爆燃特征。

其他类型的动力蓄电池有类似的燃烧特性。因此,动力蓄电池发生火灾的特点如下:

1)电池内部发生化学反应,与外部无关,外部灭火效果不好,甚至灭不了火。

2)燃烧速度快,存在爆燃现象,极易造成火灾蔓延。

3）燃烧初期产生大量烟雾，可以采用感烟探测器报警。

4）燃烧 3.5min（210s）左右产生大量 CO，人有中毒风险。

5）产生大量烟雾到电池爆燃约 3.5min，这是人员疏散、火灾隔离的宝贵时间。

6）探测电池燃烧时的温度变化可以采用感温探测器，并可与感烟探测器配合使用，进行消防联动。

## 9.2　民用建筑充电设备消防设置的原则

### 9.2.1　设计依据和总体原则

因为在发展初期的电动汽车消防问题尚需要研究，但工程还需要设计、建设，目前采用"大原则+建议细则"的方式。"大原则"指的是国家相关标准、规范，尽管现在这些标准尚没有完全涵盖充换电设施系统的内容，但从长远看标准会逐渐修订、完善。"建议细则"是团体标准、地方标准和国家标准图集中的具体、细节性要求，弥补现行国家标准的空缺和不足。

因此，配建充电设施的汽车库、停车场的分类、耐火等级和消防设施等要求应符合现行国家标准 GB 50016—2014《建筑设计防火规范》、GB 50067—2014《汽车库、修车库、停车场设计防火规范》和 GB 50116—2013《火灾自动报警系统设计规范》等的规定。建议设计说明中尽可能列全现行相关标准和规范。

对于建筑物内的充电设施应与建筑物统一进行消防设计，因为建筑物内的充电设施是建筑物内的一种用电设备，充电场所是建筑物不可分割的组成部分，理应根据建筑整体情况统一进行消防设计。

建筑红线内的室外充电设施建议就近与建筑物共用消防设施；当无法共用时，应单独设消防设施。

电池更换站应独立设置消防设施，相关内容可参阅本书 5.2 节。

### 9.2.2　充换电设施防火要求

（1）额定功率大于 7kW 的充电设备设置要求

T/ASC 17–2021《电动汽车充换电设施系统设计标准》规定，除充电站、电池更换站及独立建造的停车库外，额定功率大于 7kW 的电动汽车充电设备不应设在建筑物内。

正如 9.1 节所述，基于目前电动汽车动力蓄电池的现状，动力蓄电池的安全性有待提高。大电流充电时，电池发生火灾危险性增大，其着火后又难以扑灭。为保护建筑物内人员生命安全，减少财产损失，限定充电设备功率是必要的。我国标准的交流充电桩额定功率为 7kW，额定电流约 32A，便于与产品标准协调、配合。

DBJ 46–041—2019《海南省电动汽车充电设施建设技术标准》中也有类似规定，其中第 7.0.8 条规定，设置在汽车库的充电设施，不应使用功率大于 7kW 的充电设备。

（2）额定功率不大于 7kW 的充电设备设置要求

T/ASC 17–2021《电动汽车充换电设施系统设计标准》规定，额定功率不大于 7kW 的电动汽车充电设备可设置在建筑物内部首层、地下一层及外墙敞开式多层停车库首层，但应符合下列规定：

1）建筑物地下汽车库应设置防火单元，防火单元宜集中设置，每个防火单元内充电车位数量应符合国家相关标准的规定。防火单元确定的原则可按照 GB/T 51313—2018《电动汽车分散充电设施工程技术标准》执行，广东省标准 DBJ/T 15–150—2018《电动汽车充电基础设施建设技术规程》、DBJ 46–041—2019《海南省电动汽车充电设施建设技术标准》均有防火单元的概念。设置防火单元的目的是一旦发生火灾，将火灾控制在一定可控的范围内。防火单元内充电车位数量太多，如果发生火灾，控制火情的难度加大，甚至会出现火灾失控现象，造成更大的损失。防火单元详见本书 9.3 节。

2）防火单元出入口不应正对车辆。消防部门试验研究表明，电动汽车的蓄电池在火灾时会在短时间内发生爆燃，因此，防火单元出入口不正对车辆是为了防止车辆爆燃产生的冲击直接冲向防火单元。

3）防火单元内每个充电车位顶部应至少设置一只感烟火灾探测器。电池发生火灾，由于其内部化学反应，火灾发展速度非常快，但火灾初期产生大量烟雾，每个充电车位顶部至少设置一只感烟火灾探测器，有助于快速、准确报警，及时进行人员疏散和处置火灾事故。

4）防火单元内行车通道上的防火卷帘应由火灾自动报警系统联动控制。当火灾发生时，防火单元内任两只独立的感烟火灾探测器或任一只防火卷帘专用感烟火灾探测器的报警信号应联动控制防火卷帘下降至距地面 1.8m 处；任一只防火卷帘专用感温火灾探测器的报警信号应联动控制防火卷帘下降到地面；在防火卷帘两侧应设置由消防救援人员现场手动控制其开闭的装置。

如上所述，基于消防权威部门的研究，电动汽车动力蓄电池一旦着火会产生爆燃，火灾迅速蔓延，扑救难度很大，危及人身和财产安全。

参考标准 GB 50067—2014《汽车库、修车库、停车场设计防火规范》第 9.0.7 条规定，除敞开式汽车库、屋面停车场外，下列汽车库、修车库应设置火灾自动报警系统：①Ⅰ类汽车库、修车库；②Ⅱ类地下、半地下汽车库、修车库；③Ⅱ类高层汽车库、修车库；④机械式汽车库；⑤采用汽车专用升降机作汽车疏散出口的汽车库。

（3）别墅车库充电设备设置要求

额定功率不大于 7kW 的电动汽车充电设备可设置在别墅车库内，但应在车库内设置感烟火灾探测器，并应连接火灾声警报器；车库进入居室的门应采用丙级防火门。

因此，别墅车库设置的充电设备归纳如下：

1）额定功率不大于 7kW。限制充电设备容量也即限制充电电流，这样相对安全。

2）车库内设置感烟火灾探测器，报警有助于人员疏散和处置火情。

3）感烟火灾探测器连接火灾声警报器。

4）车库与居室之间采用丙级防火门，将火灾分隔开，避免或延迟火灾进入居室。根据国家标准 GB 12955—2008《防火门》规定，丙级防火门耐火隔热性、耐火完整性均不低于 0.5h，代号 A0.50，可以满足规模不大、层数较少的别墅类项目的需要。

图 9-3 为双拼别墅充电桩布置示例，交流充电桩壁挂式安装在车库侧墙上，车库后墙上有一道门通向居室，此门采用丙级防火门，具有一定的耐火隔热性能。

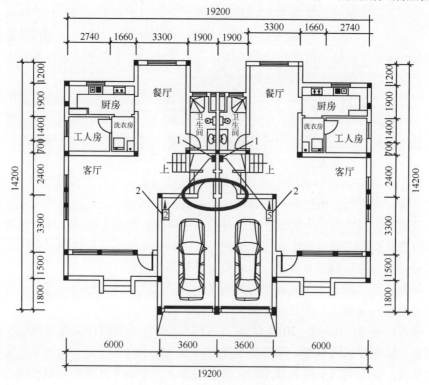

图 9-3  双拼别墅充电桩布置示例

1—户配电箱  2—交流充电桩壁挂式安装

（4）其他要求

1）电动汽车充电车位所在区域严禁通过燃油、燃气和蒸汽压力管道，避免扩大火情。

2）电动汽车充电车位所在区域应便于消防救援人员开展消防救援工作。发生火灾后，消防救援是基本要求，消防救援车辆不能抵达，救援无从谈起。因此，消防救援车辆抵达后应能实施有效灭火救援。

3）建筑物内的电动汽车充电设备，其配电箱内接线端子处应设置测温式电气火灾监控探测器，并应采用燃烧性能不低于 B1 的阻燃线缆。

配电箱指直接为充电设备供电的末端配电箱，线缆为末端配电箱至充电设备的线缆。电动汽车充电设备在充电时电流大，不充电时没有电流，久而久之会造成接线端子处连接松动，引起发热。因此充电设备配电箱内接线端子处是主要的火灾隐患处。

我国对电气火灾监控有比较完善的标准体系，国家标准 GB 14287《电气火灾监控系统》系列标准逐渐完善，见表 9-3，表中还列出与本书相关的章节，方便读者使用。

**表 9-3　GB 14287《电气火灾监控系统》系列标准**

| 标准编号 | 标准名称 | 实施时间 | 本书相关章节 |
| --- | --- | --- | --- |
| GB 14287.1—2014 | 电气火灾监控系统 第 1 部分：电气火灾监控设备 | 2015 年 6 月 1 日 | 第 6、9 章 |
| GB 14287.2—2014 | 电气火灾监控系统 第 2 部分：剩余电流式电气火灾监控探测器 | 2015 年 6 月 1 日 | 6.3 节 |
| GB 14287.3—2014 | 电气火灾监控系统 第 3 部分：测温式电气火灾监控探测器 | 2015 年 6 月 1 日 | 9.2 节 |
| GB 14287.4—2014 | 电气火灾监控系统 第 4 部分：故障电弧探测器 | 2015 年 6 月 1 日 | |

说到电气防火限流保护器，上海地方标准中首先尝试使用，详见本书 9.2.3 节。

4）建筑物内的电动汽车充电设备，其配电保护电器应设置分励脱扣，火灾时应联动切除电源。

图 9-4 为消防时利用分励脱扣器切除非消防负荷（简称"切非"，下同）控制原理图。配电保护电器设分励脱扣器是为了在火灾时"切非"使用，分励脱扣器可以设在总保护电器处，也可设在电动汽车充电设备配电保护电器处。"切非"时通常采用 DC 24V 消防有源信号（即消防电源）使分励脱扣线圈通电，导致断路器跳闸，分断电源，起到"切非"的作用。因此，此方法是最简单、可靠的"切

非"措施,被广泛使用。但是,需要说明和注意几点。

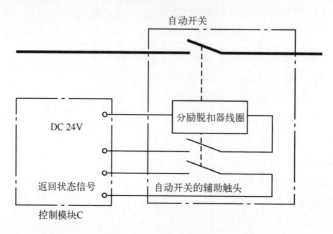

图9-4 "切非"原理图

1)分励脱扣器线圈不能长时间通电,否则会有烧毁分励脱扣器线圈风险,因此需在其控制回路里串接一个触头,随断路器一起分合,断路器分断后同时切断分励脱扣线圈电源。

2)分励脱扣器线圈有交流和直流之分,且有不同的额定电压,因此在工程设计时需选择合适的电压等级。

3)消防"切非"采用DC 24V电源,线路长度有限制要求,请参阅国家标准图集19DX 101–1《建筑电气常用数据》相关内容。一般而言,为保证可靠"切非",1.5mm$^2$的铜芯导线长度不要超过150m,2.5mm$^2$的铜芯导线长度不要超过250m。如果导线太长,则可采用AC 230V的分励脱扣器,消防系统提供的DC 24V电源通过中间继电器转换,用中间继电器动合触头接通分励脱扣器线圈回路,起到"切非"的作用。

分励脱扣器型号及参数见表9-4~表9-6。

表9-4　分励脱扣器型号及参数(一)

| 型号 | 分励脱扣器 |
| --- | --- |
| 所配合使用的断路器型号 | MB1、MB2系列小型断路器,但两类分励脱扣器外形尺寸不一样 |
| 安装位置 | MB1安装在断路器的右侧;MB2安装在其左侧 |
| 接线能力 | 2.5mm$^2$,双线1.5mm$^2$ |
| 技术参数 | AC 230V,50/60Hz;DC 24V |

注:本表系根据贵州泰永长征技术股份有限公司相关资料编制。

**表 9-5　分励脱扣器型号及参数（二）**

| 型号 | | FFT1/A-B C D | | | |
|---|---|---|---|---|---|
| 代号含义 | A | 所配合使用的断路器型号，CM3、CM3E、CM3L、CM3DC | | | |
| | B | 壳架电流，与所配断路器壳架电流一致 | | | |
| | C | 安装位置，安装在断路器的左侧或右侧 | | | |
| | D | 无代号为直接导线引出，D 为带端子排，通过端子排接线 | | | |
| 技术参数 | | AC 230V、400V，50/60Hz；DC 220V、24V | | | |

注：本表系根据常熟开关制造有限公司相关资料编制。

**表 9-6　分励脱扣器型号及参数（三）**

| 型号 | 认证 | 额定电压 $U_e$/V | 频率/Hz | 工作电流 | 触点数 |
|---|---|---|---|---|---|
| iMX | CE | 12～24/48/100～415/110～130 | 50/60 | 工作电压≤AC 230V 时，6A；工作电压≤AC 400V 时，3A | — |
| iMX + iOF | CCC/CE | 12～24/48/100～415/110～130 | 50/60 | 工作电压为 DC 12～24V 时，最小 10mA，最大 6A；工作电压 DC 48V 时，2A；工作电压≤DC 130V 时，1A；工作电压≤AC 240V 时，6A；工作电压 AC 415V 时，3A | 1 |

注：1. 无论是塑壳断路器还是塑壳剩余电流断路器，分励脱扣器都是一样的。

　　2. 对于微型断路器，分励线圈附件都可拼装在所有微型断路器的左侧，安装分励线圈开关的整体宽度增加了两个模数（18mm 宽）。

　　3. 本表根据施耐德电气（中国）有限公司相关资料编制而成。

## 9.2.3　电池更换站充电间的防火要求

本书所述电池更换站充电间包括电池充电间、换电间、电池检测与维护室以及电池储存间等场所。

（1）早期报警

电池更换站充电间应设置吸气式高灵敏度感烟火灾探测器，其火灾报警信号应传至有人值班的值班室或控制室。吸气式高灵敏度感烟火灾探测器可早期发现火情，便于及时采取应对措施。GB 15631—2008《特种火灾探测器》给出吸气式高灵敏度感烟探测器的响应阈值，即 $m \leqslant 0.8$ %obs/m，见表 9-7。

**表 9-7　探测器响应阈值**

| 探测器灵敏度 | 响应阈值 $m$（用减光率标准） |
|---|---|
| 高灵敏 | $m \leqslant 0.8\%obs/m$ |
| 灵敏 | $0.8\%obs/m < m \leqslant 2\%obs/m$ |
| 普通 | $m > 2\%obs/m$ |

当探测器的响应阈值在表 9-7 中两个及以上区间可调时，应有响应阈值所在区间指示，并满足相应要求。

（2）电气防火限流式保护器

充电设备的配电回路应设置电气防火限流式保护器。因为电气防火限流式保护器可有效防止电池在充电过程中发生短路或长时间过电流，切断时间为微秒级，但该款产品不能代替断路器使用。上海市地方标准 DGJ 08–2048—2016《民用建筑电气防火设计规程》早有相关条款，具有一定应用经验。

电气防火限流式保护器能够对电气短路电流实现快速限流保护，动作时间为微秒级，实现快速限流保护功能。电气防火限流式保护器的短路保护小于 150μs，实现限电流保护；过电流保护具有过电流预警、过电流限流功能；过热保护具有机内温度超温限流功能；该装置还具有多机组网，具有远程监控管理功能。电气防火限流式保护器限流原理如图 9-5 所示。

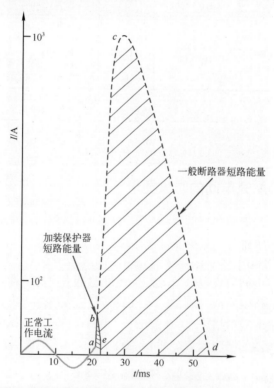

图 9-5　电气防火限流式保护器限流原理

电气防火限流式保护器采用高性能功率场效应晶体管，属于固态电子开关，具有无触点、无飞弧、快速和长寿命等特点。电气防火限流式保护器的技术参数见表 9-8。

表 9-8  电气防火限流式保护器的技术参数

| 类别 | 指　标 | 参　数 | 默认值 |
|---|---|---|---|
| 额定值 | 额定电压 $U_0$/V | AC 220×(1±10%)，50Hz | |
| | 额定电流 $I_e$/A | 10、16、20、32、40、63 | |
| 限流保护 | 短路保护动作时间/μs | <150 | |
| | 过电流限流保护 | (110%～140%)$I_e$ 可调 | 113% |
| | 过电流保护动作时间/s | 3～20 可预设 | 3 |
| | 欠电压保护 | (60%～95%)$U_0$ 可调 | 80% $U_0$ |
| | 过电压保护 | (110%～120%)$U_0$ 可调 | 120% $U_0$ |
| | 漏电快速限流保护/mA | 10～50 可调 | 30 |
| | 机内超温保护/℃ | 60～85 可调 | 75 |
| 报警/通信 | 报警方式 | 声光报警、远程报警 | |
| | 数据通信 | 内置 NB-Lot 或 4G-LTE，RS 485 | |
| | 故障记录长度/条 | 999 | |
| 使用环境 | 环境温度/℃ | −10～40 | |
| | 相对湿度 RH（%） | ≤90 | |
| | 大气压力/kPa | 86～106 | |
| 其他要求 | 无腐蚀性、无剧烈振动、无粉尘和无水溅场所 | | |

注：本表根据上海诚佳电子科技有限公司相关资料编写而成。

再次强调，电气防火限流式保护器不能代替短路保护电器（SCPD），须与 SCPD 配合使用，其额定电流应与其前一级断路器的脱扣器整定值保持一致。

参考标准 DGJ 08-2048—2016《民用建筑电气防火设计规程》，5.4.8 电气防火限流式保护器应符合下列规定：①应满足现行国家标准 GB 14287.4—2014《电气火灾监控系统 第 4 部分：故障电弧探测器》中的相关规定；②应设置在末端配电箱的进线开关下侧，其额定电流值应与进线回路保护开关一致；③租售式商场商铺、批发市场、集贸市场和甲乙丙类危险品库房等场所的末端配电箱应设置电气防火限流式保护器；④幼儿园、老年人建筑、集体宿舍及电动车充电站等场所的末端配电箱宜设置电气防火限流式保护器。

（3）监控要求

充电设备应有充电电流、充电电压和电池温度监控，当参数不正常时，应发出报警信号，且报警信号应传至有人值班的场所。电动汽车充电期间，电池温度控制对电池安全充电极为重要，也是防止锂离子电池热失控的有效手段，建议对电池正极温度进行监控。监控系统详细内容参见本书第 8 章。

（4）通风要求

室内充电区域应设置可燃气体探测报警系统及其联动的机械通风系统。主要为防止电池充电过程中产生的可燃气体达到爆炸浓度。可燃气体达到一定浓度时，应发出报警信号，并联动机械通风。如第 1 章所述，目前电动汽车主要采用三元锂电池、磷酸铁锂电池，在充电过程中不会产生可燃气体。但现在有些充电桩带有三孔插座，为电动车（电动自行车、电动摩托车等）提供充电电源，而相当一部分的电动车采用铅酸电池，其在充电过程中会产生氢气。

（5）其他要求

1）室内照明不应使用热辐射光源。热辐射光源（如卤钨灯等）发热量较大，有火灾风险。现在光源有多种，选择余地较大，完全可以替代热辐射光源，详见表 9-9。

**表 9-9　典型光源的性能对比**

| 特性类别 | 性能对比 | | | | |
|---|---|---|---|---|---|
| | LED | 三基色荧光灯 | 白炽灯 | 卤钨灯 | 金属卤化物灯 |
| 功率/W | 最大达 1650 | 28～32 | 10～1500 | 60～5000 | 35～3500 |
| 光效/（lm/W） | >200（商品化） | 93～104 | 7.3～25 | 14～30 | 52～130 |
| 一般显色指数 $R_a$ | 60～99 | 80～98 | 95～99 | 95～99 | 65～90 |
| 相关色温/K | 全系列 | 全系列 | 2400～2900 | 2800～3300 | 3000/4500/5600 三档 |
| 频闪比 | 不严重 | 电子镇流器不严重 | 无 | 无 | 较严重 |
| 电压特性 | 宽泛的电压范围，且光输出稳定 | 电压变化对光输出影响较大 | 电压变化对光输出影响较大 | 电压变化对光输出影响较大 | 电压变化对光输出影响很大 |
| 启动特性 | 启动时间短 | 电子镇流器：≥0.4s | 瞬时 | 瞬时 | 启动时间长，300～600s |
| 冲击特性 | 十几倍甚至几十倍的峰值电流 | | 冷态时约 10 倍 | 冷态时约 10 倍 | 冷态时，不足 2 倍，最大 2.5 倍 |
| 谐波特性 | 25W 以上较小 | 25W 以上较小 | 无 | 无 | 相对偏大 |
| 调光特性 | 非常容易实现调光 | 配可调光镇流器 | 易调光 | 易调光 | 难度大，大容量不可调 |
| 调色特性 | 非常容易实现调色 | 不可 | 不可 | 不可 | 不可 |
| 熄弧特性 | 无弧可熄 | 无 | 无 | 无 | 熄弧时间约 0～20min |
| 节能 | ☆☆☆☆ | ☆☆☆ | 耗能大 | 耗能较大 | ☆☆☆ |
| 平均寿命/h | 25000～50000 | 12000～15000 | 1000～2000 | 1500～2000 | 5000～10000 |
| FTP/(lx·h/W) | >7500000 | 1329750 | 24225 | 38500 | 682500 |

注：表中 FTP 为光源的综合能效（luminous Flux Time per Power），即在规定的使用条件下，光源的光衰曲线与使用时间围合的面积除以其所输入的功率，单位为 lx·h/W。详见《现代照明技术及设计指南》。

2）室内地面和电池存放架应做防静电处理，室内应具有环境温度监控设施。

## 9.3　防火单元的设置

本书第 3 章给出了防火单元的术语定义，即在建筑内部采用耐火极限不小于 2h 的防火隔墙或防火卷帘、防火分隔水幕，耐火极限不小于 2h 的楼板及其他防火分隔设施分隔而成，能在一定时间内延缓火灾向同一建筑的其余部分蔓延的局部空间。下面做进一步说明和解释。

### 9.3.1　防火单元的概念

防火单元的概念首先在广东省地方标准 DBJ/T 15–150—2018《电动汽车充电基础设施建设技术规程》中提出，该规程规定：

1）地下、高层汽车库的每个防火单元内停车数量应不超过 20 辆。

2）半地下、单层和多层汽车库的每个防火单元内停车数量应不超过 50 辆。

接着，国家标准 GB/T 51313—2018《电动汽车分散充电设施工程技术标准》给出具体要求，第 6.1.5 条，新建汽车库内配建的分散充电设施在同一防火分区内应集中布置。其中第 2 款规定，需设置独立的防火单元，每个防火单元的最大允许建筑面积应符合表 9-10 的规定，但该标准未给出防火单元的权威定义。

表 9-10　每个防火单元的最大允许建筑面积　　　　（单位：$m^2$）

| 耐火等级 | 单层汽车库 | 多层汽车库 | 地下汽车库或高层汽车库 |
|---|---|---|---|
| 一、二级 | 1500 | 1250 | 1000 |

按表 9-10 的要求，建筑物地下车库一般采用 8.4m×8.4m 柱距（设其为 1 块），一个柱距设 3 个车位，上限值 1000$m^2$ 意味着有 1000$m^2$/（8.4m×8.4m）≈14 块，按不同车位布置方式，停车位数量也不同，参见表 9-11。

表 9-11　不同车位布置方式下的停车位数量

| 车位布置方式 | 防火单元可利用块数 | 停车区域块数 | 停车位数量/个 | 行车道占用的块数 |
|---|---|---|---|---|
| 行车道两侧停车 | 12 | 8 | 2×4×3=24 | 4 |
| 行车道一侧停车 | 14 | 7 | 7×3=21 | 7 |

注：表中按小型车容量计算停车位和最大防火单元内的停车位数量。

显然同样防火单元上限值情况下，两侧停车布置利用率更高，比单侧停车多出 3 个车位。

海南省地方标准 DBJ 46–041－2019《海南省电动汽车充电设施建设技术标准》定义防火单元如下：防火单元是在防火分区内部采用防火隔墙、防火门、防火卷帘或防火分隔水幕分隔而成，能在一定时间内防止电动汽车火灾向同一防火分区的其余部分蔓延的局部空间。该标准除定义了防火单元，还进一步提出了防火间隔的理念，即在防火单元内部采用防火隔墙、防火门、防火卷帘、防火分隔水幕或防火隔离间距分隔而成，能在一定时间内防止电动汽车火灾向同一防火单元的其余部分蔓延的局部空间。该标准规定相关内容如下：

1）防火间隔设置在相应防火单元内。防火隔墙、防火卷帘、防火分隔水幕与防火隔离间距应将防火间隔内的车位完全包围。

2）当防火间隔内的车位单排布置时，每个防火间隔内停车数量不应超过 12 辆；当防火间隔内的车位为双排及以上布置时，每个防火间隔内停车数量不应超过 24 辆。

3）设置在汽车库的充电设施，不应使用功率大于 7kW 的充电设备。

### 9.3.2　防火单元的实质

防火单元的实质是将电动汽车充电车位围合在一定的空间内，一旦电动汽车充电过程中发生火灾，影响面、损失可控。建筑物中设置防火单元是由电动汽车动力蓄电池特性所决定的。

为了便于理解防火单元的概念，下面用图示说明防火单元。

如上所述，通常情况地下车库的柱距约 8.4m，可以设 3 个车位。两侧停车地下车库如图 9-6 所示。

图 9-6　两侧停车地下车库

图示中的防火单元隔墙需满足标准要求，不同标准要求的耐火极限略有区别，请参阅本节 9.3.1 节相关内容。本例采用两侧停车。地下车库防火单元隔墙示意如图 9-7 所示。

图 9-7　地下车库防火单元隔墙示意

楼板作为防火单元的组成部分，也需要达到一定的耐火极限要求。地下车库防火单元上下楼板示意如图 9-8 所示。

图 9-8　地下车库防火单元上下楼板示意

防火卷帘门也是防火单元的重要组成部分，通常设在行车道上，平时卷上，不影响行车；火灾时卷帘门落下，与隔墙、上下楼板组成防火单元空间，将火灾控制在防火单元内。地下车库防火卷帘门示意如图 9-9 所示。

防火单元的防火卷帘门或防火卷帘+水喷淋也需满足标准要求的耐火极限

图 9-9　地下车库防火卷帘门示意

通过图示，可以直观地了解防火单元的组成部分和设置要求，便于工程应用。防火单元围合的各个部分不能有短板，否则会出现木桶效应，达不到既定的目标。

## 9.4　对相关专业的要求

消防涉及各个专业，相关要求参见第 11 章，本节不再赘述。11.1 节为对建筑专业的要求；11.2 节为对结构专业的要求；11.3 节是对给排水专业的要求；11.4 节是对暖通专业的要求；11.5 节是对照明等专业的要求；11.6 节是对标志标识等专业的要求。

# 第 10 章 防雷与接地

## 10.1 防雷设计

### 10.1.1 设计依据

电动汽车充换电设施系统的防雷设计依据是标准和法规，主要有但不局限于如下标准和文件：GB 50343—2012《建筑物电子信息系统防雷技术规范》；GB 50057—2010《建筑物防雷设计规范》；GB 50601—2010《建筑物防雷工程施工与质量验收规范》；QX/T 247—2014《防雷工程文件归档整理规范》；GB 51348—2019《民用建筑电气设计标准》；DB43/T 1431—2018《电动汽车充电站防雷技术规范》；《2013 年防雷减灾管理办法》。

### 10.1.2 做法

充换电设施的防雷与接地、设备配电装置的电涌保护器设置应符合现行国家规范 GB 50057—2010《建筑物防雷设计规范》等标准的规定，这是总体原则，也是基本要求。但是，室外远离建筑物的充电设施系统可以参考相关标准。

充电设施在建筑内时，其防雷要充分利用建筑物的防雷措施。

对于安装在室外的充换电设施，距离建筑物较近时，可利用建筑物的防雷措施进行保护；对于安装在空旷场地的充电设施，可参考相关标准。

国家标准图集 18D 705–2《电动汽车充电基础设施设计与安装》给出了有雨棚的室外充电设施的防雷做法，如图 10-1 所示。为充电设备设置雨棚的做法值得提倡，欧美国家室外充电设备基本都带雨棚。

充电设备金属外壳接地连接片规格及做法详见国家标准图集 14D 504《防雷与接地 接地装置安装》的做法，如图 10-2 所示。

### 10.1.3 SPD 的设置

当充电设备总配电箱（柜）的供配电线路直接穿过 LPZ0 区和 LPZ1 区界面时，总配电箱（柜）处应装设 I 级试验的电涌保护器（SPD）；直接穿过 LPZ1 区和 LPZ2 区界面时，应装设 II 级试验的电涌保护器（SPD）。具体要求见表 10-1。

第 8 章所述的监控系统和计量计费系统会用到电信和信号网络，其所用的 SPD 分类见表 10-2。各种 SPD 分类详见表 10-3。

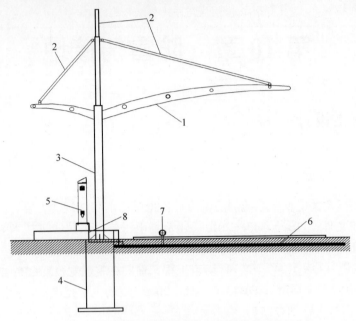

图 10-1　有雨棚的室外充电设施的防雷做法

1—雨棚　2—接闪器　3—防雷引下线　4—接地极　5—充电设备

6—均衡网/均衡带　7—金属车挡　8—$\phi10$ 圆钢

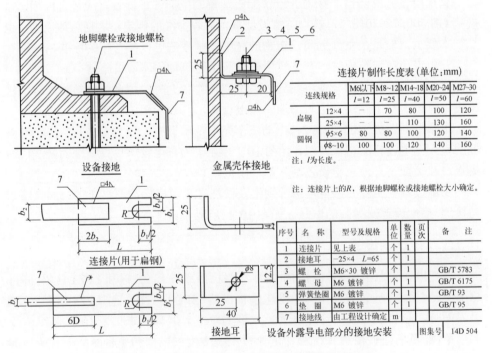

连接片制作长度表（单位：mm）

| 连线规格 | | M6以下 $l=12$ | M8~12 $l=25$ | M14~18 $l=40$ | M20~24 $l=50$ | M27~30 $l=60$ |
|---|---|---|---|---|---|---|
| 扁钢 | 12×4 | — | 70 | 80 | 100 | 120 |
| | 25×4 | — | — | 110 | 130 | 160 |
| 圆钢 | $\phi5×6$ | 80 | 80 | 100 | 120 | 140 |
| | $\phi8~10$ | 100 | 100 | 120 | 140 | 160 |

注：$l$ 为长度。

注：连接片上的 $R$，根据地脚螺栓或接地螺栓大小确定。

| 序号 | 名　称 | 型号及规格 | 单位 | 数量 | 页次 | 备　注 |
|---|---|---|---|---|---|---|
| 1 | 连接片 | 见上表 | 个 | 1 | | |
| 2 | 接地耳 | −25×4　L=65 | 个 | 1 | | |
| 3 | 螺栓 | M6×30 镀锌 | 个 | 1 | | GB/T 5783 |
| 4 | 螺母 | M6 镀锌 | 个 | 1 | | GB/T 6175 |
| 5 | 弹簧垫圈 | M6 镀锌 | 个 | 1 | | GB/T 93 |
| 6 | 垫圈 | M6 镀锌 | 个 | 1 | | GB/T 95 |
| 7 | 接地线 | 由工程设计确定 | m | | | |

设备外露导电部分的接地安装　　图集号 14D 504

图 10-2　充电设备金属外壳接地连接片规格及做法

**表 10-1　低压配电系统中 SPD 的分类**

| 低压配电系统设施 | | 强雷区 | 多雷区 | 中雷区 | 少雷区 |
|---|---|---|---|---|---|
| 供配电系统 | 变压器低压侧第一级配电柜① | A | | C | D |
| | 充电主机配电箱 | B | | C | D |
| | 充电桩配电柜 | | | | |
| | 充电桩就地配电箱 | | | | |
| 监控及管理系统 | 外场监控设备配电箱 | B | | C | D |
| | 监控总（分）中心机房配电箱 | D | | | |
| 通信系统 | 通信机房配电箱 | D | | | |

① 既适用于充电设施专用变压器，也适用于共用变压器。

**表 10-2　监控系统用 SPD 的分类**

| 低压配电系统设施 | | 强雷区 | 多雷区 | 中雷区 | 少雷区 |
|---|---|---|---|---|---|
| 充电站监控系统 | 网络、数据控制系统 | E 类 | | F 类 | |
| | 视频传输系统 | | | | |
| 计量系统 | 网络、数据控制系统 | | | | |
| | 视频传输系统 | | | | |

**表 10-3　SPD 的类型和安装位置**

| 类别 | SPD 类型 | 安装位置 |
|---|---|---|
| A 类 | 选用 I 级分类试验 SPD（T1） | 安装在强雷区、多雷区的 LPZ0A 或 LPZ0B 与 LPZ1 的交界处的充电设施低压配电进线柜处 |
| B 类 | 选用 I 级分类试验 SPD（T1）加 II 级分类试验 SPD（T2）组合 | 安装在强雷区、多雷区的 LPZ0A 或 LPZ0B 与 LPZ1 的交界处，同时又处于充电设备前端的电源进线端 |
| C 类 | 选用 II 级分类试验 SPD（T2） | 安装在中雷区的 LPZ0A 或 LPZ0B 与 LPZ1 的交界处的电源进线柜，安装在 LPZ1 内和 LPZ1 与 LPZ2 交界处的电源进线端 |
| D 类 | 选用 II 级分类试验 SPD（T2） | 安装在少雷区的 LPZ0A 或 LPZ0B 与 LPZ1 的交界处的电源进线柜，安装在 LPZ1 内和 LPZ1 与 LPZ2 交界处的电源进线端 |
| E 类 | 选用 D1 类 SPD | 安装在强雷区、多雷区的 LPZ0A 或 LPZ0B 与 LPZ1 的交界处 |
| F 类 | 选用 C2 类 SPD | 安装在中雷区、少雷区的 LPZ0A 或 LPZ0B 与 LPZ1 的交界处或 LPZ1 与 LPZ2 的交界处 |

表 10-3 中，雷区等级划分可参阅 GB 50343—2012《建筑物电子信息系统防雷技术规范》，其中第 3.1.3 规定，按年平均雷暴日数、地区雷暴日等级宜划分为少雷区、中雷区、多雷区和强雷区，见表 10-4。

表 10-4 雷区等级

| 雷区等级 | 年平均雷暴日/天 | 举例城市 |
|---|---|---|
| 少雷区 | ≤25 | 上海、济南、郑州、兰州、西安、银川、乌鲁木齐、大连、青岛 |
| 中雷区 | 25～40（含） | 北京、天津、重庆、石家庄、太原、呼和浩特、沈阳、长春、哈尔滨、南京、杭州、合肥、武汉、成都、西宁、宁波、厦门 |
| 多雷区 | 40～90（含） | 福州、南昌、长沙、广州、南宁、贵阳、昆明、拉萨 |
| 强雷区 | >90 | 海口 |

注：1. 本表根据 GB 50343—2012《建筑物电子信息系统防雷技术规范》相关条文编制而成，举例城市系根据该规范附录 F 全国主要城市年平均雷暴日编制，雷暴日数据引自中国气象局雷电防护管理办公室 2005 年发布的资料，不包含港澳台地区城市数据。

2. 对于少雷区，不同标准要求不同，例如 GB/T 50064—2014《交流电气装置的过电压保护和绝缘配合设计规范》定义少雷区为平均年雷暴日数不超过 15 天或地面落雷密度不超过 0.78 次/(km² • a)的地区。

## 10.2 接地

### 10.2.1 低压系统接地形式

低压系统宜采用 TN–S、TN–C–S 接地形式，室外也可采用 TT 接地形式。当光伏充电时，可采用 IT 接地形式，并宜设置绝缘监测器（IMD）。

当电动汽车充电设备在建筑物内或建筑物附近时，建议采用 TN–S 接地形式；当充电设备离建筑物较远时，可采用 TN–S 或 TT 接地形式。

### 10.2.2 接地装置

关于电动汽车充电设施系统的接地装置，需满足下列要求。

1）充换电设施的工作接地、保护接地和防雷接地应共用接地装置，共用接地的接地电阻值应取建筑物各系统接地电阻的最小值。相关接地电阻值参见表 10-5。

表 10-5 相关接地电阻值一览表

| 接地类型 | 关键词 | 接地电阻值相关标准条文 | 来源 |
|---|---|---|---|
| 建筑物共用接地装置 | 1Ω | 建筑物宜采用共用接地装置，其接地电阻值应符合各系统中最低电阻值的要求。当无相关资料时，取值不应大于 1Ω | GB 51204—2016《建筑电气工程电磁兼容技术规范》 |
| 高频电子系统和设备的共用接地体 | 1Ω | 当高频电子系统和设备采用共用接地体时，其接地电阻值应符合设计要求，且不应大于 1Ω。当共用接地装置的接地电阻值达不到设计要求时，应设置辅助接地阵列 | |

（续）

| 接地类型 | 关键词 | 接地电阻值相关标准条文 | 来源 |
|---|---|---|---|
| 第一类防雷建筑外部防雷的接地装置每根引下线的冲击接地电阻 | 10Ω | 外部防雷的接地装置应围绕建筑物敷设成环形接地体，每根引下线的冲击接地电阻不应大于 10Ω，并应和电气和电子系统等接地装置及所有进入建筑物的金属管道相连，此接地装置可兼作防闪电感应接地之用 | |
| 第二类防雷建筑每根专设引下线的冲击接地电阻 | 10Ω | 共用接地装置的接地电阻应按 50Hz 电气装置的接地电阻确定，不应大于按人身安全所确定的接地电阻值。在土壤电阻率不大于 3000Ω·m 时，外部防雷装置的接地体符合下列规定之一以及环形接地体所包围面积等效圆半径不小于所规定值时，可不计及冲击接地电阻；但当每根专设引下线的冲击接地电阻不大于 10Ω 时，可不按本条第 1、2 款敷设接地体 | GB 50057—2010《建筑物防雷设计规范》 |
| 第三类防雷建筑每根专设引下线的冲击接地电阻 | 30Ω | 共用接地装置的接地电阻应按 50Hz 电气装置的接地电阻确定，不应大于按人身安全所确定的接地电阻值。在土壤电阻率不大于 3000Ω·m 时，外部防雷装置的接地体当符合下列规定之一以及环形接地体所包围面积的等效圆半径不小于所规定的值时可不计及冲击接地电阻；当每根专设引下线的冲击接地电阻不大于 30Ω，但对本规范第 3.0.4 条第 2 款所规定的建筑物不大于 10Ω 时，可不按本条第 1 款敷设接地体 | |
| 第一类防雷文物建筑冲击接地电阻 | 10Ω | 接地装置的冲击接地阻值应符合下表要求。<br><br>表格见下 | QX 189—2013《文物建筑防雷技术规范》 |
| 第二、三类防雷文物建筑冲击接地电阻 | 30Ω | | |

接地装置的冲击接地阻值应符合下表要求。

| 文物建筑防雷类别 | 第一类 | 第二类 | 第三类 |
|---|---|---|---|
| 冲击接地电阻/Ω | ≤10 | ≤30 | ≤30 |

| 接地类型 | 关键词 | 接地电阻值相关标准条文 | 来源 |
|---|---|---|---|
| 安全防范系统接地电阻值 | 4Ω、10Ω 和 20Ω | 安全防范系统的接地母线应采用铜导体，接地端子应有接地标识。采用共用接地装置时，共用接地装置电阻值应满足各种接地最小电阻值的要求。采用专用接地装置时，专用接地装置电阻值不应大于 4Ω；安装在室外前端设备的接地电阻值不应大于 10Ω；在高山岩石的土壤电阻率大于 2000Ω·m 时，其接地电阻值不应大于 20Ω | GB 50348—2018《安全防范工程技术标准》 |
| 配电变压器中性点的接地电阻 | 4Ω | 低压系统中，配电变压器中性点的接地电阻不宜超过 4Ω。高土壤电阻率地区，当达到上述接地电阻值困难时，可采用网格式接地网，但应满足本规范第 12.6.1 条的要求 | |
| 低压线路重复接地网的接地电阻 | 10Ω、30Ω | 低压线路每处重复接地网的接地电阻不应大于 10Ω。在电气设备的接地电阻允许达到 10Ω 的电力网中，每处重复接地的接地电阻值不应超过 30Ω，且重复接地不应少于 3 处 | |
| 电子设备接地电阻 | 4Ω、1Ω | 除另有规定外，电子设备接地电阻值不宜大于 4Ω。电子设备接地宜与防雷接地系统共用接地网，接地电阻不应大于 1Ω。当电子设备接地与防雷接地系统分开时，两接地网的距离不宜小于 10m | JGJ 16—2008《民用建筑电气设计规范》 |
| 大、中型电子计算机接地系统 | 4Ω、1Ω | 1）电子计算机应同时具有信号电路接地、交流电源功能接地和安全保护接地等三种接地系统；该三种接地的接地电阻值均不宜大于 4Ω。电子计算机的信号系统，不宜采用悬浮接地。<br>2）电子计算机的三种接地系统宜共用接地网。当采用共用接地方式时，其接地电阻值应以诸种接地系统中要求接地电阻最小的接地电阻值为依据。当与防雷接地系统共用时，接地电阻值不应大于 1Ω | |

（续）

| 接地类型 | 关键词 | 接地电阻值相关标准条文 | 来源 |
|---|---|---|---|
| 综合布线系统接地电阻 | 4Ω、1Ω | 当综合布线采用屏蔽布线系统时，必须有良好的接地系统，保护接地的接地电阻值单独设置接地体时，不应大于 4Ω；采用共用接地网时，不应大于 1Ω | JGJ 16—2008《民用建筑电气设计规范》 |
| 电子信息系统接地电阻 | 1Ω | 电子信息系统宜采用共用接地网，其接地电阻应符合相关各系统中最低电阻值的要求。当无相关资料时，可取值不大于 1Ω | |
| 体育建筑智能化系统接地电阻 | 1Ω | 接地宜采用联合接地，接地电阻值应小于 1Ω。当采用独立接地时，接地电阻值应符合有关规范或所配置设备的要求 | JGJ/T 179—2009《体育建筑智能化系统工程技术规程》 |

2）户内安装的充电设备应利用建筑物的接地装置接地；靠近建筑物户外安装的充电设施宜与就近的建筑共用接地装置；距离建筑物较远的室外电动汽车充换电设施宜单独接地。

上述距离建筑物"较远"和"较近"可根据建筑物外轮廓或其地下室外墙 20m 为判据，超过 20m 为"较远"，否则为"较近"。

### 10.2.3 其他

1）建议低压配电线路全线采用电缆直接埋地或穿管敷设，包括从建筑引出电源至室外充电车位处。

2）充电设备及其供配电系统线路的接地线、屏蔽层、穿线钢管、电缆沟的钢筋、金属管道、电缆金属铠装层和雨棚金属构件等宜就近做等电位联结。

3）预装式换电站的金属构架、电池存放架和金属外壳等应可靠连接并接地。

图 10-3 为北京某预装式电池更换站接地实景，沿着电池更换站周围敷设镀锌扁钢，将金属外壳、站内金属构架和电池存放架等连接后，采用镀锌扁钢接地。

图 10-3　某电池更换站接地实景照片

## 10.3  等电位联结

许多充电设备安装在室外，而室外环境相对恶劣。因此，室外安装的电动汽车充电车位应设辅助等电位联结，但不应采用不接地的辅助等电位联结保护。在编的全文强制性规范《建筑电气及智能化通用规范》也有此要求。具体做法参见国家建筑标准设计图集 18D 705–2《电动汽车充电基础设施设计与安装》。

图 10-4 为室外充电车位等电位均衡网做法，作为室外充电设施电击防护措施。图 10-4a 为一个车位均衡网做法，图 10-4b 为三个相邻车位均衡网做法，其他多车位均衡网做法可按此原则设置。在室外电动充电车车位地面下 0.15～0.3m 设置等电位均衡网。金属车挡与等电位均衡网、接地极可靠连接。图中车位尺寸仅供参考，适用小型客车充电车位，大中型车辆可参照执行，工程设计时以实际尺寸为准。

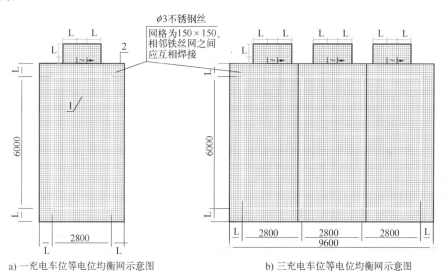

图 10-4  室外充电车位等电位均衡网做法（单位：mm）

注：L≥600mm。

图 10-5 为室外充电车位等电位均衡网另一种做法，采用均衡线。图 10-5a 为一个车位均衡线做法，图 10-5b 为三个相邻车位均衡线做法，其他多车位均衡线做法可按此原则设置。

均衡线也是室外充电设施的电击防护措施。同样，在室外电动充电车车位地面下 0.15～0.3m 设置等电位均衡线，间距为 0.6m。金属车挡与等电位均衡线、接地极可靠连接。图中是小型客车充电车位，大中型车辆可参照执行。图中 1 为金属车挡，2 为均衡线，采用 25×4 镀锌扁钢或 $\phi$10 镀锌圆钢。

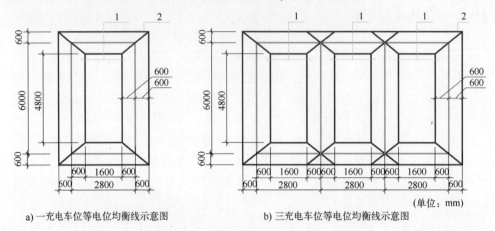

a) 一充电车位等电位均衡线示意图　　　　　b) 三充电车位等电位均衡线示意图

（单位：mm）

图 10-5　室外充电车位等电位均衡线做法

# 第11章 对其他专业的要求

## 11.1 建筑

### 11.1.1 充电设施用房

电动汽车充电设施应根据需求设置充电区、监控室、供配电用房、行车道和停车位等，一般指的是充电站或大型的充电设施。根据工程实际情况，中小型及分散的充电设施，其监控室（若需设置）、供配电用房可以由充电设备专用，也可以与其他负荷共用。行车道可以与其他非电动汽车共用。充电设施设置示意如图11-1所示。

变压器室、配电室等的建筑设计应遵循安全、可靠和适用的原则，便于安装、操作、搬运、检修和调试，参考国家标准 GB 50053—2013《20kV 及以下变电所设计规范》、南方电网公司标准 Q/CSG 11516.2—2010《电动汽车充电站及充电桩设计规范》，提出具体要求如下：

1）地上变电所宜设自然采光窗。除变电所周围设有 1.8m 高的围墙或围栏外，高压配电室窗户的底边距室外地面的高度不应小于 1.8m，当高度小于 1.8m 时，窗户应采用不易破碎的透光材料或加装格栅；低压配电室可设能开启的采光窗。

2）变压器室、配电室的门均应向疏散方向开启。相邻配电室之间有门时，应能双向开启。上述场所的门宜采用甲级防火门。

3）变配电室门口宜加装高度为 600mm 的挡板，防止小动物进入。

4）室内电缆沟应采取防渗水、排水措施。

5）当配电室的长度大于 7m 时，应设两个出口，并宜布置在两端。

6）室外独立设置的变配电室，其屋面应采取隔热、防水措施。

7）变压器室、高低压配电室耐火等级不应低于二级。

充电主机系统的充电主机安装在室内单独房间时，其建筑设计要求与配电室相同。

监控室应符合下列规定：

1）监控室宜靠近充电区域布置，但不宜与高压配电室和变压器室毗邻布置，如毗邻时宜采取屏蔽措施。

2）监控室的面积应根据设备布置、操作和维护等因素确定，监控室净高不小于 2.5m。

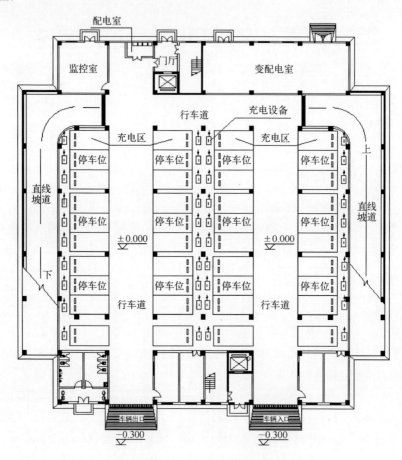

图 11-1　充电设施设置示意

3）监控室的门应向疏散方向开启。

4）监控室的窗户应有良好的气密性，以保证电气设备工作的清洁度要求。

5）监控室地面宜采用不产生静电或尘埃的材料，也可采用抗静电阻燃材料活动地板或水磨石地面。

6）监控室的顶棚、墙面宜采用不反光、不起灰的浅色装饰材料。

7）监控室的耐火等级为一级。

## 11.1.2　电池更换站

　　电池更换站宜设有供配电用房、充电间、换电间、换电区、电池检测与维护室、监控室、值班室、行车道和停车位等。根据需要，功能相近的用房可合并使用。

实际应用中，功能相近的房间经常合并使用，以节省占地面积和投资。如充电间、换电间合并成充换电间，并兼有电池检测与维护室功能；监控室、值班室合并为一个房间。图 11-2 为某预装式换电站功能分区示意图，功能分区合理、紧凑，体积较小，投资较低。

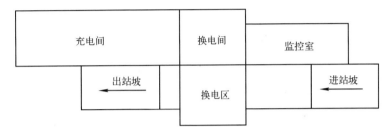

图 11-2　某预装式换电站功能分区示意图

## 11.1.3　室外充电区

室外充电区域宜设置防雨雪措施，以保护充电设施，方便充电的电动汽车驾乘人员。读者可以参考图 10-1 所示的带有雨棚的充电车位。雨棚尺寸、材料、款式和功能（如是否带光伏）等可根据充电车位大小及业主需求由设计确定，也可由专业机构现场测量、设计。

## 11.1.4　防火单元

本书第 9 章详细介绍过防火单元的概念，具体由建筑专业人员设计，其他专业人员在此基础上设计本专业的内容。

建筑物地下汽车库设置充电设施，当布置在同一防火分区内时，应尽量集中设置。设置的防火单元应符合下列规定：

1）防火单元内的行车通道应采用具有停滞功能、耐火极限不低于 2h 的防火卷帘作为防火单元分隔。

2）防火单元应采用不低于 2h 耐火极限的隔墙和楼板，持续喷淋时间和消防水枪持续出水时间均不小于 2h。

防火卷帘的耐火极限参见国家标准 GB 14102—2005《防火卷帘》。

# 11.2　结构

充电设备基础应根据充电设备的土建要求及现行有关规范、标准进行设计。充电设备与支撑构件之间应安装牢固。对充电装置应按当地地震烈度条件要有抗震要求，符合 GB 50981—2014《建筑机电工程抗震设计规范》的规定。

## 11.2.1　立柱式和落地式安装基础

当充电设备采用立柱式或落地式安装时应符合下列要求：

1）充电设备基础应抬高，基础高出地面不应小于 0.2m。

2）底座基础宜大于充电设备长宽外廓尺寸，各不小于 50mm。

3）可采用钢结构或钢筋混凝土基础，地基承载力特征值及变形应满足充电设备的安装要求。

4）底座四周应采取封闭措施，防止小动物从底部侵入箱体。

5）基础应预埋满足电缆直径要求的套管。

预埋套管的规格、数量根据系统构成由设计人员确定，包括电源线及监控线等。充电设备安装后，桩体下部进线孔必须用防水泥可靠封堵，防止进水受潮（防护等级达到 IP54）。

基础混凝土强度等级由结构专业人员确定，一般情况其强度不低于 C25，严寒地区可适当提高混凝土标号，或采用特殊性能混凝土。

应根据充电设备安装位置的具体情况，比如是硬化地坪还是土壤地坪、有无水淹可能等确定基础的形式、高度。所有基础以不被水淹、上表面水平和安装牢固为标准。

具体参考图 7-2 和图 7-11。

## 11.2.2　壁挂式安装要求

充电设备采用壁挂式安装时，其支撑部位宜为钢筋混凝土或实心砖墙体，墙厚不宜小于 200mm，支撑的墙体应考虑充电设备的荷载。

可参考图 7-9。

## 11.2.3　充电主机系统基础

充电主机系统应采用钢筋混凝土基础，并根据系统容量及通风方式确定基础高度，基础高出地面不应小于 0.2m。

请读者参考图 7-12 和图 7-13。

## 11.2.4　电池更换站的结构设计

电池更换站的结构设计应符合现行国家标准 GB/T 51077—2015《电动汽车电池更换站设计规范》的有关规定。预装式换电站构造材料的耐久性应满足其设计使用年限的要求，其充电间、换电间、换电区、电池检测与维护室、监控室、值班室和供配电用房等的室内地坪应高出电池更换站周围地坪至少 200mm。

## 11.2.5　其他

监控室的地面等效均布活荷载应满足最终设备的承载要求。当没有具体设备荷载数据时，监控室的地面等效均布活荷载可按不小于 4.5kN/m$^2$ 设计。

充电设备安装时采用的材料及采取的措施建议如下：

1）混凝土：预制混凝土构件采用 C25 细石混凝土，现浇混凝土构件采用 C25 混凝土，基础垫层采用 C15 混凝土。

2）钢材：钢材材质均为 Q235B，焊条为 E43 型。

3）钢筋：采用 I 级钢 HPB300。

4）砖砌体：采用 Mu7.5 砖、M5 混合砂浆。

5）抹面：1∶2 水泥砂浆抹面，并按具体要求刷警示漆。

6）钢构件防腐：钢构件应进行除锈、防锈处理，一次涂装防护层标准不少于充电设备的使用年限。

7）钢构件采用焊接，周边满焊，所有焊缝高度应满足相关规范要求。

## 11.3　给排水

充换电设施区域生活给水和排水应符合现行国家标准 GB 50015—2019《建筑给水排水设计规范》、GB 50966—2014《电动汽车充电站设计规范》和 GB/T 51077—2015《电动汽车电池更换站设计规范》的有关规定。充换电设施区域应有良好的排水系统，保证充换电设施的电力安全。

### 11.3.1　卫生间

充电站、电池更换站宜设置公共卫生间，方便电动汽车司乘人员使用。建筑物内、建筑红线内安装在室外的充电设备可共用建筑内的卫生间。

### 11.3.2　防火单元

设有充电设备的建筑物地下汽车库，其防火单元应符合下列规定：

1）应设置水喷淋自动灭火系统，每个充电车位上部应至少设置两个喷头。

2）每个防火单元内应设置覆盖到每个充电车位的两只消防水枪。

3）应设置事后清洗与污水排放系统。

水消防是为了给发生火灾的电动汽车降温、降尘，有利于人员疏散和控制火情。这里的喷头为 K115 喷头，喷水强度不低于 10[L/(min·m$^2$)]，具体需将要求提供给给排水专业人员进行计算、选择。

## 11.4　暖通

### 11.4.1　室内设计参数及要求

充换电设施系统各区域室内设计参数宜符合表 11-1 的规定。

表 11-1　充换电设施工作区域对暖通专业的要求

| 场所名称 | 夏季室内温度/℃ | 冬季室内温度/℃ |
|---|---|---|
| 充电设备室 | ≤40 | ≥5 |
| 监控室 | 18～25 | 18～25 |

注：充电设备终端在室外的极限使用温度不低于−20℃。

监控室温度变化率每小时不宜超过±5℃；相对湿度宜为 45%～75%，且在任何情况下无凝露产生。

充电终端区域、充电主机系统的主机室等宜采用自然通风。夏季的排风温度不宜高于 40℃，进风和排风的温度差不宜大于 15℃。当自然通风不能满足要求时，应采用机械通风或自然通风和机械通风相结合的通风方式。

良好的通风可以排除电气设备运行过程中产生的热量，以保证设备安全运行，维持正常的使用寿命。参照 GB 50736—2012《民用建筑供暖通风与空气调节设计规范》第 6.3.7 条规定，变配电室排风温度不宜高于 40℃，充电终端区域、充电主机系统的主机室也按此条规定执行。

变压器室、配电室和控制室等应根据设备要求和环境要求设置必要的采暖和进排风装置，并符合现行国家标准 GB 50053—2013《20kV 及以下变电所设计规范》的有关规定。变压器室、配电室夏季的排风温度建议也按不高于 40℃考虑。在采暖地区，控制室应设置采暖装置。

### 11.4.2　空调系统的设置

当通风无法保证设备工作环境要求时，宜设置空调系统。当设置空调系统时，要防止空调系统漏水、冷凝水对电气系统的不利影响。

电池更换站的充电间、电池检测与维护室宜设专用空调机，由于电池最佳充放电温度为 25℃左右，装设空调器可以满足电池对工作环境温度的要求。

### 11.4.3　防火单元

设有充电设备的建筑物地下汽车库，其防火单元应设置独立的排烟系统，相邻的防火单元可共用一套排烟系统，但不应与建筑物其他排烟系统共用和混用。

建筑物内的电动汽车充电车位相邻防火单元可以统一设置一套排烟系统，但不能与建筑物其他排烟系统共用，也不能混用，避免充电区域与非充电区域间火灾通过排烟系统互串，扩大火灾范围。电气专业人员将要求提给通风专业人员，由通风专业人员进行计算、设计。

## 11.5　照明及其他

### 11.5.1　照明标准值

电动汽车充电区域照度标准值宜符合表 11-2 的规定，其他区域应符合现行国家标准 GB 50034《建筑照明设计标准》的相关规定。

表 11-2　充电设施工作区域的照度标准值

| 场所名称 | 参考平面及其高度 /m | 照度标准值 /lx | 统一眩光值（UGR） | 显色指数（$R_a$） | 照明功率密度限值 /（W/m²） |
|---|---|---|---|---|---|
| 配电室 | 0.75m 水平面 | 200 | — | 80 | 6 |
| 监控室 | 0.75m 水平面 | 300 | 22 | 80 | 8 |
| 充电间 | 0.75m 水平面 | 300 | 22 | 80 | 8 |
| 公建室内充电区 | 地面 | 50 | — | 60 | 2 |
| 住宅室内充电区 | 地面 | 30 | — | 60 | 1.8 |

注：交流充电桩、非车载充电机等充电设备的操作面宜增加局部照明，使用照度不低于 150lx，若充电设备自带背景灯（如自带背景灯的触摸显示屏），可不增加局部照明。

参考室外加油站的照度标准值，室外充电区照度建议为 50lx。有的规范要求照度是 100lx，仅适用于有专人管理的充电站，一般的室外停车场很难达到。

配电室、监控室和室内充电区应设置备用照明；室内充换电区和疏散通道应设置疏散照明，照度值及应急供电时间应符合现行国家标准 GB 50016《建筑设计防火规范》、GB 51309《消防应急照明和疏散指示系统技术标准》的相关规定。

### 11.5.2　照明控制

为便于工作人员统一管理和节能，公共充电设备的充电区域，其照明应采用集中控制或自动控制方式；专用充电设备、住宅小区自用充电设备区域的照明宜采用集中控制或自动控制的方式。

## 11.6　标志标识

### 11.6.1　电动汽车充换电设施常用标志

电动汽车充换电设施图形符号见表 11-3。

表 11-3　电动汽车充换电设施图形符号

| 序号 | 图形符号 | 含义 | 说　明 |
|---|---|---|---|
| 1 |  | 充换电 | 表示为电动汽车提供充电服务的场所，如充换电站、充电站和电池更换站等，亦可表示充换电功能 |
| 2 |  | 直流充电 | 表示为电动汽车提供直流充电服务的场所或设备，如直流充电区、非车载充电机等，亦可表示直流充电功能 |
| 3 |  | 交流充电 | 表示为电动汽车提供交流充电服务的场所或设备，如交流充电区、交流充电桩等，亦可表示交流充电功能 |
| 4 |  | 电池更换 | 表示为电动汽车提供电池更换服务的场所，如电池更换区等，亦可表示电池更换功能 |

电动汽车充换电设施标志分为横版和竖版，常用标志见表 11-4。

表 11-4　电动汽车充换电设施标志符号

| 序号 | 标志类型 | | 标志版式 | | 说明 |
|---|---|---|---|---|---|
| | | | 横版 | 竖版 | |
| 1 | 指引标志 | 停车场（库）指引 |  |  | 白底、白图、蓝字 |

（续）

| 序号 | 标志类型 | | 标志版式 | | 说明 |
|---|---|---|---|---|---|
| | | | 横版 | 竖版 | |
| 1 | 指引标志 | 停车场（库）指引 | 充电停车场 | 充电停车场 | 蓝底、蓝图、白字 |
| | | | 充电停车场 | 充电停车场 | 基材底色、黑图、黑字（或基材底色、白图、白字） |
| | | 道路指引 | 充电停车区 | 充电停车区 | 白底、白图、蓝字 |
| | | | 充电停车区 | 充电停车区 | 蓝底、蓝图、白字 |
| | | | 充电停车区 | 充电停车区 | 基材底色、黑图、黑字（或基材底色、白图、白字） |
| 2 | 充换电设备标志 | 直流充电 | 直流充电 DC Charging | 直流充电 DC Charging | 白底、白图、蓝字 |

（续）

| 序号 | 标志类型 | | 标志版式 | | 说明 |
|---|---|---|---|---|---|
| | | | 横版 | 竖版 | |
| 2 | 充换电设备标志 | 直流充电 | 直流充电 DC Charging | 直流充电 DC Charging | 蓝底、蓝图、白字 |
| | | | 直流充电 DC Charging | 直流充电 DC Charging | 基材底色、黑图、黑字（或基材底色、白图、白字） |
| | | 交流充电 | 交流充电 AC Charging | 交流充电 AC Charging | 白底、白图、蓝字 |
| | | | 交流充电 AC Charging | 交流充电 AC Charging | 蓝底、蓝图、白字 |
| | | | 交流充电 AC Charging | 交流充电 AC Charging | 基材底色、黑图、黑字（或基材底色、白图、白字） |
| | | 电池更换 | 电池更换 Battery Swapping | 电池更换 Battery Swapping | 白底、白图、蓝字 |

（续）

| 序号 | 标志类型 | | 标志版式 | | 说明 |
|---|---|---|---|---|---|
| | | | 横版 | 竖版 | |
| 2 | 充换电设备标志 | 电池更换 | | | 蓝底、蓝图、白字 |
| | | | | | 基材底色、黑图、黑字（或基材底色、白图、白字） |

注：电动汽车充换电设施标志常用颜色还有绿色，如白底、白图、绿字，或绿底、绿图、白字。

表 11-3 和表 11-4 来自 GB/T 31525—2015《图形标志　电动汽车充换电设施标志》、DBJ50–218—2020 重庆市地方标准《电动汽车充电设施建设技术标准》。

## 11.6.2　充换电设施标志、标识设置要求

1）充换电区域应设置充换电设施标志和标识，表示充换电设施的位置、方向及功能等。目前有的停车场（库）出入口仅有停车场（库）的标牌，没有设置充换电设施的标牌，电动汽车车主不能判断停车场是否能用于停放电动汽车并补充电能，不便于电动汽车的推广运用。因此在停车场（库）、充换电站或充换电区域的主要出入口附近设置充换电标志和入口指示标识，用于提示电动汽车车主可以进入停车并进行充换电操作；充换电设施标志和标识可以采用电动汽车图形符号、文字、箭头及颜色的组合。标志、标识实景如图 11-3 所示。

2）设置的标志、标识包括导向、功能识别、禁止、警告和指令等类别。

3）导向标识宜包括入口指示标识、引导标识和充换电专用车位标识等。入口指示标识应设置在居住区、商业区和商务区等主要出入口附近的显著位置，便于驾驶者判断有无充电设施。引导标识应在通往充电停车位的主要通行道路的路面上醒目标出，可以方便电动汽车车主顺利找到电动汽车专用停车位，建议引导标识采用吊牌、附墙柱和地面箭头符号。设有公用和专用充电设备的停车场（库）需设置引导标识，布置自用充电设备的停车场（库）建议设置引导标识。停车场（库）设置指引标识目的是为了方便电动汽车用户顺利找到电动汽车停车位。布置

公用充电设备的停车场（库）服务对象不固定，应设置引导标识，布置专用充电设备的停车库（场）服务对象虽固定，但该类充电设备的特殊性不允许其他车主随意使用，因此也应设置引导标识。布置自用充电设备的停车场（库）由于其私有性，一般很容易找到指定停车位。考虑住宅类项目开发商建成后一般由物业管理，建设过程中如不设置标识，后期改造相对麻烦，因此要求布置自用充电设备的停车场（库）宜设置电动汽车停车位引导标识。

图 11-3　标志、标识实景

4）充换电设施应在醒目位置特别标识警示牌及安全注意事项。电动汽车停车位需设置区别于其他停车位的明显标识，建议采用车位上方吊牌、附墙柱和地面标识符号区分，方便驾驶者快速驶入。警示牌的内容有"有电危险""未成年人禁止操作"等，室外充电场所还需特别标识"雷雨天气禁止操作"等警示牌。充电车位标识实景如图 11-4 所示。

5）为了方便电动汽车车主快捷地找到相应的充电设备，提高车库及充电设备的使用效率，公用及专用充电设备建议设置区分非车载充电机与交流充电桩的标志牌。

6）充换电设施的标识应符合现行国家标准 GB/T 31525—2015《图形标志 电动汽车充换电设施标志》的有关规定。

7）设置的标志、标识应醒目、清晰、协调、安全、坚固耐用和维护方便，不影响停车场（库）的正常使用。

图 11-4　充电车位标识实景

# 第12章 电动汽车充电设施系统在智能微网中的研究与应用

## 12.1 电动汽车充电对配电网的影响

电动汽车充电对电力系统的影响主要在配电网层面。电动汽车充电负荷具有随机性强的特点，其不确定性及不稳定性对配电网运行产生极大影响，主要涉及配电网的电能质量、可靠性和经济运行等方面，如图 12-1 所示。

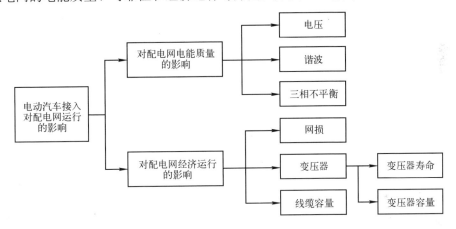

图 12-1　电动汽车充电对配电网的影响示意图

（1）对配电网电能质量的影响

电动汽车的接入对配电网电能质量的影响体现在电压暂降、谐波污染和三相不平衡方面。

电动汽车充电机作为导致电压畸变的主要设备，其产生的谐波可能对变压器、电缆和继电保护等设备造成影响，且大规模电动汽车充电会带来三相不平衡问题。在设计阶段，应考虑充电负荷在三相之间的合理分配。

（2）对配电网经济运行的影响

在配电网经济运行方面，主要体现在电动汽车接入后对配电网网损、线缆容量、配电变压器寿命和容量的影响。

现有研究认为电动汽车充电接入将减少配电变压器的寿命。此外，大规模的电动汽车充电接入会增加峰值负荷，造成配电变压器的过载。为应对大规模充电造成的负荷冲击，在配电系统容量设计阶段时，应预留相应的容量与接口；对已有配电系统进行改造时，应考虑电动汽车充电负荷，对线缆和配电变压器进行相应扩容。该部分内容参见本书第 6 章。

## 12.2　电动汽车有序充电与需求侧响应

随着未来电动汽车的普及，大规模电动汽车充电负荷将迎来新一轮的负荷增长，给配电系统带来一系列问题。在有限的配电系统容量下，大量充电负荷必将加大配电网的运行控制难度。因此，对电动汽车进行有序充电管理有助于降低配电网运行风险，提高配电网运行可靠性。

有序充电指电动汽车以可控负荷的形式参与电网调控，可作为有效规避大规模充电对电网造成负面影响的重要手段。有序充电一般以经济性最优或对电网的影响最小为首要目标，综合考虑电池性能与用户充电需求等约束条件，协调电动汽车群体的充电过程，控制电动汽车充电的时长与功率大小。

在改善配电网负荷方面，通过交错充电等有序充电策略能够有效地平滑负荷、减小峰值负荷。在改善电能质量和电网运行经济性方面，有序充电可改善电网的节点电压水平，并降低配电网网络损耗。Deilami 等人对有序充电控制策略进行了研究，认为以网损和充电成本最小为目标，可有效降低配电网的网损，并改善配电网节点的电压波形，避免谐波。

此外，电动汽车还可参与能源需求侧响应。在需求侧响应下，电动汽车的车主能够自主选择时段进行充电。在电价低谷时段进行充电，不仅能削减配电系统峰谷差，降低负荷波动，而且减少了车主的费用支出，提高了用户参与电网调度的积极性。特别是在未来电力市场改革分时电价机制下，电动汽车可以深度参与需求侧响应。

## 12.3　电动汽车充电与新能源发电消纳

### 12.3.1　新能源发电的直流特性

目前，具有可用性的可再生能源或清洁能源主要有太阳能、风能、水能、生物质能、地热能和海洋能等，分布式发电主要有光伏发电、风力发电、水力发电、燃气发电和燃料电池等形式。

光伏发电和燃料电池发电直接以直流形式产生电能，其为直接直流电源，需要经过 DC/AC 变换才能并入传统的交流配电网。

风力发电和燃气轮机发出的电力是交流电，由于叶轮受力的不同，其旋转频率不同，发出交流电力的频率也不同，无法直接并入频率 50Hz 的交流电网，因此需要经过 AC/DC 和 DC/AC 两次变换，才能并入交流配电网。在某种意义上，也可以认为其为间接直流电源。

因此，与新能源发电接入交流配电系统相比，若新能源发电直接接入直流配电系统，可以大量减少 DC/AC 变换器的使用，降低电能变换、传输过程中的损耗。

### 12.3.2　电动汽车直流充电及无线充电与新能源发电的结合

电动汽车充电分为有线充电（工频交流/直流）及无线充电（高频交流），电动汽车充电与新能源发电的结合，又可通过交流系统或直流系统联络结合，如图12-2 所示。与传统交流相比，直流连接方式效率更高、电力变换环节更少。可见，通过直流系统与新能源结合的优势凸显。

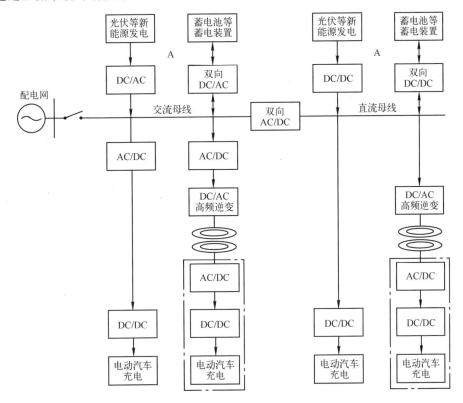

图 12-2　新能源发电与电动汽车充电结合方案的对比

### 12.3.3　电动汽车作为储能系统的作用与可行性分析

移动储能系统，即电动汽车作为储能单元实现与电网能量和信息的双向交换，这一概念又被称为 V2G（Vehicle-to-Grid）。与大规模储能电站相比，其具有储能单元容量小、空间分散和移动便利等特点。针对这些特点，电动汽车移动储能系统可采用集散式控制方式。电力调度系统将某一区域内的可用电动汽车信息收集至控制中心，控制中心制定充放电策略分配至各车辆，被控车辆以充放电形式实现电力调度目标。针对现阶段存在大量的分布式电源并网难问题，移动储能可以发挥其快速、高效和分布广的特点，有效地就地平抑可再生能源发电波动，实现与规模化储能电站相同的功能。移动储能不仅能加强可再生能源消纳水平，还能降低配电网峰谷差，减少配电网在系统容量配置上的投资。

近年来，类似 V2G、V2H（Vehicle-to-Home）概念被一些学者提出。电动汽车可连接至家庭能源管理系统，进行能量的双向互动；可用于消纳小规模光伏等可再生能源；当电价处于高峰时段时，电动汽车可以释放电能满足家庭用电需求，并在低谷时再进行充电，提高经济性；在公共电网发生故障时，还可作为备用电源为家庭供电。V2H 可提高家庭能源系统的整体效率。

为推动建设近零能耗建筑，基于 V2G 和 V2H 概念提出了 V2B（Vehicle-to-Building）概念。电动汽车可推动建筑物实现近零能耗目标，在建筑能源管理系统中起着至关重要的作用。将电动汽车与分布式能源系统集成在一起，存储由可再生能源所产生的富余能量，然后在用能高峰期将其释放，同时起到削峰填谷的作用，既实现建筑物用电的经济性，又可降低对配电变压器的容量需求，间接达到电力扩容的效果。

### 12.3.4    电动汽车"光-储-充"直流微网技术

电动汽车"光-储-充"直流微网系统架构与网络拓扑如图 12-3 所示。该直流微网系统包含光伏直流发电、电池直流储能、电动汽车直流充电和与交流电网联络的电力变换控制器（Power Control System，PCS）等。其中储能系统可以利用电动汽车退役电池、建筑中消防退役电池和 UPS 退役电池等构建。

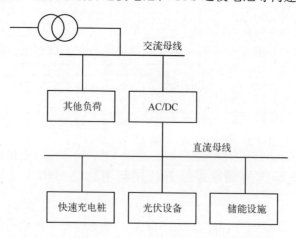

图 12-3　电动汽车"光-储-充"直流微网系统架构

电动汽车充电可通过直流微网中光伏发电、储能系统调节与电网分时电价，在实现经济、节能和高效充电的同时，解决线路、变压器扩容难等问题。

电动汽车"光-储-充"直流微网中，储能容量配置是难点问题。储能系统容量/功率的配置是一个受多方因素制约的优化问题。其受到接入点变压器容量、电动汽车充电要求、储能目的与运行策略及本地电源接入等多方面的约束，主要应考虑四方面：

1）并网情况下，考虑接入点变压器容量。考虑变压器容量的原因有：①变压器负载率如何；②本地可再生能源接入容量如何；③解决变压器扩容难等问题。

2）电动汽车充电要求。根据电动汽车负荷特性及要求确定功率型、能量型的储能设施，解决电动汽车充电造成的建筑供配电设计难问题。

3）光伏等可再生能源发电本地电源的容量。光伏容量受场地及空间环境的制约，也受到接入能力和消纳能力的制约。

4）储能目的、目标和运行策略。根据储能目的、目标确定运行策略，基于运行策略确定运行边界条件，依据运行边界条件进一步确定功率和容量。依据变压器容量、电动汽车充电要求，确定储能系统容量/功率和光伏容量。

## 12.4　电动汽车退役动力蓄电池梯次利用研究

### 12.4.1　电动汽车动力蓄电池的安全与退役问题研究

车用动力蓄电池安全保障技术主要是电池材料、封装安全防护和电池状态监控技术，电动汽车在役动力蓄电池及退役动力蓄电池的安全保障技术也是如此。

电池材料和电池封装相关的安全性技术主要面向研发设计阶段。关于电池材料，如热稳定电极材料研发、阻燃电解液及添加剂开发、隔膜改性和正温度系数元件开发等技术手段可提高电池本体的安全性。在现有材料科学基础上，电化学电池本体安全研究目前处于发展瓶颈阶段，尚无重大突破。关于电池封装安全防护技术，一方面是内部防爆，对电池成组集成阶段调整电池组布局和整体构造；另一方面是外部防爆，采用相变材料、阻燃耐火材料和防爆材料，设计泄压排烟管道等措施防止电池过热出现热失控连锁反应，导致火势蔓延、连锁爆炸等现象，降低人员伤害，防止事故扩大。此外，电池体系、规格和封装技术参数繁多，均会对电池安全性有显著影响，而这些与电池供应商的技术特点和制造水平密切相关，难以直接建立这些基础数据和电池安全性的关联关系，只能依靠运维阶段的安全监测技术。

电池状态监控技术研究。通过在电池组内采用传感探测技术并集成到电池管理系统（BMS）中，仅对电池自身电参数、热参数进行实时监测，很难对荷电状态、健康状态实现准确评估，难以在电池达到安全事故临界点之前发出预警信号，并通过电池管理系统采取应急措施。从近几年已经发生的锂离子电池安全事故来看，电池安全问题的解决，除了电池生产的技术进步外，还必须结合电池应用过程中的安全管理才能实现电池安全问题的可测、可控和可防。尤其是对于采用锂离子电池的动力蓄电池系统、电力储能系统，要保障其长期安全稳定运行，需要开发针对性的电池状态监控技术，对出现问题、故障的动力蓄电池组及时进行处理。

车用动力蓄电池事故主要表现为因热累积、热失控带来的起火燃烧乃至爆炸，但是当前针对电池模组内部的热力学研究不足，多数电池模组仅用一两个温度传感点位，无法准确反映电池模组内部的实际热分布，缺乏对电池的热分析管理，增加了电池热隐患、热失控的风险。如何实时、有效地实现动力蓄电池模块的电热兼顾的安全管理，成为电池运行安全的关键。

依据目前现有规定，车用动力蓄电池其容量衰减到额定容量的 80% 时退役，主要依据容量衰减决定退役与否，缺少动力蓄电池热隐患、热失控、健康状态评估和寿命预测，应该研究考虑电池安全等级、健康状态退役因素。

## 12.4.2 电动汽车退役动力蓄电池回收利用现状及存在问题

从全球来看，电动汽车因其经济、节能和环保等优点，获得大量政策支持并得到高速发展，全球电动汽车存量快速增长，2015 年超过 100 万辆，2016 年接近 200 万辆，2017 年已超过 300 万辆，2018 年超过了 500 万辆，其中 50% 以上的存量在中国，2018 年我国新能源汽车保有量达 261 万辆。

我国车用动力蓄电池在 2020 年前后进入退役高峰期，其退役量超过 24.8 万 t，约为 2016 年的 20 倍。而 1 个 0.02kg 的锂离子电池可使 $1km^2$ 土地污染 50 年左右，若处理不当，报废后的锂电池正极材料、电解质将会对环境产生巨大污染。对退役车用动力蓄电池的梯次利用是我国实施新能源汽车强国战略的重要任务，也是实现电池全生命周期价值最大化的主要途径。

电动汽车在使用过程中，电池容量衰减因影响行驶里程而退役，当电池退役后尚有一定的容量，此时可以进行梯次开发利用，如用于新能源分布式发电站、低速电动车和削峰填谷储能站等场所。国内外企业及相关研究机构已着手研究动力蓄电池的梯次开发利用。如美国 EnerDel 公司与日本伊藤忠商社合作，在部分新建公寓中推广二次利用的动力蓄电池；美国杜克能源进行二手电池再利用的研究，对容量不足 80% 的电动汽车旧电池进行再利用测试，收集这些锂电池在二次利用中的使用寿命数据；美国通用公司与瑞典集团联合开展了车载锂电池再利用的调查与研究，包括智能电网方面，用来存储光伏和风力所产生的电力。在我国，车用动力蓄电池梯次利用的研究大多与智能电网系统相关，利用回收后的电池重新组成电池储能系统，用于电动汽车充换电站、电网平衡和削峰平谷等。

目前，制约动力蓄电池回收发展主要包括经济、标准和技术三方面因素。

1）在经济上，市场存量目前还不够大，回收流向太分散，没有形成规模处理，导致综合成本居高不下。亟须对动力蓄电池集中处理，降低成本，并进行全生命周期考虑，打通车用动力蓄电池和退役动力蓄电池梯级利用分割的局面。

2）在标准上，为推动新能源汽车动力蓄电池回收利用，引导和规范动力蓄电池回收服务网点建设运营，2016 年 12 月工信部发布《新能源汽车动力蓄电池回收利用管理暂行办法》（征求意见稿），2018 年初工信部等七部委联合发布的《新能源汽车动力蓄电池回收利用管理暂行办法》政策文件，国网企业标准 Q/GDW 11265—2014《电池储能电站设计技术规程》，中电联、南方电网主编国标 GB 51048—2014《电化学储能电站设计规范》，2019 年 9 月 10 日，工信部节能与综合利用司又发布《新能源汽车动力蓄电池回收服务网点建设和运营指南》（征求意见稿）。目前尚无车用退役动力蓄电池的梯级利用标准，制约了退役动力蓄电池的梯级利用。

3）在技术上，退役动力蓄电池的安全缺陷和风险很多，如漏液、胀气、内短路、外壳破损、绝缘失效和极柱腐蚀等，需要在电池安全筛选、重建成组和运维监控等方面保障安全。在梯次利用电池筛选上，目前对电池安全性测试标准判断结果是"通过"和"不通过"二元判断。如何评估电池健康状态、剩余寿命，如何对每个电芯或电池模组的健康状态和安全性等进行分级评估、分级使用以及分级管理，是提高梯次利用水平的关键。在梯次利用电池成组上，为满足梯次利用电储能系统所需的容量、功率等要求，需将退役动力蓄电池成组使用，其中，一致性是成组性能优劣的关键。一致性差会导致短板效应、过充电过放电、实际电流倍率的动态变化以及电池自放电倍率不同等后果和风险。为解决梯次利用电池一致性问题，电池成组前进行一致性分选是目前最常用的方法。一致性分选方法较多，包括静态电压配组法、静态容量配组法、容量和内阻联合配组法、充放电曲线匹配法及多条件分选法等，但缺乏对一致性评价参数的研究。除了对一致性的研究外，对退役动力蓄电池成组编队的原则研究也较少。在梯次利用电池运维上，对退役电池安全管控的要求较高，除了常规电池电热管理安全监控外，由于电池容量衰减梯度大，一致性变差，某个模组一旦出现超温等现象，就切断整串模组，使得整个储能系统的容量和功率损失大幅下降。因此，研究具有一定冗余能力和轮换出力的优化控制技术可避免上述情况的发生。储能系统安全需要考虑电芯、电芯串、模组、加工组装（PACK）、集装箱多级安全监测及预警与防控；同时，还要考虑空调系统、消防系统等安全配套系统要求。目前，对梯次利用储能系统有冗余、多层次、多系统和全方位安全监控的研究较少。

此外，对动力蓄电池的全寿命周期管理的研究尚处于初步探索阶段，成熟的技术或相关标准的制定不足，缺乏对不同工况下动力蓄电池的老化衰减与安全性演变研究，缺乏统一的动力蓄电池全生命周期应用技术链。车载电池场景下所获取的电池动态数据可作为日后大规模储能场景下电池安全状况评估的依据，并以此构建动力蓄电池的全寿命周期管理体系，打通从车载电池场景到大规模退役储能场景的电池全生命周期管理。

因此，随着新能源汽车的推广和使用，亟须解决动力蓄电池的在线监测、安全分级、全寿命周期管理、梯级利用技术和标准等问题。

### 12.4.3　电动汽车退役动力蓄电池梯次利用的关键技术研究

（1）退役动力蓄电池安全分级和电池筛选标准研究

应全面研究检测退役动力蓄电池内阻、绝缘、漏电流和内压力等指标，建立电池安全等级分级技术，快速筛选电芯或模组的健康状态和一致性特征，提高梯次利用安全性。同时，建立电池安全危害等级分级制度，为运行决策和应急处置提供依据。

一致性评价是电池梯级利用筛选的基础，退役动力蓄电池的一致性与新电池相比差距很大，容量、电压、内阻和自放电等参数都有不同程度的衰退。使用未达到参数要求的退役动力蓄电池，会给梯级利用系统带来安全隐患。应通过研究退役动力蓄电池的安全性、一致性等筛选指标，制定退役动力蓄电池筛选的技术标准。

（2）退役动力蓄电池重建成组原则和检测标准研究

退役动力蓄电池重建成组时，需要对组内电池进行再一次选择。如选择不当，有可能在短时间内形成断崖式下跌，给组内其他电池带来损害，同时对后期使用造成极大困难。

选取退役动力蓄电池，从容量、内阻和自放电测试等多维度进行数据分析并建模，研究电池成组特性，确定退役动力蓄电池的成组编队最佳原则。

研究成组退役动力蓄电池的性能、安全等指标要求，制定退役动力蓄电池梯次利用进入市场前的检测标准。

（3）研发梯级电池动态冗余储能系统和控制装置

目前储能系统安全控制方式仍存在不足，例如一旦某个模组出现报警或故障，就切断整串模组，使得整个储能系统的容量大幅损失和功率大幅下降。特别是，由退役动力蓄电池梯次利用构建的储能系统，其退役动力蓄电池具有容量衰减梯度大、一致性容易变差等特点，这种控制方式的缺点更加突出。

笔者提出一种动态冗余优化控制技术，将一致性变差、发生预警的储能单元动态切除（离线），通过储能单元动态轮换出力，应用可控储能单元重构储能系统，实现在线储能单元一致性始终最优，提高在线电池的一致性，同时实现梯次利用电池的最大利用和安全利用。

（4）退役动力蓄电池及储能系统管理技术

笔者运用美国航天局（NASA）提出的"人-机-环境-管理"4M 系统理论，

研究梯级利用储能系统的总体安全管理问题，形成退役动力蓄电池梯次利用安全管理体系。

通过对梯级利用储能系统的电池管理系统（BMS）、功率控制系统（PCS）、能源管理系统（EMS）、空调 HVAC 温控系统和消防系统等系统的集成，采集储能系统的全局数据，应用大数据 AI 分析手段，研究储能系统电芯、电芯串、模组、PACK、集装箱多级安全监测、预警方法、防控技术和应急预案，开发多层次、多系统和全方位的"边云协同"安全管控本地系统和云平台监测软件，本地现场控制保障实时性和可靠性，云端监测便于管理。

### 12.4.4　退役动力蓄电池梯次利用储能充电系统设计

（1）电池梯级利用储能系统外部安全防护系统设计方案

1）电池组间的分隔设计。电池组事故主要是可燃性气体爆炸，由于爆炸发生在电池组或集装箱内部，在相对封闭的环境中，爆炸释放的能量大部分封闭在集装箱内，爆炸冲击波在结构壁面经过多次反射，使得压力波形峰值大、作用时间长，且衰减速率慢，会给结构和设备造成巨大的威胁。电池组级别的分隔主要是在事故发生时，用于防止其延烧和诱爆的发生，并对其进行泄压，降低其爆炸的威力。故其所用的防护材料以防火和防爆性能为主。

2）电池梯级利用储能系统的防火设计和消防设施设计。电池梯级利用储能系统分为建（构）筑物室内设置和集装箱室外设置两大类。建（构）筑物室内设置情况应满足建（构）筑物的防火设计和消防设计要求，如 GB 50016—2014《建筑设计防火规范》要求，同时考虑储能电池的特殊性。集装箱室外设置应参考 GB 51048—2014《电化学储能电站设计规范》等要求。

（2）电池梯级利用储能系统内部安全监控 BMS 技术方案

1）电池状态的实时监控。出于经济效益的考虑，由于梯级利用的储能电池和车载动力蓄电池相比，发生故障的概率明显更高，从经济效益上来看，对每个电芯安装单独监控芯片成本较高，可对电池组进行监测控制保障储能系统安全要求，经济效益也更高。热失控是锂离子电池安全性改善研究的主要对象。锂离子电池的冒烟、起火燃烧和爆炸事故会对公众的生命财产安全产生极大的威胁。特别是在大规模储能应用领域，当锂离子电池发生热失控，引发起火、爆炸等事故时，整个储能电站都会受到极大影响。导致锂离子电池热失控的原因有多种，包括外力作用导致电池壳体发生形变，电池的过充电和过放电，外部短路，副反应产热导致局部过热等。而在锂离子热失控发展的过程中，通常伴随着电池温度、电压、电流及副反应释放的气体成分及浓度变化。因此可以利用温度、电压、电流和副反应释放的气体成分作为电池热失控故障的参数，引入早期预警机制。

2）电池组的连接方式设计。储能系统都是由一个个电池组（模组）通过串联和并联连接而成的，电池组（模组）也是由电池单体通过串联和并联连接而成的，通过将电池单体或电池组串联，可以提高所提供的电压；通过将电池单体或电池组并联，可以提高系统的安全性与可靠性。所以通过串联和并联对电路的结构进行设计，就可以实现电压和安全性等需求。

（3）由电动汽车退役动力蓄电池梯次利用构建的储能充电系统

由梯次利用的退役动力蓄电池组成的充放电系统如图 12-4 所示。根据电压、可靠性和安全性需求和实际情况，选择采用单体电芯并联组成电池组，电池组串联成电池串，电池串再并联组成集装箱的连接方式。并且在电池串中设置电池组进行轮休和备用，集装箱中同样设置电池串进行轮休和备用。

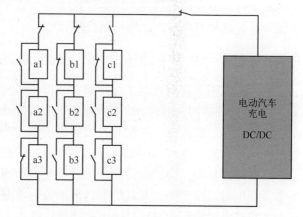

1）电压需求：充电桩电压需求比车载电池高，在电池单体并联成电池组后进行电池组级别的串联提升电压。

图 12-4　退役动力蓄电池梯次利用储能充电系统设计

2）安全性需求：充电桩充电时电流较大，在电池组串联成电池串后进行多串电池串的并联减小电流，从而减小其产热量，达到增强安全性，有效控制事故发生的效果。

3）可靠性需求：由于从动力汽车上退役的梯次利用储能电池存在着可靠性相比于新的动力蓄电池较低的问题，故更需要注重其稳定性和可靠性。于是采取备用轮休的方式，每一串电池组中设置几个备用的电池组，每一个集装箱中设计几串电池串作为备用，可以有效提高可靠性。

此外，该储能系统可通过 DC/DC 变换器直接为电动汽车充电，也可通过 DC/DC 变换器连接直流母线构建直流配电系统，为多个直流充电设施供电。当然，也可通过电力变换器（PCS）接入常规的交流配电网。从技术角度看，显然该储能系统直接接入直流系统更优。

# 12.5　电动汽车充电与直流建筑的融合

## 12.5.1　直流建筑的回归

众所周知，建筑供配电始于爱迪生的直流配电，位于美国纽约东 10 街区第 40

大街的"Mercantile Building"，如图 12-5
所示，建成于 1929 年，48 层 193m，建
筑面积 33000m²，直流供电，被称为爱
迪生时代最后的直流建筑，于 2007 年 11
月，改造为交流供电。

　　在爱迪生时代最后的直流建筑消
失的 10 年前，荷兰能源研究中心（ECN）
给出了一套建筑直流配电技术实施方
案，随后欧美和日本等地陆续进行了相
关验证研究和示范工程，开启了直流建
筑的回归之路。

　　纵观建筑供配电发展历史，自 1880
年起特斯拉就与爱迪生就交流供电还是
直流供电进行探讨，100 多年以后，建
筑供配电研究领域重启了直流建筑回归
之路。

图 12-5　爱迪生时代最后的直流建筑
注：美国纽约东 10 街区第 40 大街的
"Mercantile Building"。

　　驱动直流建筑回归的内因是，建筑负荷的直流化和建筑中新能源发电的直流
特性，如光伏、建筑光伏一体化（BIPV）以及源荷与供需的直流化，亟须建筑配
电直流化。

　　特别是近年来，建筑中电能终端用户的用电形式发生了很大变化，国外研究
结果表明，某些类型建筑中直流负荷所占比重甚至达 90%以上，一方面，建筑中
直流环节的电器增多，最普遍、最具代表性的就是变频电器，如电梯、空调器、
冰箱和洗衣机等变频设备；另一方面，本质上使用直流的电器/电子产品增多，如
生活中常见的电动汽车、电动自行车、液晶电视、LED 照明灯、计算机及网络设
备和手机等移动通信设备等。2018 年末，国内成立了"直流建筑联盟"，推动直
流建筑的发展应用。

## 12.5.2　电动汽车充电与直流建筑的融合

　　电动汽车充电本质上是蓄电池的直流蓄能，与直流建筑的直流配电系统融合
具有天然的优势。目前，直流建筑的电压等级尚未最终确定，考虑到各类负荷的
特点，主要分为三级母线：一级直流母线承载电动汽车充电，特别是能够实现快
充，同时承载电梯等较大功率设备；二级直流母线承载电动汽车慢充，同时承载
家电类常规负荷；三级直流母线主要承载便携类电子设备和 LED 照明等小负荷。
电动汽车充电在直流配电体系中的位置，如图 12-6 所示。

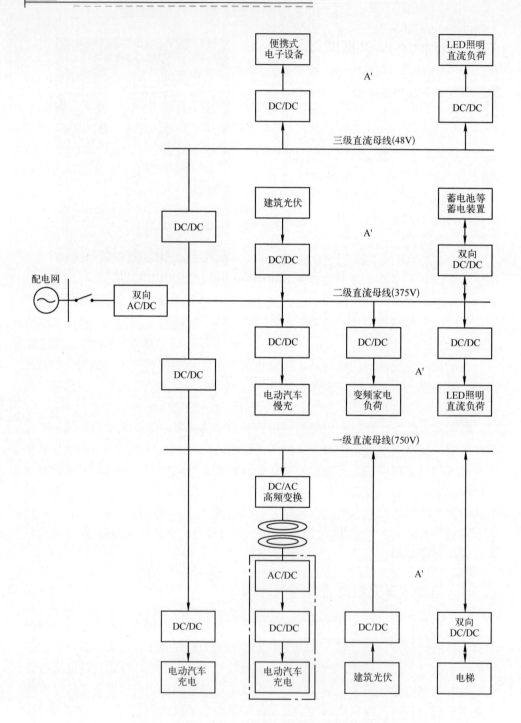

图 12-6　电动汽车充电在直流建筑配电体系中的位置

## 12.6 典型应用场景研究

### 12.6.1 综合能源规划中绿色交通充电设施规划研究

以笔者参与的《宁波梅山国际近零碳排放示范区综合能源规划》（2019—2050）为例，介绍绿色交通充电设施规划在综合能源规划中的应用场景。宁波梅山国际近零碳排放示范区 333km²，如图 12-7 所示，包括核心区梅山岛陆域面积为 38.3km²，拓展区春晓街道和白峰镇所辖陆域面积约 190km²。

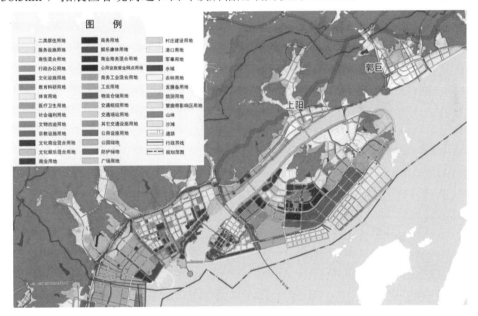

图 12-7　宁波梅山国际近零碳排放示范区（见彩插）

（1）交通规划现状

根据梅山春晓片区控制性规划，该区域内将建设公交首末站 5 处，社会停车场 23 处，具体分布如表 12-1 和图 12-8 所示。

金融小镇和东片区中的公交首末站和社会停车场数量较多，可集中建设公交专用充电站和停车场公共充电站。

（2）交通充电设施规划原则与规划布局

重点推进商场、超市、宾馆、医院、商务楼宇、文体场馆和旅游集散中心等大型公共建筑配建停车场以及交通枢纽、停车换乘（P+R）和旅游景区（点）等各类社会公共停车场公用充电设施建设。大于 2 万 m² 的新建商场、宾馆、医院、文体场馆和办公楼等大型公共建筑配建停车场和社会公共停车场充电设施的停车位应不少于总停车位的 10%；既有的大型公共建筑配建停车场和社会公共停车场应通过改造使具有充电设施的停车位逐步达到总停车位的 10% 以上。

表 12-1　梅山春晓片区公交首末站与社会厅停车场统计

| 地块 | 公交首末站 | 社会停车场 |
|---|---|---|
| 门户区 | 1 | 2 |
| 里岙片区 | 1 | 3 |
| 金融小镇 | 1 | 10 |
| 东片区 | 2 | 6 |
| 工业区 | 0 | 2 |
| 保税港区 | 0 | 0 |
| 合计 | 5 | 23 |

图 12-8　梅山春晓片区公交首末站与社会厅停车场分布图

合理利用路边临时停车位配建公用充电桩，城市中心区可按照总停车位数量 10% 的比例配建充电设施。

适度建设独立占地充电站。鼓励具备条件的城市周边电厂、加油加气站利用自有土地建设公用充电桩（站）。鼓励建设占地少、成本低和见效快的机械式与立体式停车充电一体化设施。鼓励有条件的专用和自用充电设施向社会公众开放。建立充电车位分时共享机制，为无固定停车位的用户充电创造条件。尚未明确建设主体的独立占地充电站，可通过招投标等方式选择建设运营主体，提供公共充换电服务。近中期绿色交通布局如图 12-9 所示，远期绿色交通布局如图 12-10 所示。

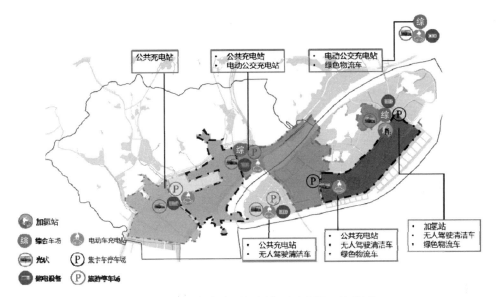

图 12-9　近中期绿色交通规划布局示意图（见彩插）

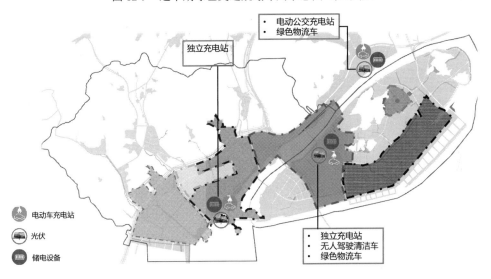

图 12-10　远期绿色交通规划布局示意图（见彩插）

（3）交通充电设施规划实施节点

规划 2020—2030 年，依靠公交停车场、公共停车场建设充电设施，推进公交车、出租车和物流车等公共事业单位用车全面新能源化；规划 2030—2050 年，建设独立的充电站，促进私家车全面新能源化。

（4）交通充电设施规划预期效果

根据前期研究报告，不考虑新能源汽车等新技术的应用，2030 年和 2050 年，交通部门能源消耗量将分别达到约 14.1 万 t 标准煤和 15.8 万 t 标准煤。由于交通运输结构的优化、燃油经济性的提高、新能源汽车的推广和智慧交通的发展，交通部门能源消耗大幅下降。2030 年和 2050 年，交通部门能源消耗量分别达到约 8.5 万 t 标准煤和 6.4 万 t 标准煤，相对基准分别节能 39.8% 和 59.6%。

### 12.6.2　公交停车场"光–储–充"直流微网充电设施研究

公共交通特别是公交电动化，是发展绿色交通，实现"绿色出行"的主要方式。上海某巴士集团到 2020 年实现电动公交全覆盖，达 8800 辆，给公交运营带来一系列难题，特别是公交停车场站充电电力扩容难问题，充电成为一大难题。研究拟通过停车场站空间建设光伏屋顶和电动车电池梯级利用储能，研究设计"光伏–储能–充电"的直流微网方案，解决电力扩容难问题，同时降低用电成本，提高企业效益。

以该公司 9 个停车场站为例进行调研，包括停车场站现状以及进线容量和充电设施现状，见表 12-2。经计算分析，若所有车辆改为电动公交，现有进线容量大多无法满足充电要求，并且目前进线容量基本已达上限，现有条件下需对充电进行限制，将影响公交运营。

表 12-2　某公交公司多个停车场站、进线容量及充电设施现状

| 场站序号 | 停车库面积 /m² | 楼层 | 现有进线容量 /（kV·A） | 充电机类型（1机 $N$ 枪） | 单台功率 /kW | 充电桩数量 | 充电桩总数 | 车位数量 |
|---|---|---|---|---|---|---|---|---|
| 1 | 75029.1 | 广场 | 8000 | 4 | 120 | 10 | 100 | 40 |
| | | 二层 | | 4 | 120 | 30 | | 120 |
| | | 三层 | | 4 | 120 | 30 | | 120 |
| | | 四层及广场 | 6400 | 4 | 120 | 30 | | 120 |
| 2 | 四层车库 55486 | 一层 | 8000 | 4 | 120 | 16 | 97 | 64 |
| | | 二层 | | 4 | 120 | 27 | | 108 |
| | | 三层 | | 4 | 120 | 27 | | 108 |
| | 双层车库 12698 | 一层 | 5000 | 4 | 120 | 27 | | 108 |
| 3 | 19074（单层） | 二层 | 8000 | 4 | 120 | 20 | 80 | 80 |
| | | | | 2 | 120 | 7 | | 10 |
| | | 三层 | | 4 | 120 | 20 | | 80 |
| | | | | 2 | 120 | 7 | | 10 |
| | | 四层 | | 4 | 120 | 20 | | 80 |
| | | | | 2 | 120 | 6 | | 10 |
| 4 | 19600（单层） | 广场 | 8000 | 2 | 60 | 20 | 120 | 40 |

（续）

| 场站序号 | 停车库面积/m² | 楼层 | 现有进线容量/(kV·A) | 充电机类型(1机N枪) | 单台功率/kW | 充电桩数量 | 充电桩总数 | 车位数量 |
|---|---|---|---|---|---|---|---|---|
| 4 | 19600（单层） | 一层 | 8000 | 2 | 60 | 30 | 120 | 60 |
| | | 二层 | | 2 | 60 | 30 | | 60 |
| | | 三层 | | 2 | 60 | 24 | | 48 |
| | | 四层 | | 2 | 60 | 16 | | 32 |
| 5 | 室外地面 | 广场 | 8000 | 4 | 150 | 64 | 103 | 256 |
| | | 广场 | 6400 | 4 | 150 | 39 | | 156 |
| 6 | 15582（单层） | 一层 | 8000 | 4 | 150 | 2 | 63 | 8 |
| | | | | 2 | 150 | 1 | | 2 |
| | | 二层 | | 4 | 150 | 20 | | 80 |
| | | 三层 | | 4 | 150 | 20 | | 80 |
| | | 四层 | | 4 | 150 | 20 | | 80 |
| 7 | 室外地面 | 广场 | 8000 | 2 | 150 | 56 | 56 | 110 |
| 8 | 9720（单层） | 广场 | 8000 | 4 | 150 | 13 | 62 | 52 |
| | | 一层 | | 2 | 150 | 1 | | 2 |
| | | 二层 | | 4 | 150 | 16 | | 64 |
| | | 三层 | | 4 | 150 | 16 | | 64 |
| | | 四层 | | 4 | 150 | 16 | | 64 |
| 9 | 室外地面 | 平面 | 500 | 4 | 150 | 4 | 4 | 16 |
| 合计 | | | | | | | 685 | 2332 |

针对电动公交充电带来的电力扩容难问题，给出公交停车场绿色节能高效的充电技术方案，方案利用光伏（PV）直流发电、直流储能和直流充电构建"光伏–储能–充电"直流微电网，如图 12-11 所示。方案研究挖掘公交车充电数据、电池技术指标在线数据，探索公交电池梯级利用技术与光伏（PV）直流发电结合，解决充电设施配电扩容难问题。此外，利用峰谷电价差，降低公交能源消耗成本；进一步面向电力市场，给出分时电价机制下电动公交购电、充电与运营策略。

## 12.6.3　基于路灯杆的直流充电设施研究

随着汽车数量的快速增长，停车位数量不足、停车难问题日益突出，据《中国停车行业发展白皮书 2017》报道，上海、北京和深圳 3 个一线城市的车位比较高，停车难矛盾突出，具体数据如图 12-12 所示。

目前，电动汽车充电设施大多依车位而建，随着电动汽车数量的快速增长，充电设施数量的不足与空间分布不均衡矛盾日益突出，如何建设更多匹配的充电设施成为电动汽车推广亟待解决的问题。

　　路灯杆分布广,容易与路边停车位结合,路灯杆充电设施应运而生,如图 12-13 所示。笔者 2017 年拍摄于德国埃森能源展(图 12-13 左图)和慕尼黑宝马博物馆(图 12-13 右图)。目前国内也有多家厂商生产路灯杆充电设施。

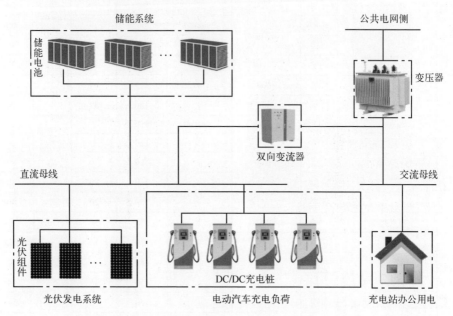

图 12-11 "光伏-储能-充电"直流微电网充电设施系统

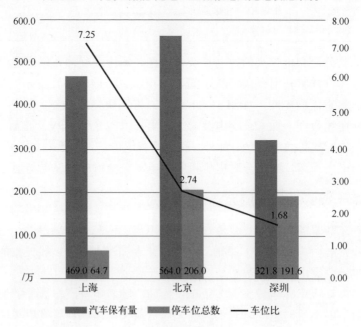

图 12-12 上海、北京和深圳的车位比(见彩插)

图 12-13　路灯杆充电设施产品（笔者拍摄于德国）

　　常规路灯杆充电设施，由于现有路灯配电线路容量有限，所以路灯杆充电产品一般为慢充，如图 12-14a 所示。若多个路灯杆充电同时进行，则同样面临路灯配电线路容量不足问题，路灯杆充电面临有序充电管理问题。

　　笔者课题组针对这一问题，提出基于直流母线的路灯充电杆组群方案，如图 12-14b 所示。方案中配合储能和能量管理系统，可实现储能、多杆充电有序管理以及快充慢充管理等功能。

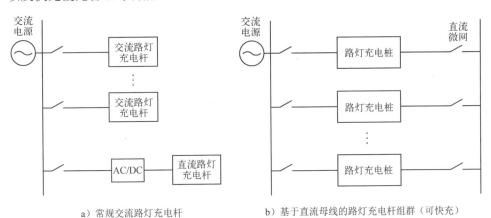

a）常规交流路灯充电杆　　　　　　　　b）基于直流母线的路灯充电杆组群（可快充）

图 12-14　路灯杆充电设施及其配电系统

　　此外，交通信号灯没有独立的电源系统，一般借用路灯配电线路，路灯充电杆组群储能系统可为交通信号灯提供备用电源，保障交通信号灯的可靠供电，如图 12-15 所示。

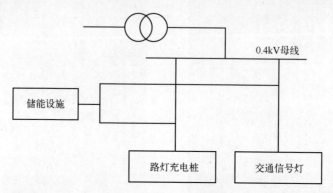

图 12-15　路灯充电杆组群储能系统为交通信号灯提供备用电源

# 第 13 章 充电设施的检测认证与现场检验

## 13.1 充电设施的国内认证体系

电动汽车充电设施作为一种新兴的电气设备，同时又是未来电气化社会重要的基础设施，其充电功能对充电车辆有直接影响，其安全性能对保护使用者、环境的安全有重要意义，这些功能、性能的满足均是建立在合规性前提下。合规性是通过第三方检测认证机构的充电设施认证来表达和传递的。目前，中国质量认证中心（CQC）等第三方机构面向充电设施（包括整机及部件）开展了产品认证业务，对符合相关标准的设备颁发认证证书。这些认证证书在管控充电设施安全质量方面发挥了积极作用，通常在工程建设、招标采购时作为投标产品合规的门槛要求。本章对充电设施的 CQC 认证和节能认证及在检测和认证中常见的问题进行介绍。

### 13.1.1 CQC 标志认证介绍

充电设施的 CQC 标志认证项目覆盖了交流充电桩、非车载充电机等主要的充电设备类型和充电枪（接口）、充电电缆等零部件产品，主要满足行业对充电设施质量管控的需求，提供对达标产品的有效识别，帮助充电运营商、车企和物业等招标采购质量过关的产品。充电设施行业不同的设备类型、部件，需要满足的标准也不同，具体分类见表 13-1。

表 13-1　认证产品及依据的标准

| 图　示 | 认证产品类别 | 认证产品 | 依据标准 |
|---|---|---|---|
| | 127001 | 电动汽车非车载充电机 | GB/T 18487.1—2015 |
| | | | GB/T 18487.2—2017 |
| | | | GB/T 27930—2015 |
| | | | NB/T 33001—2018 |
| | | | NB/T 33008.1—2013 |
| | | | GB/T 34657.1—2017 |
| | | | GB/T 34658—2017 |

（续）

| 图　　示 | 认证产品类别 | 认证产品 | 依据标准 |
|---|---|---|---|
| 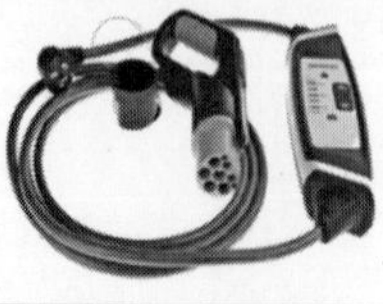 | 127002 | 缆上控制与保护装置（IC-CPD） | GB/T 18487.1—2015<br>GB/T 18487.2—2017<br>NB/T 42077—2016<br>GB 22794—2008 |
| 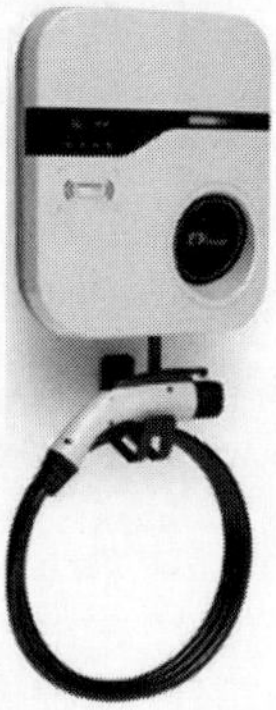 | 127003 | 电动汽车交流充电桩 | GB/T 18487.1—2015<br>GB/T 18487.2—2017<br>NB/T 33002—2010<br>NB/T 33008.2—2013<br>GB/T 34657.1—2017 |
| 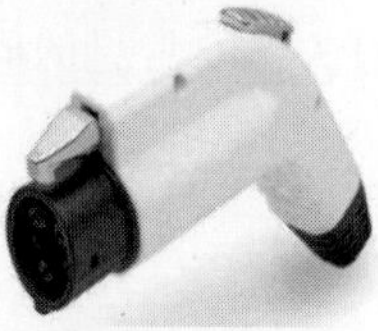 | 029001 | 电动汽车传导充电用连接装置（充电接口） | GB/T 20234.1—2015<br>GB/T 20234.2—2015<br>GB/T 20234.3—2015 |
|  | 011033 | 电动汽车传导充电系统用电缆 | GB/T 33594—2017 |

　　以上设备或部件须通过相应标准确定的测试项目，并通过实地的工厂检查确认测试样品和实际产线产品的一致性，才能颁发认证证书。

　　主要测试的项目见表 13-2。

表 13-2　主要测试项目一览表

| 类　　别 | 测试项目 |
|---|---|
| 充电桩设备测试的主要项目 | 充电桩与电动汽车的通信测试（控制导引与通信协议） |
| | 充电性能测试 |
| | 充电互操作性测试 |
| | 充电安全保护措施有效性模拟测试 |

（续）

| 类　　别 | 测试项目 |
| --- | --- |
| 充电桩设备测试的主要项目 | 绝缘性能测试 |
| | 环境适应性测试（高低温、湿热交变和振动冲击等） |
| | IP 防护等级测试 |
| | 电磁兼容性测试（抗扰度和骚扰限值） |
| 充电枪（接口）测试的主要项目 | 汽车碾过测试 |
| | 寿命测试 |
| | 紫外线暴露测试 |
| | $SO_2$、$CO_2$ 和空气混合气体测试 |
| | 硫化氢混合气体测试 |
| | 耐电弧测试 |
| | 短路耐受测试 |
| 充电电缆测试的主要项目 | 电性能测试 |
| | 机械性能测试 |
| | 低温测试 |
| | 流体兼容性测试 |
| | 抗外载压力 |
| | 整线伸展、耐弯曲 |
| | 环境试验 |
| | 燃烧性能 |

通过测试认证的产品，CQC 为其颁发认证证书，并可在产品铭牌、外壳等部位加贴 CQC 标志，以表示产品已满足相应标准要求。认证证书如图 13-1 所示。

图 13-1　获得 CQC 认证示例

### 13.1.2 节能认证介绍

充电设施发展趋势是提供更高的充电效率，功率也将进一步提升，因此是一种大功率用电电器。非车载充电机功率一般至少为 60kW，大功率充电能达到 350kW 或者更高，而交流充电桩最低功率也有 3.5kW，大于普通用电设备。

充电原理是将电网的电能传递给电动汽车，理想情况下，电动汽车得到的电能应该和电网输出的电能相同。但实际的充电设备由于使用的材料、设计原理和结构不尽相同，电能转化效率相互之间会有较大差异。

以交流充电桩为例，据检测实验室对 8 家制造商的 28 个型号的交流充电桩产品的摸底测试数据（所有测试产品规格均为 AC 220V，32A，7kW）显示，不同型号充电桩之间不论待机功率、空闲功率，还是运行损耗都有很大差异，尤其是不同制造商之间，产品功耗差异较大。交流充电桩测试功耗数据见表 13-3。

表 13-3　交流充电桩测试功耗数据

| 制造商编号 | 型号 | 待机模式 | | 运行模式 | | | | 运行功耗/待机功耗 |
|---|---|---|---|---|---|---|---|---|
| | | 测试功耗/W | 功耗百分数(%) | 输入功率/W | 输出功率/W | 损耗/W | 功耗百分数(%) | |
| 1 | A | 4.803 | 0.066 | 7254.24 | 7188.42 | 65.82 | 0.907 | 13.70 |
| 2 | B | 8.229 | 0.118 | 6963.24 | 6841.56 | 121.68 | 1.747 | 14.79 |
| 3 | C | 7.469 | 0.108 | 6944.7 | 6910.32 | 34.38 | 0.495 | 4.60 |
| 4 | D | 8.171 | 0.117 | 6967.14 | 6845.4 | 121.74 | 1.747 | 14.90 |

从表 13-3 可以看出，就待机功率而言，最大达到 8.229W，最小为 4.803W，相差近一倍，而运行模式功耗（即正常充电工作模式）最低和最高之间相差则有三倍多，这说明市场上现有充电桩产品还有很大的提升能效的空间。交流充电桩测试功耗直方图如图 13-2 所示。

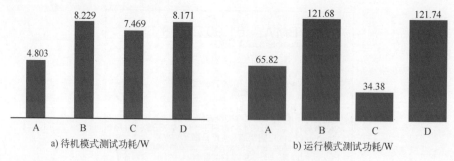

a) 待机模式测试功耗/W　　　　　　　　b) 运行模式测试功耗/W

图 13-2　交流充电桩测试功耗直方图

据北京市城管委数据，截至 2019 年底，北京已累计建成 20.09 万个电动汽车充电桩。假设其中 7kW 的交流充电桩为 1 万个，采取节能设计后的交流充电桩每年可节省电量近 257 万 kW·h，这还仅仅是 7kW 交流充电桩的情况。对于非车载充电机来说，采取节能措施后，降低能耗的量级将会几倍于交流充电桩，节约的电能将更加可观。

随着越来越多的充电设施投入运营，如何从用电端提高充电设备能效比，降低充电桩在待机、运行过程中不必要的能量损耗，将是充电行业面临的越来越迫切的问题。

资源节约产品认证是 CQC 开展的自愿性产品认证业务之一，以加贴"节"标志的方式表明产品符合相关的节能、节水等认证要求，旨在通过开展资源节约认证，促使消费者对节能产品的主动消费，引导和鼓励节能产品的推广和技术水平的进步。为了给行业提供手段识别具备节能效果、环境友好的充电桩品牌，CQC 推出了充电设施节能认证项目。获证产品可加贴"节"字标，以证明产品具备节能效果。电动汽车充电设备节能认证标识如图 13-3 所示。

图 13-3　电动汽车充电设备节能认证标识

## 13.2　充电设备检测认证中的常见问题

### 13.2.1　检测常见问题

充电设备的检测是在实验室测试环境中根据相关的标准对充电设备样机进行合规性测试。目前充电设备标准体系已经基本齐全，相关的国标、行标涵盖了设备安全性、环境适应性、互操作性、电磁兼容性和充电控制性能等。但是制造企业在进行设备研发时仍然存在不能透彻理解标准及严格按照标准进行设计、生产的问题，下面就对充电桩实验室检测中比较典型的问题做简单介绍。

（1）非车载充电机输出侧没有使用双极接触器

按照国标 GB/T 18487.1—2015《电动汽车传导充电系统 第 1 部分：通用要求》的要求，非车载充电机输出侧的两极均应使用接触器，如图 13-4 所示。

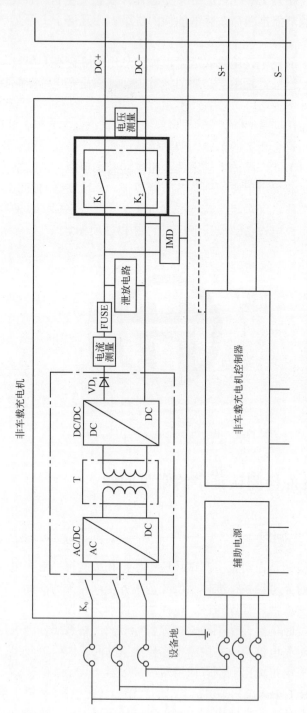

图 13-4　非车载充电机输出侧的两极均应使用接触器

而部分产品仅在输出侧正极安装了接触器，负极未安装，如果拔枪之后用户触碰到充电枪内的负极，则存在触电危险。如图 13-5 所示，右边为正极侧，左边为负极侧，负极侧没有安装接触器，存在触电风险。

图 13-5　实际不合规产品一例

（2）防尘、防水测试不合格

标准要求室外使用的充电桩防护等级应达到至少 IP54。部分充电桩因为开孔未有效封堵、防尘滤网不合适及防水胶条不达标等原因，在测试中会出现进尘、进水现象，如图 13-6 所示。

图 13-6　防护等级不达标

（3）选用规格不符的接触器

国标 GB/T 18487.1—2015《电动汽车传导充电系统 第 1 部分：通用要求》中要求，接触器的额定电流应不小于工作电路额定电流的 1.25 倍。如常见的 32A 交流充电桩应使用额定电流 40A 或以上的主接触器，图 13-7 中的产品选用了额定电流 32A 的接触器，不符合标准要求。

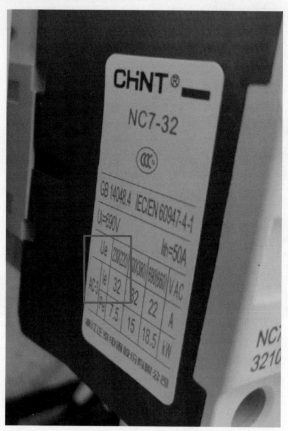

图 13-7　选用不合规的接触器

（4）控制导引不符合要求

国标 GB/T 18487.1—2015《电动汽车传导充电系统 第 1 部分：通用要求》附录和 GB/T 34657.1—2017《电动汽车传导充电互操作性测试规范 第 1 部分：供电设备》中规定了充电桩控制导引功能的具体要求，其中包括各种情况下的保护要求。

如图 13-8a 所示，CP 电压从 6V 变化到约 1V，保护时间为 1.135s，超出标准要求。标准要求 CP 电压从 6V 变化到非 6V 状态时，100ms 内断开输出。

图 13-8b 中输出电流到达过电流保护上限，充电桩没有动作，不满足标准要求。

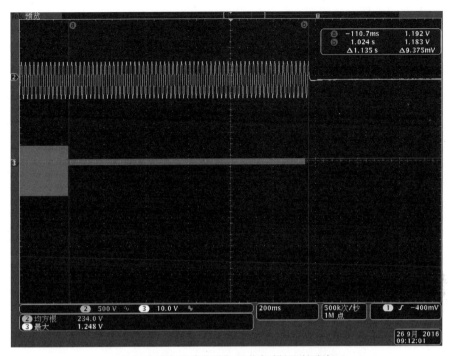

a）CP 电压从 6V 变化到非 6V 状态时断开时间超标

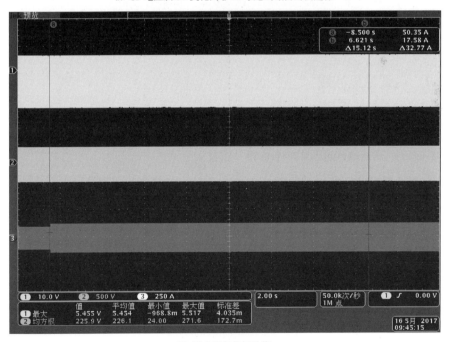

b）过电流保护拒动作

图 13-8　充电桩控制导引功能不符合要求

（5）非车载充电机充电结束后电压泄放时间过长

GB/T 18487.1—2015 中要求非车载充电机充电结束后应在 1s 内把充电接口的电压降至 60V 以下。部分产品在测试时泄放时间过长，容易产生触电危险，如图 13-9 所示。

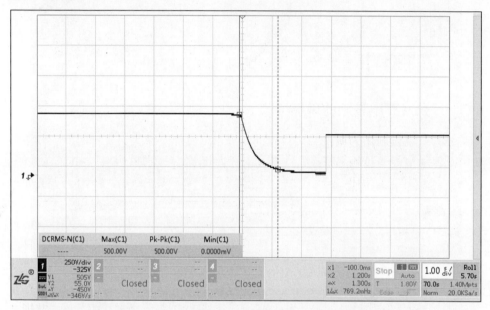

图 13-9　非车载充电机充电结束后电压泄放时间过长

## 13.2.2　认证常见问题

认证和检测的区别是，证书的颁发是证明企业具有稳定生产符合标准产品的能力。因此，认证还须对产品的生产（即制造企业的生产线）进行审核，以确保生产线上的产品与通过测试的样品的一致性。

认证机构一般会派出检查员去制造企业的生产现场进行实地工厂检查。充电设施的工厂检查中一般出现的比较典型的问题如下。

（1）实际生产的充电桩关键零部件与样品有差异

产品的性能看似是通过整机测试来考核的，实际上是通过整机内部的零部件来协助实现的。一些企业在实验室测试阶段送样的样品采用性能、规格比较好的品牌部件，但是在实际生产中发现其装配、准备交付的产品采用的主要零部件有部分与样品不一样。这类问题一经发现，会被当成不一致的情况来处理，出现类似问题的企业很难通过认证。

（2）企业不能按要求实施正确的例行检验程序

对组装完成的充电桩产品实施 100%电气耐压例行测试项目是对充电桩产品

进行电气安全质量控制的基本要求，若在例行测试中发现产品出现耐压测试报警（即发生绝缘击穿）的情况，应及时将该产品归入不合格产品管理，拒绝出厂。但是在实际检查中发现，有相当数量的生产企业对该例行检验程序的重要性认识不足，有些企业根本没有该项措施，也没有相应检测设备和测试人员，有些企业虽然能实施检测，但是检测方法不规范、不到位，不能起到有效管控产品的目的。

## 13.3　充电设施的现场检验

### 13.3.1　公共充电设施的现场检验

公共充电设施作为城市基础设施的新成员，具有功率大、工作时间长、室外使用及普通市民易接触等特点，且投入运营后随着服役周期的展开，其绝缘性能、接地完好性和 IP 防护性能等关键安全性能指标均有可能出现不同程度下降。如不对其安全问题加以重视并进行定期检查，会给城市的稳定运行带来一定安全风险。因此行业内普遍认为，利用技术手段，对公共充电设施的电气安全、安装环境安全等进行定期的现场检验很有必要。对公共充电设施的现场检验如图 13-10 所示。

充电设施的现场检验受现场环境的制约，即使配备了现场检测设备，也只能实施一部分项目。为了统一现场检验测试项目，充电标委会制定了国家能源行业标准《电动汽车充电设备现场检验技术规范》，目前正在编制过程中。该标准规定了现场检验主要实施的项目，包括一般检验、安全防护检验、功能检验、安全要求检验、输出性能检验、互操作检验和通信一致性检验等。

现场检验中发现的充电设施主要问题如下。

（1）不充电时充电接口带电

按照充电控制逻辑，充电接口在不插车充电的情况下应该是不带电的，但如内部接触器、继电器等部件发生故障或老化，接口就可能在待机状态下仍带有 220V 危险电压，人员一旦接触，有较大触电风险。图 13-11 为某充电枪在不充电时带有 222.5V 的危险电压。

（2）设备内部接地端子锈蚀

如图 13-12 所示，充电桩内部的接地排的接地端子已经发生严重锈蚀。经测试，设备的接地电阻已经明显超标。充电运营商应及时巡检、维护充电桩设备，更换锈蚀元器件。

（3）防水、防尘性能下降

如图 13-13 所示，充电桩在一定运营周期之后，充电桩的防尘网出现明显破损，密封胶带发生变形，致使设备容易进土、进水，这些都会导致设备存在过热、漏电等安全隐患，应及时发现并更换。

图 13-10　对公共充电设施的现场检验

图 13-11　某充电枪在不充电时带有危险电压

图 13-12　充电桩内部的接地端子严重锈蚀

图 13-13　充电桩防护等级下降

## 13.3.2　自用充电设施的现场检验

车企在销售电动汽车时，一般会给有产权车位或租赁车位条件的购车车主配装充电桩。不同于公共充电桩，这些充电桩专车专用，且一般安装于住宅小区停车场或地库，因此该类充电设施又称为自用充电设施，或自用桩。

自用充电设施构成了国内充电基础设施的重要组成部分。如果电动汽车车主有条件安装自用桩，采用自用桩充电是最理想的电动汽车使用场景。

与公共充电设施不同，自用充电设施的建设主体是各电动汽车车企。实际操作中，一般是由车企委托社会上的安装公司为购车车主安装自用桩。随着电动汽车应用在国内的铺开，自用桩的建设也深入到各个住宅小区，甚至农村。自用充电桩如图 13-14 所示。

图 13-14　自用充电桩一例

　　自用充电桩建设的主要难题在于其安装环境千差万别，且只能连接入特定的取电点。而一旦出现安全事故，车企作为建设主体又须承担相应责任。因此，为了加强电气安全管理，车企希望对自用充电设施进行安装后的现场检验，以确定其符合电气安装规范。

　　自用充电设施的取电点一般有三类，见表 13-4。

　　关于自用充电设施的现场检验，目前比较全面的标准是 CQC 1402—2019《电动汽车自用充电设施的安装与检验》。该标准由中国质量认证中心联合北汽新能源、宝马等车企专家编写而成，依据安装程序对勘查、设计、设备固定、导管敷设、柜内配线及压接和导线连接等环节作出规定，并对检验程序规定了检查和测试项目，附录部分介绍了安装关键用料的规格、规范要求。

表 13-4　自用充电设施的取电方式

| 取电类别 | 说　　明 | 图　　示 |
|---|---|---|
| 地方电网 | 条件允许时，车主可向地方供电部门提出电力报装申请，批准后，自用充电桩可接入产权属于属地供电部门的 π 接柜，充电电费同供电部门结算 | |
| 小区物业 | 如果物业同意使用小区产权配电网,则自用充电桩可接入小区物业电,充电电费同物业结算 | |
| 入户电 | 如果以上条件都不具备,在入户供电容量充足时（≥40A）,也可接入入户电表箱,充电电费算作入户电费的一部分 | |

　　值得说明的是，自用桩安装作为电动车企售后的第一个环节，带有强烈的服务属性，安装过程给购车车主带来较好的服务体验也是各车企都比较强调的。所以不同于通常的工程项目，车企更注重安装公司及安装人员与车主的接触环节，如电话沟通、现场操作等，能提供与车企品牌相符合的服务。

　　关于自用充电设施的安装服务方面的要求，可参考行业标准 RB/T 008—2019《电动汽车自用充电设施安装服务认证要求》。

# 第14章 典型案例

## 14.1 住宅小区的充电设施

### 14.1.1 项目情况

某住宅小区位于浙江省湖州市安吉县，总建筑面积约13万 m²，包括合院别墅、高层住宅及其配套公建，其中地下共一层，面积为47219.8m²，主要功能为设备用房及车库（包括合院别墅的私家车库），共计私家车760辆。

### 14.1.2 负荷计算

根据浙江省地方标准DB 33–1121—2016《民用建筑电动汽车充电设施配置与设计规范》第4.2.4.1条规定，住宅建筑建成时电动汽车充电停车位配建指标不应小于表14-1的规定。

**表14-1 住宅建筑建成时电动汽车充电停车位配建指标** （单位：%）

| 项目 | 建成时电动汽车充电停车位配置总数量（占建筑配建机动车停车位数量的比例） | | | 快充停车位配置数量（占建成时充电停车位总数量的比例） | | |
| --- | --- | --- | --- | --- | --- | --- |
| 指标级别 | Ⅰ | Ⅱ | Ⅲ | Ⅰ | Ⅱ | Ⅲ |
| 住宅 | 10 | 12 | 14 | 2 | 2 | 3 |

该标准还规定，快充停车位应设置为专用充电停车位。住宅建筑配建的机动车停车位应100%预留配电线路通道和充电设备位置，并适当预留相关变配电设备设置条件。表14-1中规定数量的充电停车位应在建设初期配足变压器容量。

根据本书第6章式（6-4），结合表14-1，得计算公式为

$$S_{js}=K_t (K_{d1} n P_n+ K_{d2} m P_m)/(\eta \cos\varphi) \tag{14-1}$$

式中，$S_{js}$为计算容量（kV·A）；$\eta$为变压器负载率，取0.7~0.8；$\cos\varphi$为补偿后功率因数，取0.9~0.95；$P_n$为单台交流充电桩（慢充）额定功率，本项目为7kW；$P_m$为单台非车载充电机（快充）额定功率，取60kW；$n$为慢充停车位数量，本项目按Ⅰ级指标设计，760×10%=76；$m$为快充停车位数量，76×2%=1.5，但经与业主方协商，本小区未设快充车位，$m$=0；$K_{d1}$、$K_{d2}$为需要系数，查第6章$K_d$曲线图6-5和表6-3，$K_{d1}$=0.3，$K_{d2}$=0.8；$K_t$为同时系数，取0.80。

$S_{js}$=0.8×(0.3×76×7)/0.8×0.9=221.7(kV·A)

### 14.1.3 系统设置

本工程在地下室专为充电设备设置了配变电所，考虑适度发展，预留20%交流充电桩的发展空间，$1.2S_\Sigma$=1.2×221.7kV·A=266kV·A；预留两台非车载充电机安装容量，$K_{d2}$×2×60kW/(0.95×0.95)=106.4kV·A。两者合计：266kV·A+106.4kV·A=372.4kV·A。

因此，配变电所内设一台 400kV·A 变压器，低压柜三台，进线柜、补偿柜和出线柜各一台。配变电所平面布置图如图14-1所示。由于充电设施系统是后加装的，在有限的空间内为配变电所找到合适的位置，设置安装过于紧凑实属无奈之举，以至于配变电所已无发展空间可言！这是住宅建筑常见问题，既有建筑改造更是如此。

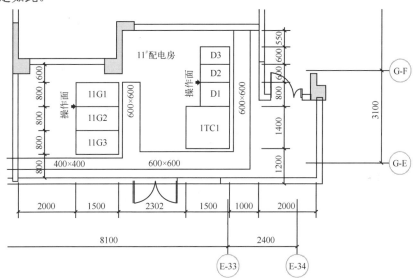

图 14-1　配变电所平面布置图

同时在地下车库为充电设施用电计量专设了 5 个计量间，内设电表箱，根据供电半径每个计量间为 13～18 个充电桩进行供电及计费。电表箱系统图如图 14-2 所示。

### 14.1.4 平面布置

图 14-3 为公共车位部分充电桩的设置，充电桩设于双排车位中间，采用单相交流充电桩，单枪。

图 14-4 为公共车位部分充电桩的设置，充电桩设于车后部，采用单相交流充电桩，单枪。

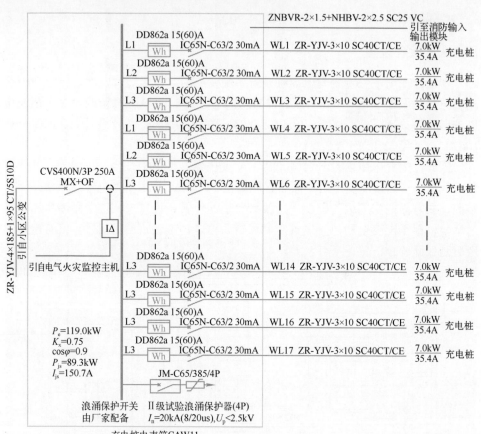

图 14-2　电表箱配电系统图

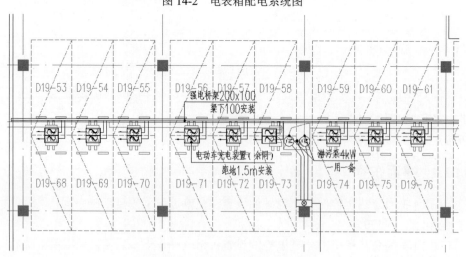

图 14-3　公共车位部分充电桩布置图（一）

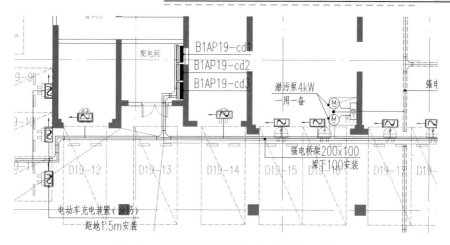

图 14-4　公共车位部分充电桩布置图（二）

图 14-5 为合院私家车位的充电桩设置，位于车库侧墙，为挂墙式安装，单相交流充电桩，单枪。

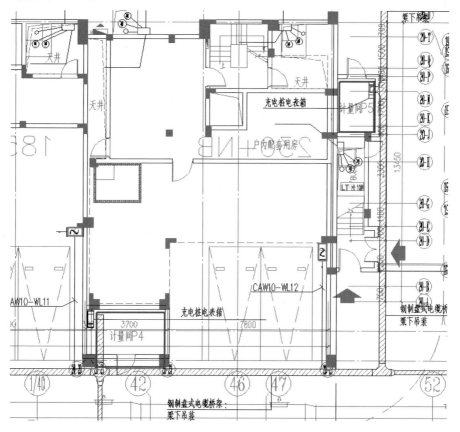

图 14-5　合院私家车位的充电桩标准图

充电车位的其他设施，如照明、安防与其他车位共用，不单独设置，设计时 GB/T 51313—2018《电动汽车分散充电设施工程技术标准》尚未实施，故没有设置防火单元。

## 14.2　公共建筑的充电设备

### 14.2.1　公共建筑的充电设施系统特点

公共建筑的充电设施系统与住宅充电设施系统有较大的不同，主要有如下特点。

（1）充电车位使用对象的不确定性

如住宅小区等充电车位有许多是私人车位，使用权或产权较为固定，其充电桩的使用对象相对来说也是固定的，充电桩的功率较小。而公共建筑的充电设施系统使用对象除少数固定车位外，大多数是不固定的，故充电车位的使用带有不确定性和随机性。

（2）充电车位的同时使用系数较高

这是由公共建筑运营的特点决定的，如会展中心活动期间、体育场馆的赛事活动期间等。在活动期间内，人员相对比较集中，充电车位的利用率较高。

（3）对直流充电车位的配比要求较高

如浙江省地方标准中快充停车位配置率（占建成时充电停车位总数量的比例），住宅项目要求不小于3%；而公共建筑通常要求不小于10%，医院要求高至20%。

以杭州奥体博览城主体育场区及附属设施项目为例，该体育场是2022年杭州亚运会主体育场，为我国三大体育场之一，拥有座位8万个。下面从充电区域选择、负荷计算、供配电系统、监控系统、计量计费及视频监控系统等几个方面对体育场馆的充电桩系统进行分析研究。

### 14.2.2　项目背景

项目名称：杭州奥体博览城主体育场区及附属设施。

地理位置：本工程位于钱塘江与七甲河交汇处南侧。用地西北侧为闻涛路，西南侧为奥运路，东南侧比邻利民河及地铁奥体中心上盖物业，东北侧为七甲河，有优越的交通条件和良好的景观视线。

项目电力情况：奥体中心设置20kV开闭站一座，为整个园区的电能中心。

体育场夜景如图14-6所示。

图 14-6 体育场夜景

### 14.2.3 设计依据

设计依据的标准包括：GB 17467—2020《高压/低压预装式变电站》；GB 50169—2016《电气装置安装工程接地装置施工及验收规范》；NB/T 33001—2010《电动汽车非车载传导式充电机技术条件》；GB/T 4208—2017《外壳防护等级的分类》；GB/T 14549—1993《电能质量 公用电网谐波》；GB/T 18487.1—2015《电动汽车传导充电系统 第 1 部分：通用要求》；GB/T 27930—2015《电动汽车非车载传导式充电机与电池管理系统之间的通信协议》；GB/T 20234.1—2015《电动汽车传导充电用连接装置第 1 部分：通用要求》；GB/T 20234.2—2015《电动汽车传导充电用连接装置第 2 部分：交流充电接口》；GB/T 20234.3—2015《电动汽车传导充电用连接装置第 3 部分：直流充电接口》；GB 50966—2014《电动汽车充电站设计规范》；DB 33-1121—2016《民用建筑电动汽车充电设施配置与设计规范》；GB 50217—2018《电力工程电缆设计规范》；GB 50054—2011《低压配电设计规范》；GB 50016—2014（2018 年版）《建筑设计防火规范》；GB/T 13869—2017《用电安全导则》；其他相关标准、规范、技术文件和法规；业主的设计任务书和设计要求。

### 14.2.4 设计思路

（1）充电车位计算

奥林匹克体育中心总车位数为 2700 个。根据 DB 33-1121—2016《民用建筑电动汽车充电设施配置与设计规范》第 4.2.4 条第 6 款规定，又基于体育场为亚运会的主场，场馆等级高，故本设计取Ⅲ级指标，即最高指标。电动汽车车位配置比例为 12%，其中快充停车位配置数量占充电停车位总数量的比例为 15%。浙江省地方标准关于其他类民用建筑建成时电动汽车充电停车位配建指标见表14-2。

**表14-2　浙江省地方标准关于其他类民用建筑建成时电动汽车充电停车位配建指标**

单位：（%）

| 项目 | 电动汽车充电停车位配置数量<br>（占建筑配建机动车停车位数量的比例） | | | 快充停车位配置数量<br>（占充电停车位总数的比例） | | |
|---|---|---|---|---|---|---|
| 指标级别 | I | II | III | I | II | III |
| 其他类民用建筑 | 10 | 10 | 12 | 10 | 12 | 15 |
| 公共停车场（库） | 10 | 12 | 15 | 40 | 45 | 50 |

注：1. 表中其他类民用建筑包含商业、餐饮、娱乐、影（剧院）、会展中心、体育场（馆）、图书馆、纪念馆、博物馆、科技馆和游览场所等功能性建筑。

　　2. 公共停车场（库）充电停车位应设置为公用充电停车位。

经计算，总电动汽车停车位为2700×12%=324个，其中，非车载充电机车位为324×15%≈49个，交流充电桩车位为324-49=275个。

（2）充电车位选址

直流快充停车位设置在室外地面的停车场，停车区上方为体育场与网球中心的二层平台，如图14-7所示。

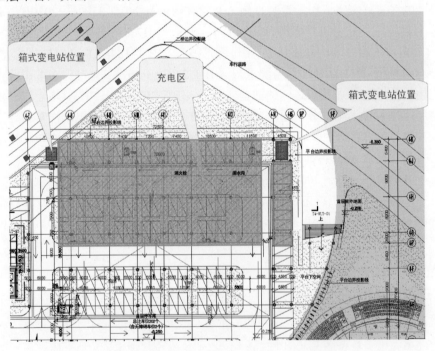

图14-7　室外直流快充充电停车位区域图

交流充电桩设置在地下停车场，地下停车场紧邻体育场，为体育场的辅助设施，如图 14-8 所示。

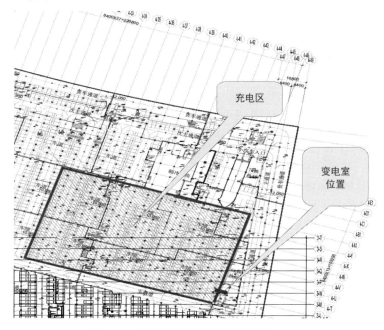

图 14-8　交流充电桩停车位区域图

（3）负荷计算

交流充电桩采用 7kW 单相交流桩，直流快充采用 60kW 非车载充电机，总安装容量为 4865kW。

变压器容量计算同本书第 14.1 节式（14-1），即

$$S_{js}=K_t(K_{d1}nP_n+K_{d2}mP_m)/(\eta\cos\varphi)$$

式中，$S_{js}$ 为计算容量（kV·A）；$\eta$ 为变压器负载率，取 0.7～0.8；$\cos\varphi$ 为补偿后功率因数。取 0.9～0.95；$P_n$ 为单台交流充电桩（慢充）额定功率，本项目为 7kW；$P_m$ 为单台非车载充电机（快充）额定功率，取 60kW；$n$ 为慢充停车位数量，本项目 $n=275$；$m$ 为快充停车位数量，本项目 $m=49$；$K_{d1}$、$K_{d2}$ 为需要系数，查第 6 章 $K_d$ 曲线图 6-5 和表 6-3，$K_{d1}=0.28$，$K_{d2}=0.3$；$K_t$ 为同时系数，取 0.80。

$$\begin{aligned}S_{js}&=K_t(K_{d1}nP_n+K_{d2}mP_m)/(\eta\cos\varphi)\\&=0.8\times(0.28\times275\times7+0.3\times49\times60)/(0.7\times0.9)\\&=1804(kV\cdot A)\end{aligned}$$

（4）供电电源

室外直流充电停车位电源：1 路 20kV 市电电源引自体育场 20kV 总配电室，铠装电缆通过室外埋地的方式敷设至 $1^\#$～$5^\#$ 箱式变电站，每台箱式变电站容量均

为 400kV·A。

地下停车场区域交流充电停车位电源：1 路 20kV 市电电源引自体育场 20kV 总配电室，20kV 低烟无卤阻燃电缆通过电缆桥架的敷设方式引至 CB 变电室，即充电区域变电室。

（5）配电系统

低压配电系统采用放射式与树干式相结合的方式向充电设备配电柜供电。

60kW 非车载充电机电源采用金属桥架敷设至充电停车位区域，其位于体育场和网球中心之间二层平台下方；7kW 单相交流充电桩中有 105 台靠墙车位，采用金属桥架、镀锌钢管引下至壁挂式充电桩；其余 170 台全部采用地面金属桥架和 1.5m 立柱的方式敷设、安装。

图 14-9 为非车载充电机配电柜系统图，图 14-10 为单相交流充电桩配电柜系统图，元器件的选择请参见本书第 6 章表 6-8、表 6-9。

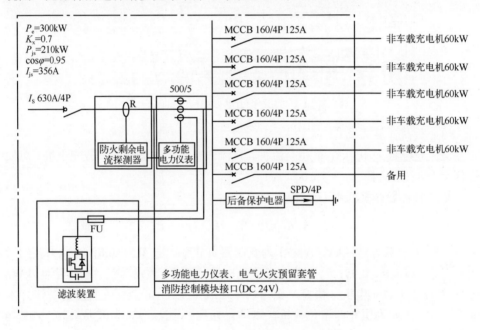

图 14-9　非车载充电机配电柜系统图

（6）接地与安全

低压配电系统采用 TN-S 系统，要求接地电阻不大于 1Ω，实测不满足要求时，增设人工接地极。室外充电设施应设电击防护措施。在室外电动充电车位地面下 0.15～0.3m 设置等电位均衡网。车挡与等电位均衡网可靠连接。等电位均衡网与接地极可靠连接。

相关内容参见本书第 10 章相关章节。

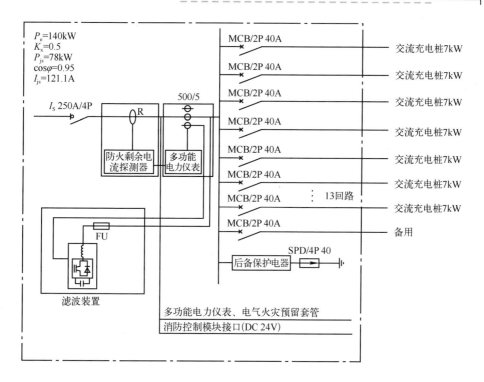

图 14-10 交流充电桩配电柜系统图

## 14.2.5 监控系统

本工程充电终端数量较多，按照 A 类监控系统设置，采用双网结构。并在体育场附属设施的地下车库充电停车区内设置监控室。监控系统结构如图 14-11 所示。

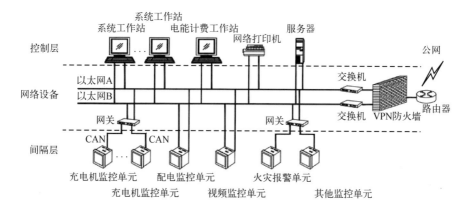

图 14-11 监控系统结构图

（1）监控室

监控系统设两台互为热备用的操作工作站兼数据服务器，是操作员实现过程监视与控制交互的人机接口，提供操作员授权、图表生成和调用功能。完成充电设备各种控制调节命令操作以及系统故障时应急处理功能。包括对整个充电站计算机监控系统的管理、数据库管理、在线及离线计算功能、各种图表及曲线的生成、语音报警和 GPS 对时等。操作站同时供运行值班人员使用，具有图形显示、设施系统运行监视和控制功能，以及发操作控制命令、召唤或定时打印、设定与变更工作方式等功能。设施系统所有的操作控制都可以通过鼠标及键盘实现；通过彩色显示器可以对设施系统的生产、设备运行进行实时监控，并取得所需的各种信息。监控系统图如图 14-12 所示。

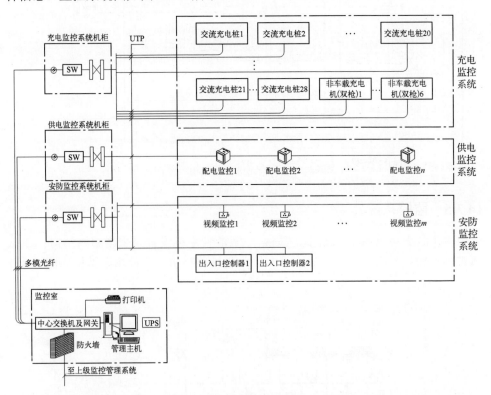

图 14-12　监控系统图

（2）主要监控功能

1）运行监视功能。主要包括充电站正常运行时的各种信息和事故状态下的自动报警，监控系统能对设备异常和事故进行分类，设定等级。当设备状态发生变化时推出相应画面。发生事故时，事故设备闪光直至运维人员确认，可方便地设置每个测量点的越线值、极限值，越线时发出声光报警并推出相应画面。

2）运行管理功能。可进行自诊断、在线统计和制表打印，按用户要求绘制各种图表，定时记录充电设施系统运行的各种数据，采集电能量，按不同时段进行电能累加和统计，最后将其制表打印。

3）远动功能。在站级层设置远动终端，按双通道考虑。可从计算机网络上直接获得设施系统全部运行数据，可与调度端主站进行通信，将其所需的各遥测、遥信和电能信息传给调度端，同时可接收调度端发来的各种信息，并具有通道监视功能。

4）控制和操作。实现对智能充电设备的操作和控制，包括对开始、停止和紧急停止的控制；在充电设备向电动汽车充电时，根据用户选择的充电方式，自动调整充电设备充电功率，即根据充电设备连接电池类型及其充电特性，调整各阶段充电参数，并将调度指令下发给充电设备；在电动汽车电池向电网放电时，根据调度指令自动调整输出功率。

5）管理功能。能量协调与管理，结合电能质量与当前设备的时间运行工况，对站内各种充电设备的运行定值参数和运行状态进行调节，实现系统能量的协调和管理。

6）用户交易信息管理。对用户账号中的消费信息以及车辆充电过程信息进行管理，如当前的剩余金额、充电历史记录，对应车辆信息管理以及相关电池及单体电池若干信息的管理，充电过程的历史电流、电压波形。

7）设备管理。监控系统能自动统计设备运行小时数、动作次数、事故和故障次数以及相应的时间等，以便考核并合理安排运行和检修计划，设备检修要挂检修牌。

8）管理维护。可供系统管理员进行系统维护用，可完成画面、数据库的定义、修改，系统参数的定义、修改，报表的制作、修改等工作。

（3）计费及安防系统

1）计量计费系统。主要由计量部分和计费部分组成，计量部分由关口表（电能表精度0.5级，穿心式电流互感器精度0.5级）、直流电能表、交流电能表（含三相表精度0.5级与单相表精度1.0级）以及充电站计量管理机组成。计费部分主要由计费工作站与服务器组成。采用非接触CPU卡，在统一预付费售电系统平台进行CPU卡的管理。计费按照不同时段的费率和充电电度数计算消费的金额，在充电机或充电桩第二次刷卡时结算。该系统特点见表14-3。

2）安防监控系统。本工程安防监控系统采用视频监控系统，整体设计如下：视频监控系统采用视频采集加网络编码传输、各地充电站用网络硬盘录像机实现视频接入，对新建的前端监控点位进行实时监视及录像。采用该种方式可支持多用户同时登录实时监看、回放、下载同一路视频，多用户操作模式可有效利用资源，然后通过网络传输至区域监控中心实现集中监控和管理功能。方案设计使用高清网络摄像机、网络硬盘录像机，其中高清网络摄像机用于采集前端图像并编码压缩，在网络上进行传输，并通过网络硬盘录像机将图像进行管理、存储和转发，支持多客户端同时接入，然后通过网络传输至监控中心。视频监控系统拓扑图如图 14-13 所示。

表 14-3　计量计费系统特点

| 类别 | 功能特点 |
|---|---|
| 多级计量管理 | 多级用电计量管理，保证数据完整性和可靠性 |
| | 实现各级计量数据的统计、汇总及对比 |
| | 及时排查用电异常现象，保证充电设施系统的正常运行 |
| 多样化的监测指示 | 实时动态曲线数据图 |
| | 列表数据实时动态滚动显示 |
| | 异常超限数据加亮突出显示 |
| | 告警事件弹出警示 |
| 报表系统 | 系统自动生成日、周、月、季度以及年报表，可供用户查看，并且提供下载功能 |
| | 用户自定义报表，用户可以自己设置报表生成条件及参数生成数据报表 |
| | 提供导出 Excel、PDF 报表文件功能，并提供下载功能 |
| 多种接口方式 | 系统扩展灵活，兼容性好 |
| | 提供多种数据接口方式，如：Socket、MSMQ、消息队列、中间库和 Web Service 等 |

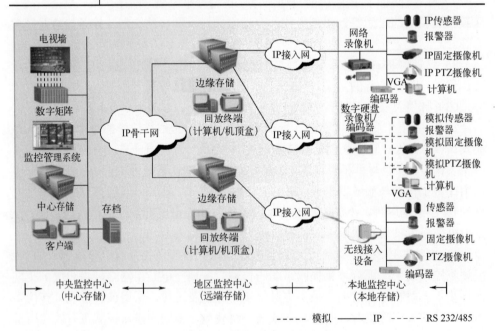

图 14-13　视频监控系统拓扑图

3）系统组成。系统主要由前端设备（用于采集监控区域的实时图像）、信号传输设备（用于传输前端的视频、报警数据信号到监控中心，并将中心的控制信号传到前端）、中心视频控制、存储及管理设备和显示设备五部分组成。所有前端视频采集设备均使用高清网络摄像机编码后通过网传输到监控中心，也可使用网络智能存储设备进行集中存储备份。通过中心管理平台管理录像的存储，需要浏览视频的用户通过安装客户端来实现图像的实时监看与录像查看。总控中心配一体化平台服务器支持级联扩展，适合项目后期建设，并可以通过接口扩展至充电站管理平台系统，从而形成统一的系统控制和管理。上述为设计院的设计方案，下一步由当地电力公司深化，并运营管理。

## 14.3 某园区充电站

本充电站位于北京市昌平区震宇科技园内，为园区充电站，主要目的是为园区各类电动汽车提供充电服务使用，主要服务对象为园区内部电动汽车和各车企新上市车辆充电对接使用。

### 14.3.1 充电站设置

充电站设有非车载充电机 3 台，交流充电桩 4 台，详见表 14-4。

表 14-4 充电站充电设备设置情况

| 类　　型 | 非车载充电机 | | | 交流充电桩 | | | |
|---|---|---|---|---|---|---|---|
| 额定功率/kW | 60 | 60 | 120 | 42 | 7 | 7 | 14 |
| 额定输出电压/V | 750 | 500 | 750 | 380 | 220 | 220 | 220，双枪 |
| 额定电流/A | — | — | — | 63 | 32 | 32 | 32 |
| 支付方式 | 微信 | 刷卡 | 刷卡 | 微信 | 微信 | 刷卡 | 刷卡 |
| 安装方式 | 落地 | 落地 | 落地 | 壁挂 | 壁挂 | 壁挂 | 落地 |

注：表中没注明的均为单枪。

### 14.3.2 配电设计

充电设备总安装容量：$P_e$=310kW；补偿后功率因数 $\cos\varphi$，取 0.95；根据充电设备数量，包括慢充和快充设备，查第 6 章表 6-3，充电桩需要系数 $K_d$ 取 0.8；同时系数 $K_t$ 取 0.80。

根据本书第 6.1 节，则计算容量为：

$$S_{js} \approx K_t K_d P_e / \cos\varphi = 0.80 \times 0.8 \times 310 / 0.95 = 208.8 \text{kV} \cdot \text{A}$$

基于园区科研楼供照明负荷使用的变压器（额定容量为 800kV·A）负荷率较

低，约 37%，有约 500kV·A 的富余量。因此，采用该变压器为充电站供电。从变电所引来一路 220V/380V 为充电站供电，在充电站设有二级低压配电箱，二级配电采用放射式为各充电设备供电，系统示意图如图 14-14 所示。

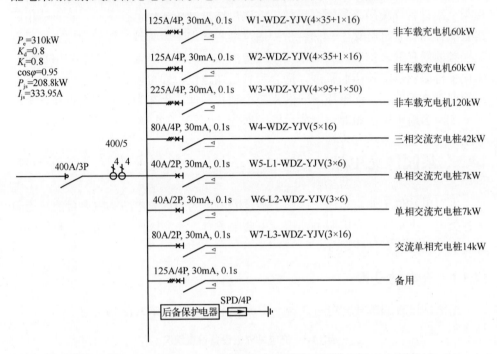

图 14-14　充电站配电系统示意图

### 14.3.3　使用情况

主要用户车辆见表 14-5。

表 14-5　主要用户车辆情况

| 品　牌 | 数　量 |
| --- | --- |
| 北汽新能源 | EV160 2 辆；EU260 5 辆；EX360 2 辆；EU5 500 1 辆 |
| 比亚迪 | E6 3 辆；E5 4 辆；秦 300 3 辆 |
| 腾势 | 3 辆 |
| 奇瑞 | EQ1 2 辆 |
| 威马 | 2 辆 |
| 蔚来 | ES8 2 辆 |
| 江淮 | IEV4 2 辆 |
| 九龙中巴 | 2 辆 |
| 安凯大巴 | 2 辆 |

（1）交流充电桩使用情况

北汽 EV160、江淮 IEV4 和奇瑞 EQ1 车载充电机为 3.3kW，使用 7kW 交流充电桩即可；比亚迪 E6、E5、秦 300 和腾势为 2018 年之前生产车辆，车载充电机为 380V/63A，42kW，需要 42kW 三相交流充电桩充电；表 14-5 中其余车辆车载充电机都为 220V/32A/7kW，配套使用 7kW 单相交流充电桩充电。

（2）非车载充电机

非车载充电机需根据 BMS 请求进行充电，请参阅表 8-4。

BMS 电压需求：北汽、奇瑞和江淮充电电压在 340V 左右，近似恒压充电，如图 14-15 所示；比亚迪、腾势充电电压约为 470V，也为恒压充电，如图 14-16 所示；客车充电电压基本在 600V 左右。

详细数据可参阅本书第 15.2 节，该充电站是笔者多项课题研究的测试、试验场所之一，获取很多宝贵数据，为科研工作做出巨大贡献。

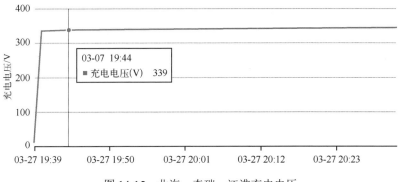

图 14-15　北汽、奇瑞、江淮充电电压

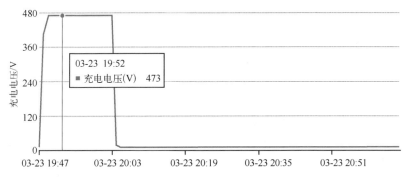

图 14-16　比亚迪、腾势充电电压

# 第15章  研究及调查报告

为了对电动汽车充电设施系统有比较科学、合理的设计与应用，本书编写组对相关专项课题进行系统性的研究，取得了阶段性的成果。由于电动汽车属于新鲜事物、新技术，有些发展方向尚未明确，例如充电与换电、电池技术等，对工程设计及应用都产生相当大的影响。因此，我们的成果是阶段性的，研究工作将随着电动汽车技术的发展而持续进行。

本书第 6 章介绍过需要系数的概念，即用电设备实际所需要的功率与其额定功率的比值，具体计算公式为

$$K_\mathrm{d} = \frac{P_\mathrm{c}}{P_\mathrm{e}} \tag{15-1}$$

式中，$P_\mathrm{c}$ 为有功计算功率（kW），从实际运行功率中获得，也称为需要功率；$P_\mathrm{e}$ 为设备额定功率（kW）。

需要系数主要来自于实际运行的负荷曲线，属于经验值，计算简单且在设备较多时精度较高，不适用于台数较少时的计算。需要系数作为负荷计算的重要参数，对供配电系统尤其对变压器的合理选择具有十分重要的意义。

## 15.1  交流充电桩需要系数的研究

正如第 1 章所述，目前电动汽车的常见充电设备主要包括对车载充电机供电的交流充电桩、非车载充电机以及充电主机系统。如今很多停车场（库）都可以看见非车载充电机和交流充电桩，这使得电动汽车的充电更为方便。本节首先介绍交流充电桩需要系数的研究。

### 15.1.1  充电功率的确定

交流充电桩分为单相和三相交流充电桩。单相交流充电桩常见额定功率为 7kW，向下兼容，即可以给额定功率为 7kW 及以下（包括常见的 3.3kW）的电动汽车充电，这种充电桩较为经济便宜，故应用比较普遍。三相交流充电桩常见功率有 10kW、42kW 等，也是向下兼容，且可兼容三相和单相充电。

某小型充电站一天内的充电总功率变化情况如图 15-1 所示。由图 15-1 中可知，一天内充电功率在不同时段有较大差异，在 23:00—次日 1:00 电动汽车的使用率低，因此其为充电高峰，此时充电桩的最大总功率可达 500kW；在 12:00—

14:00 为第二个充电高峰时段，大约为 340kW；而在 8:00 左右，电动汽车多在使用，充电功率很低，接近 0。这种现象与人们日常生活作息有着较大联系。确定充电功率需要考虑到整个供配电系统的实际情况，因此，根据热效应原则，充电功率取 30min 最大平均功率。

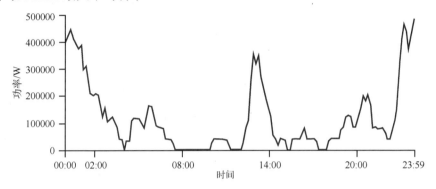

图 15-1　某充电站 24h 内充电总功率变化情况

事实上，在交流充电桩充电过程中其工作电压基本是一个恒定值，如图 15-2 所示，交流充电桩实际充电电压基本维持在 220V 不变，因此需要系数也可通过分析电流数据来确定。

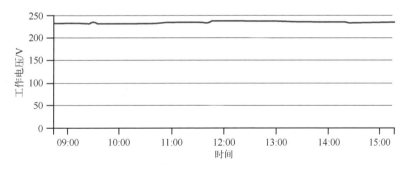

图 15-2　充电桩充电电压变化趋势

## 15.1.2　研究方法

笔者调研了单相与三相交流充电桩的工作状态，得到了实际运行需要系数的样本组。通过一定的数据分析即可得到需要系数的选取范围，分析过程如下。

首先应对样本组进行坏点处理，使得数据更科学、更具代表性。去除坏点后，选取适当的数理统计方法分析样本。

一般情况下，可以先假设数据呈正态分布的规律，这里采用 SPSS 软件做柯尔莫哥洛夫-斯米尔诺夫检验（即 K-S 检验）验证正态分布。当显著性 $\alpha > 0.05$ 时，则假设成立。

若已验证样本数据符合正态分布规律，可根据正态分布式（15-2）和式（15-3）得出样本均值$\mu$和标准差$\sigma$，即

$$\mu = \frac{x_1 + x_2 + \cdots + x_n}{n} = \frac{\sum\limits_{i=1}^{n} x_i}{n} \tag{15-2}$$

$$\sigma = \sqrt{\frac{1}{n}\sum_{i=1}^{n}(x_i - \mu)^2} \tag{15-3}$$

式中，$n$ 为样本数量；$x_i$ 为样本值，$i=1,2,\cdots,n$；$\mu$为样本均值；$\sigma$为标准差。

已知均值和标准差便可求取参考值范围，此处采用频数分布估计法估计任意取值范围内的频数比例，制定参考值范围。式（15-4）中，$X$ 为双侧界值，即范围边界，边界大小以显著性水平$\alpha$值来确定，即估计总体参数落在某一区间内可能犯错误的概率，其常用值有 0.01、0.05 和 0.10 等。鉴于需要系数是工程应用参数，实际情况比较复杂，所以无须将参考值范围定得过小，取$\alpha$值为 0.10，即参考范围至少能满足 10%的情况。$\mu$值的选取与参考值范围的选择有关，常用$\mu$值见表 15-1。

$$X=\mu \pm u\sigma \tag{15-4}$$

式中，$X$ 为双侧边界值；$\mu$为标准正态变量。

表 15-1　常用$\mu$值

| 参考值范围（%） | 单侧 | 双侧 |
| --- | --- | --- |
| 80 | 0.842 | 1.282 |
| 90 | 1.282 | 1.645 |
| 95 | 1.645 | 1.960 |
| 99 | 2.326 | 2.576 |

显著性水平$\alpha$取 0.10，则双侧界值为 P5 和 P95，即置信水平为 5%和 95%可得

$$X=\mu \pm 1.645\sigma \tag{15-5}$$

这样，通过分析参考范围的合理性，并综合实际运行情况，即可得出需要系数建议值。

### 15.1.3　单台单相交流充电桩的需要系数

单相交流充电桩主要用于家用，也用于公共场所，目前使用广泛。某单相交流充电桩的几组运行数据见表 15-2，其标称功率为 7kW，实际功率为 8kW，经峰谷最大值与莱茵达准则判断，数据没有坏点且具有一定的代表性。

表 15-2 单台单相交流充电桩充电数据

| 额定功率 $P_e$/kW | 充电电压/V | 充电电流/A | 实际功率因数 | 充电功率 $P_c$/kW | $P_c/P_e$ |
| --- | --- | --- | --- | --- | --- |
| 8 | 234 | 15.5 | 0.984 | 3.57 | 0.446 |
| 8 | 241 | 15.7 | 0.946 | 3.58 | 0.448 |
| 8 | 237 | 15.6 | 0.976 | 3.61 | 0.451 |
| 8 | 234 | 24 | 1.004 | 5.64 | 0.705 |
| 8 | 241 | 30.3 | 0.918 | 6.7 | 0.838 |
| 8 | 237 | 31 | 0.926 | 6.8 | 0.850 |
| 8 | 232 | 29.9 | 0.980 | 6.8 | 0.850 |
| 8 | 243 | 31 | 0.937 | 7.06 | 0.883 |
| 8 | 243 | 31 | 0.956 | 7.2 | 0.900 |
| 8 | 241 | 33.1 | 0.946 | 7.55 | 0.944 |
| 平均值 | 238.3 | 25.71 | 0.957 | 5.851 | 0.731 |

将以上数据用直方图形式表示会更为直观且便于分析，按数据大小排列如图 15-3 所示。

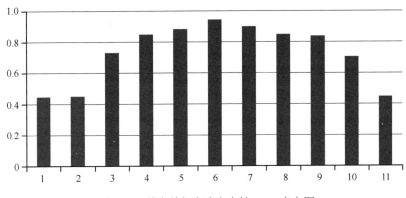

图 15-3 单台单相交流充电桩 $P_c/P_e$ 直方图

经 SPSS 检验显著性 $\alpha$=0.478＞0.05，见表 15-3，故此组数据符合正态分布规律。因此可用正态分布法分析数据，代入正态分布式（15-2）和式（15-3）可得出样本均值 $\mu$=0.731，标准差 $\sigma$=0.194。

将上述数据代入式（15-5）可得参考值范围 $X=(\mu\pm1.645\sigma)=(0.412，1.05)$。

显然需要系数 1.05 是不符合客观规律的，所以取（0.412,1.0）作为需要系数参考值范围，样本组中的 10 组数据均符合。由于计算所得范围较大，考虑到交流充电桩充电时间长（可长达 8h），且电动汽车车型及电池 SOC 的不确定性。结合供配电系统热效应及图 15-3，充电时间基本大于 30min，$P_c/P_e$ 最大值近 0.95。

所以单台单相 7kW 充电桩的需要系数建议值 $K_d\geqslant0.95$，实际工程可取 1。

表 15-3　公共场所单台单相交流充电桩充电数据 K-S 检验结果

| 检验参数 | | 单台单相交流充电桩 |
|---|---|---|
| 样本量 $N$ | | 11 |
| 正态参数[①][②] | 均值 | 0.73145 |
| | 标准差 | 0.194215 |
| 最极端差别 | 绝对值 | 0.254 |
| | 正 | 0.198 |
| | 负 | −0.254 |
| Kolmogorov-Smirnov $Z$ | | 0.842 |
| 渐近显著性（双侧） | | 0.478 |

注：$Z$ 为 K-S 检验的显著性参数。

① 检验分布为正态分布。

② 根据数据计算得到。

## 15.1.4　公共场所单台三相 42kW 交流充电桩的需要系数

三相交流充电桩具有充电快速、适用面广的特点。某公共场所单台额定功率为 42kW、380V 和 63A 的三相交流充电桩的几组运行数据见表 15-4，其中最后一组数据显然不符合实际，充电功率不应大于额定功率，按坏点处理将其去除，研究剩余 9 组数据。

表 15-4　单台三相交流充电桩充电数据

| 额度功率 $P_e$/kW | 充电电压/V | 充电电流/A | 实际功率因数 | 充电功率 $P_c$/kW | $P_c/P_e$ |
|---|---|---|---|---|---|
| 42 | 234.3 | 87.2 | 0.979 | 20 | 0.476 |
| 42 | 235.3 | 87.6 | 0.975 | 20.1 | 0.479 |
| 42 | 240.7 | 111 | 0.969 | 25.9 | 0.617 |
| 42 | 232.7 | 117.2 | 0.975 | 26.6 | 0.633 |
| 42 | 236.5 | 137.7 | 0.958 | 31.2 | 0.743 |
| 42 | 238.4 | 168.8 | 0.964 | 38.8 | 0.924 |
| 42 | 235.7 | 170.1 | 0.983 | 39.4 | 0.938 |
| 42 | 237.7 | 170.7 | 0.976 | 39.6 | 0.943 |
| 42 | 236 | 174.5 | 0.971 | 40 | 0.952 |
| 42 | 239.6 | 183.4 | 0.969 | 42.6 | 1.014 |
| 平均值 | 237.0 | 146.8 | 0.971 | 33.8 | 0.772 |

将去除坏点后的数据用直方图表示如图 15-4 所示。

同样，经 SPSS 检验显著性 $\alpha=0.699>0.05$，见表 15-5，故此组数据符合正态分布规律。因此，可用正态分布法分析数据，代入正态分布式（15-2）和式（15-3）得出样本均值 $\mu=0.748$，标准差 $\sigma=0.190$。

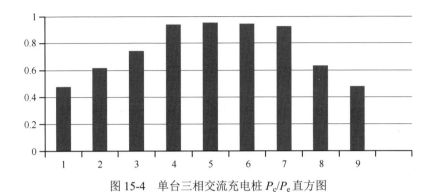

图 15-4　单台三相交流充电桩 $P_c/P_e$ 直方图

**表 15-5　公共场所单台三相交流充电桩充电数据 K-S 检验结果**

| 检验参数 | | 单台三相交流充电桩 |
|---|---|---|
| 样本量 $N$ | | 10 |
| 正态参数[①][②] | 均值 | 0.74770 |
| | 标准差 | 0.189751 |
| 最极端差别 | 绝对值 | 0.224 |
| | 正 | 0.141 |
| | 负 | −0.224 |
| Kolmogorov-Smirnov $Z$ | | 0.707 |
| 渐近显著性（双侧） | | 0.699 |

注：$Z$ 为 K-S 检验的显著性参数。

① 检验分布为正态分布。

② 根据数据计算得到。

参考值范围 $X=(\mu\pm1.645\sigma)=(0.435，1.061)$。显然需要系数 1.061 是不符合客观规律的，因此取（0.435,1.0）为需要系数参考值范围，样本组中去除坏点后的 9 组数据均符合此参考值范围。由于公共场所充电的电动汽车车型和电池 SOC 的不确定性，考虑到三相交流充电桩充电时间一般情况下都大于 30min 及热效应原则，$P_c/P_e$ 最大值大于 0.95。因此单台三相 42kW 交流充电桩的需要系数也是 $K_d\geqslant0.95$，实际工程可取 1。

## 15.1.5　公共场所多台单相交流 7kW 充电桩的需要系数

笔者采集 7kW 单相交流充电桩在不同台数下的充电数据，见表 15-6。其中 38 台及以下的充电数据为实测所得，38 台以上数据为推算所得。然后经过其他充电站补充数据后，对其修正，见表 15-6 右列。

将数据近似用折线图表示，如图 15-5 所示。

经 SPSS 检验显著性 $\alpha=0.765>0.05$，见表 15-7，故此组数据符合正态分布规律。因此可用正态分布法分析数据，代入正态分布式（15-2）和式（15-3）可得

出样本均值 $\mu$=0.311，标准差 $\sigma$=0.020。

表 15-6　公共场所多台单相交流 7kW 充电桩充电数据

| 台数 | 充电功率 $P_c$/kW | 额定功率 $P_e$/kW | $P_c/P_e$ | 修正 $P_c/P_e$ |
|---|---|---|---|---|
| 1 | 见 15.1.3 | 见 15.1.3 | | 1.00 |
| 3 | 6.04 | 21.00 | 0.29 | 0.95 |
| 5 | 11.85 | 35.00 | 0.34 | 0.90 |
| 10 | 22.80 | 70.00 | 0.33 | 0.85 |
| 15 | 30.24 | 105.00 | 0.29 | 0.80 |
| 20 | 44.33 | 140.00 | 0.32 | 0.70 |
| 30 | 66.12 | 210.00 | 0.31 | 0.60 |
| 38 | 77.54 | 266.00 | 0.29 | 0.35 |
| 50 | 113.15 | 350.00 | 0.32 | 0.32 |
| 60 | | 420.00 | 0.32 | 0.32 |

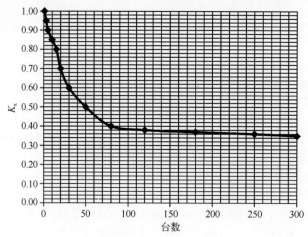

图 15-5　公共场所多台单相交流充电桩充电数据折线图

表 15-7　公共场所多台单相交流充电桩充电数据 K-S 检验结果

| 检验参数 | | 多台单相交流充电桩 |
|---|---|---|
| 样本量 $N$ | | 8 |
| 正态参数[①][②] | 均值 | 0.3112 |
| | 标准差 | 0.01959 |
| 最极端差别 | 绝对值 | 0.236 |
| | 正 | 0.236 |
| | 负 | −0.172 |
| Kolmogorov-Smirnov $Z$ | | 0.667 |
| 渐近显著性（双侧） | | 0.765 |

注：$Z$ 为 K-S 检验的显著性参数。

① 检验分布为正态分布。

② 根据数据计算得到。

根据频数估计法得出参考值范围 $X=(\mu\pm1.645\sigma)=(0，0.640)$，此范围适用于更多台充电桩同时使用时的情况。考虑到充电桩实际充电时间及运行情况，分别给出不同台数充电桩的需要系数建议值，见表 15-6 右列或图 15-5。

### 15.1.6　运营单位使用的三相交流充电桩的需要系数

表 15-8 是某电动出租车充电站实际运行数据，充电桩为三相交流，$P_e$=42kW、380V、63A，经峰谷最大值与莱茵达准则判断，样本组数据没有坏点且具有一定的代表性。

表 15-8　运营单位使用的三相交流充电桩数据

| 总充电功率/kW | | | | | | | | | | 同时使用台数 | 单台平均充电功率 $P_c$/kW | $P_c/P_e$ |
|---|---|---|---|---|---|---|---|---|---|---|---|---|
| 功率 9 | 功率 8 | 功率 7 | 功率 6 | 功率 5 | 功率 4 | 功率 3 | 功率 2 | 功率 1 | 平均值 | | | |
| | | | | | 530.72 | 527.95 | 528.17 | 516.74 | 525.895 | 13 | 40.45 | 0.9632 |
| | | | | | | 460.13 | 475.17 | 488.97 | 474.7567 | 12 | 39.56 | 0.9420 |
| | | | | | | | | | 400 | 10 | 40.00 | 0.9524 |
| | | | | | | | | | 363.54 | 9 | 40.39 | 0.9617 |
| | | | | | 314.46 | 328.46 | 334.2 | 336.8 | 328.48 | 8 | 41.06 | 0.9776 |
| | | | | | | | 299.47 | 285.66 | 292.57 | 7 | 41.80 | 0.9951 |
| | | | 250.2 | 244.26 | 239.48 | 245 | 240.23 | 241.4 | 243.43 | 6 | 40.57 | 0.9660 |
| | | | | | 185.02 | 188.27 | 191.49 | 192.7 | 189.37 | 5 | 37.87 | 0.9018 |
| 145.32 | 151.33 | 158.7 | 163.77 | 159.76 | 146.24 | 155.86 | 161.08 | 152.83 | 156.20 | 4 | 39.05 | 0.9297 |
| | | | | 113.79 | 119.42 | 126.1 | 127.01 | 118.43 | 120.95 | 3 | 40.32 | 0.9599 |
| | | | | | 83.21 | 72.9 | 73.8 | 73.74 | 75.91 | 2 | 37.96 | 0.9037 |
| | | | | | | | | | | 平均值 | 39.91 | 0.9503 |

将表 15-8 中 $P_c/P_e$ 数据用直方图形式表示会更为直观且便于分析，如图 15-6 所示。

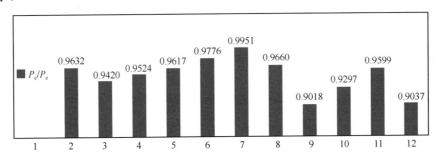

图 15-6　运营单位使用的三相交流充电桩数据直方图

经 SPSS 软件做 K-S 检验显著性 $\alpha$=0.888>0.05，见表 15-9，故此组数据符合正态分布规律。采用正态分布法分析数据，代入正态分布式（15-2）和式（15-3）得出样本均值 $\mu$=0.95，标准差 $\sigma$=0.029。

**表 15-9 运营单位使用的三相交流充电桩数据 K-S 检验结果**

| 检验参数 | | 运营单位使用的三相交流充电桩 |
|---|---|---|
| 样本量 $N$ | | 11 |
| 正态参数[①][②] | 均值 | 0.950282 |
| | 标准差 | 0.0289980 |
| 最极端差别 | 绝对值 | 0.175 |
| | 正 | 0.128 |
| | 负 | −0.175 |
| Kolmogorov-Smirnov $Z$ | | 0.582 |
| 渐近显著性（双侧） | | 0.888 |

注：$Z$ 为 K-S 检验的显著性参数。

① 检验分布为正态分布。

② 根据数据计算得到。

同样，根据频数估计法得出参考值范围 $X$=（$\mu\pm1.645\sigma$）=（0.9023，0.9977），除 5 台同时使用的需要系数是 0.9018 外，其余 10 组数据均满足此范围。由于运营的出租车公司承担公共交通责任，三相交流充电桩使用率较高，几乎每天都存在所有充电桩同时使用的情况。根据实际运行数据，运营类的三相 42kW 交流充电桩的需要系数 $K_d$ 建议取值不低于 0.90。

### 15.1.7 小结

交流充电桩需要系数是其实际充电功率与额定功率之比，交流充电桩需要系数的研究对电动汽车充电桩的供配电系统设计有着重要的意义，是电气设计的基础。根据以上分析得出的三种交流充电桩需要系数取值范围能满足 90%以上实际工程的需要。综上所述，交流充电桩需要系数小结如下：

1）单台交流充电桩（包括单相和三相）的需要系数取值为 1。

2）公共场所多台单相交流 7kW 充电桩的需要系数 $K_d$≥0.32，台数越多，$K_d$ 值越小。

3）出租车公司等运营单位使用的三相交流充电桩的需要系数建议不低于 0.9。

## 15.2 非车载充电机需要系数的研究

非车载充电机可将直流电直接输出为电动汽车动力蓄电池充电，其充电功率及充电速度的优势远超过交流充电机，是解决电动汽车充电慢的有效措施。现今国际上实现商业的大功率非车载充电机已经很多，参见本书第 1 章表 1-7。最近，欧洲某知名品牌 A 350kW（单枪）已在欧洲、北美推广使用；欧洲某知名品牌 B 475kW（单枪）不仅在欧洲使用，现正在引进到我国，为他们的客户提供充电服务；美国 T 品牌于 2020 年底之前在全球建设超过 1 万个超级快充桩。随着电池领域和充电模块领域的发展，电动汽车动力蓄电池的耐性与寿命大幅提高，大功率模块成为发展主流，非车载充电机大功率逐渐提高。以当前的充电设备行业及对未来新能源汽车的要求来看，60～90kW 的非车载充电机由于功率相对较低，具有典型的"快充不快"现象，将逐渐被市场淘汰。因此，进一步提高非车载充电机的功率是十分必要的，也是必然的发展趋势。

本研究限定在分散非车载充电机范围，即结合用户居住地停车位、单位停车场、公共建筑物停车场、社会公共停车场和路内临时停车位等配建的为电动汽车提供电能的非车载充电机。不包括运营单位（如公交车、出租车）、环卫等专用的电动汽车非车载充电机的需要系数。

### 15.2.1　非车载充电机充电功率特性的测试

采集北京震宇品牌某 60A/500V 的非车载充电机在充电过程中的实际运行数据进行充电功率特性分析。通过采集 2019 年 11 月～2020 年 1 月约 432 条数据可知，非车载充电机用户较少，利用率较低，且充电功率受时段影响。不同时段用户数量如图 15-7 所示。

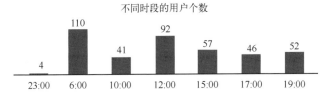

图 15-7　某一非车载充电机不同时段的用户数量

与交流充电桩不同，非车载充电机充电高峰集中在 6:00—9:00 及 12:00—14:00，这种现象与用户的作息时间相关。这一点与交流充电桩明显不同，由于交流充电桩充电时间长，用户一般选择在晚上进行充电。

而通过实测数据发现，非车载充电机在充电过程中充电电压缓慢上升，但波动范围不大，充电电流与充电功率的变化趋势基本相同。以某型电动汽车充电过程为例，图 15-8a 为充电电压曲线，在充电过程开始 1min 后电压上升至 352V，之后基本保持在 370～390V 之间，在充电过程结束前达到最高 396V，最高点后充电电压随着充电结束降为 0。图 15-8b 为充电电流曲线，同样在充电开始 1min 后上升至 80.1A，之后基本不变，在充电 50min 后降为 33.2A，直至充电结束，充电电流稳定下降。图 15-8c 为充电功率曲线，与电流曲线具有相同的趋势，充电 1min 后功率上升至 28.2kW，之后由于充电电压小范围上升，故充电功率持续上升，在充电 50min 后达到最大 30.8kW，之后跟随充电电流急剧减小。图 15-8d 为充电电量曲线，充电 50min 时充电电量约为 24kW·h，与结束时的总电量 31kW·h 相比可知，此时充电电量大约为总充电电量的 77.5%，接近 80%。

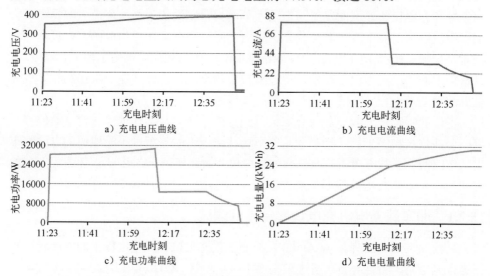

图 15-8　非车载充电机的特性（以某年 1 月 27 日测试为例）

对测试的其他数据进行分析，呈现相似结果，充电功率在电池电量为 75%～85% 后会跟随充电电流产生下降的趋势。在时间轴上，选择充电时间超过 1h 的充电过程进行分析，发现若充电电流稳定，充电功率下降趋势一般出现在充电过程开始后的 40～60min，具体时间取决于此时充电电流及供电状况。

另外，采用上海正尔的非车载充电机，对不同的车辆进行充电，得到部分测试曲线。以北汽 EU260 及吉利帝豪 EV 充电为例（以下称为汽车 1 与汽车 2），汽车 1 的电池初始电量为 11%，充电时，充电电压稳定在 330～360V 间，充电电流曲线与充电功率曲线趋势相同，由于电压的小范围变化，故未完全重合。在电池电量充至 78% 后，充电电流与功率同时下降，保持小功率充电直至充电结束。汽车 2 与之类似，以 12% 的初始电量进行充电，过程中出现与汽车 1 类似的曲线，在电池电量 80% 左右充电电流与功率下降。其余电动汽车的测试曲线同样在电池电量 80% 左右出现充电功率的降低。

综上所述，非车载充电机的充电功率与充电电流变化趋势近似，充电电压的小范围波动会对其造成影响。另外，充电过程显示，充电功率的大范围变化一般发生在充电的后期，这一时间最重要的影响因素是动力蓄电池的荷电状态（SOC），电池快要充满电时通过 BMS 请求非车载充电机降容充电。基于以上可得近似的非车载充电机充电功率特性，如图 15-9 所示。但值得注意的是，图 15-9 只是理想的趋势图，仅表现参考数据的一般变化，并未将实际供电情况考虑在内，现实中的曲线会根据充电实际情况产生相应波动。另外，不同车型的充电功率特性也略有不同，有的车型到电池接近充满电的后期多次请求降容充电，直到充满电。故具体精确的 $P$-$t$ 曲线应根据实际供配电情况和充电电流电压变化进行绘制。

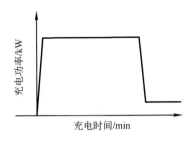

图 15-9 非车载充电机充电功率随时间的变化

## 15.2.2 30kW 非车载充电机运行数据分析

本研究采集北京震宇某 60A/500V（30kW）非车载充电机三个月的运行数据，由于非车载充电机使用率较低，若仅取随机一天的数据难以进行正态分布检验，故随机取其中一个月的数据进行分析。在此采用 2020 年 1 月 74 条数据进行分析，实际运行数据见表 15-10。

表 15-10 某 30kW 非车载充电机实际运行数据

| 充电时长/min | 充电电量/（kW·h） | 最大充电功率/kW | 充电功率 $P_c$/kW | $P_c/P_e$ |
|---|---|---|---|---|
| 177 | 9.950 | 7.60 | 3.37 | 0.11 |
| 23 | 4.788 | 14.60 | 12.49 | 0.42 |
| 123 | 38.997 | 29.70 | 19.02 | 0.63 |
| 141 | 20.711 | 24.80 | 8.81 | 0.29 |
| 65 | 18.901 | 27.40 | 17.45 | 0.58 |
| 63 | 15.170 | 26.00 | 14.45 | 0.48 |
| 111 | 36.357 | 29.70 | 19.65 | 0.66 |
| 145 | 21.334 | 28.90 | 8.83 | 0.29 |
| 74 | 44.691 | 37.40 | 36.24 | 1.21 |
| 46 | 19.026 | 28.90 | 24.82 | 0.83 |
| 101 | 25.314 | 23.70 | 15.04 | 0.50 |
| 52 | 19.660 | 26.90 | 22.68 | 0.76 |
| 265 | 35.528 | 29.60 | 8.04 | 0.27 |
| 124 | 39.121 | 29.50 | 18.93 | 0.63 |
| 18 | 7.607 | 30.10 | 25.36 | 0.85 |
| 86 | 28.405 | 28.90 | 19.82 | 0.66 |
| 66 | 27.988 | 25.50 | 25.44 | 0.85 |

（续）

| 充电时长/min | 充电电量/(kW·h) | 最大充电功率/kW | 充电功率 $P_{c}$/kW | $P_{c}/P_{e}$ |
|---|---|---|---|---|
| 66 | 18.111 | 29.20 | 16.46 | 0.55 |
| 90 | 19.182 | 24.20 | 12.79 | 0.43 |
| 27 | 5.579 | 14.60 | 12.40 | 0.41 |
| 35 | 15.961 | 28.80 | 27.36 | 0.91 |
| 85 | 9.460 | 14.00 | 6.68 | 0.22 |
| 13 | 3.813 | 19.60 | 17.60 | 0.59 |
| 17 | 4.254 | 17.00 | 15.01 | 0.50 |
| 77 | 32.701 | 30.20 | 25.48 | 0.85 |
| 68 | 29.791 | 31.70 | 26.29 | 0.88 |
| 69 | 29.235 | 29.00 | 25.42 | 0.85 |
| 40 | 11.676 | 18.50 | 17.51 | 0.58 |
| 33 | 5.120 | 10.90 | 9.31 | 0.31 |
| 34 | 9.576 | 24.00 | 16.90 | 0.56 |
| 58 | 28.389 | 36.20 | 29.37 | 0.98 |
| 56 | 8.238 | 24.00 | 8.83 | 0.29 |
| 117 | 37.978 | 29.50 | 19.48 | 0.65 |
| 65 | 15.455 | 18.40 | 14.27 | 0.48 |
| 23 | 6.525 | 20.60 | 17.02 | 0.57 |
| 113 | 32.284 | 29.70 | 17.14 | 0.57 |
| 47 | 15.619 | 29.40 | 19.94 | 0.66 |
| 12 | 2.623 | 18.60 | 13.12 | 0.44 |
| 2 | 0.233 | 18.80 | 6.99 | 0.23 |
| 37 | 17.397 | 29.10 | 28.21 | 0.94 |
| 37 | 9.353 | 18.20 | 15.17 | 0.51 |
| 52 | 13.660 | 20.40 | 15.76 | 0.53 |
| 43 | 10.484 | 19.70 | 14.63 | 0.49 |
| 78 | 32.740 | 30.30 | 25.18 | 0.84 |
| 107 | 27.068 | 26.90 | 15.18 | 0.51 |
| 37 | 6.532 | 2.60 | 10.59 | 0.35 |
| 46 | 15.584 | 30.10 | 20.33 | 0.68 |
| 44 | 14.383 | 22.70 | 19.61 | 0.65 |
| 37 | 17.218 | 29.30 | 27.92 | 0.93 |
| 99 | 23.690 | 28.90 | 14.36 | 0.48 |
| 39 | 7.062 | 16.90 | 10.86 | 0.36 |

（续）

| 充电时长/min | 充电电量/（kW·h） | 最大充电功率/kW | 充电功率 $P_c$/kW | $P_c/P_e$ |
|---|---|---|---|---|
| 101 | 37.549 | 30.80 | 22.31 | 0.74 |
| 245 | 21.788 | 18.60 | 5.34 | 0.18 |
| 26 | 7.059 | 29.40 | 16.29 | 0.54 |
| 66 | 0.000 | 30.20 | 0.00 | 0.00 |
| 53 | 2.257 | 29.40 | 2.56 | 0.09 |
| 44 | 6.142 | 29.50 | 8.38 | 0.28 |
| 40 | 5.660 | 15.90 | 8.49 | 0.28 |
| 62 | 29.361 | 30.40 | 28.41 | 0.95 |
| 99 | 26.236 | 23.30 | 15.90 | 0.53 |
| 115 | 37.796 | 29.70 | 19.72 | 0.66 |
| 32 | 16.570 | 37.80 | 31.07 | 1.04 |
| 50 | 20.581 | 36.80 | 24.70 | 0.82 |
| 50 | 28.778 | 36.50 | 34.53 | 1.15 |
| 101 | 27.009 | 24.20 | 16.04 | 0.53 |
| 64 | 29.408 | 47.00 | 27.57 | 0.92 |
| 75 | 31.524 | 31.70 | 25.22 | 0.84 |
| 102 | 38.124 | 30.90 | 22.43 | 0.75 |
| 86 | 30.756 | 30.80 | 21.46 | 0.72 |
| 47 | 12.688 | 29.40 | 16.20 | 0.54 |
| 75 | 24.683 | 27.80 | 19.75 | 0.66 |
| 82 | 46.532 | 39.10 | 34.05 | 1.13 |
| 100 | 40.139 | 30.80 | 24.08 | 0.80 |
| 79 | 37.964 | 35.60 | 28.83 | 0.96 |

由于数据在采集过程中未显示平均充电功率，故充电功率（$P_c$）利用充电时长与充电电量计算获得，计算公式为

$$充电功率 = \frac{充电电量}{充电时间} \tag{15-6}$$

由表 15-10 可知，需要系数不可能大于 1，故存在 4 个坏点，将这 4 组数据删除使更具代表性。将以上数据在 SPSS 数据分析软件中利用柯尔莫哥洛夫–斯米尔诺夫检验（即 K–S 检验）及夏皮洛–威尔克检验（S–W 检验）进行正态分布检验，若显著性 $\alpha > 0.05$，则视为符合正态分布。数据正态分布检验结果见表 15-11。

利用 SPSS 软件对表中 $P_c/P_e$ 数据进行正态分布检验，由表 15-10 中的检验结果可知，K–S 检验显著性水平 $\alpha = 0.2 > 0.05$，S–W 检验显著性水平 $\alpha = 0.159 > 0.05$，

此组数据可视为符合正态分布规律。对数据进行回归拟合以进一步确定正态分布情况，结果如图 15-10 所示。

表 15-11　数据正态分布检验结果（某 30kW 非车载充电机）

| 校验方法 | 柯尔莫戈洛夫–斯米诺夫[①] | | | 夏皮洛–威尔克 | | |
|---|---|---|---|---|---|---|
| | 统计 | 自由度 | 显著性 | 统计 | 自由度 | 显著性 |
| $P_d/P_e$ | 0.077 | 70 | 0.200[②] | 0.974 | 70 | 0.159 |

① 里利氏显著性修正。

② 这是真显著性的下限。

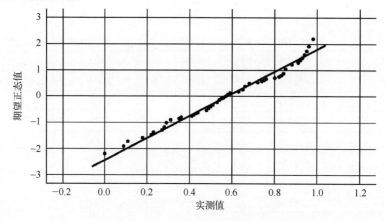

图 15-10　数据正态 Q–Q 图（某 30kW 非车载充电机）

经进一步确认，各点均在基准直线附近，认为服从正态分布。对于非车载充电机来说，显著性水平取为 0.10，则标准正态变量可定为 1.282，故范围边界表示为

$$X = \mu \pm 1.282\sigma \qquad (15\text{-}7)$$

通过对以上数据的计算，样本均值为 0.5769，标准差约为 0.24。根据式（15-7），需要系数范围边界 $X$=（0.26922，0.88458）。而需要系数 $K_d \leqslant 1$，故所得参考值范围均在有效区间内。考虑到电动汽车还处在发展过程中，且我国地域辽阔，地区发展不平衡，故计入 1.2 倍的系数，可得（0.3230，1）为非车载充电机需要系数的参考范围。

但本次分析数据来自一台非车载充电机一个月的实际运行数据，数据有一定的局限，且受到汽车车型、电池 SOC 及实际供电情况的随机性影响，故参考范围过宽。一般情况下，非车载充电机的充电时间较短，但功率较大，建议需要系数 $K_d \geqslant 0.95$，必要时可取 1。

### 15.2.3　60kW 非车载充电机运行数据分析

数据采集于北京某充电站实际运行的非车载充电机，60kW 非车载充电机的单台运行时的实际数据见表 15-12，利用 2.3.1 中的分析方法进行分析。

表 15-12　某 60kW 非车载充电机实际运行数据

| 额定功率 $P_e$/kW | 平均功率 $P_c$/kW | $P_c/P_e$ |
|---|---|---|
| 60 | 35.57 | 0.59 |
| 60 | 30.68 | 0.51 |
| 60 | 42.72 | 0.71 |
| 60 | 32.16 | 0.54 |
| 60 | 40.38 | 0.67 |
| 60 | 25.04 | 0.42 |

同样采用 SPSS 软件对表 15-12 中数据进行正态分布检验，若显著性水平 $\alpha>0.05$ 时，则视为符合正态分布。检验结果见表 15-13。

表 15-13　数据正态分布检验结果（某 60kW 非车载充电机）

| 校验方法 | 柯尔莫戈洛夫-斯米诺夫[1] | | | 夏皮洛-威尔克 | | |
|---|---|---|---|---|---|---|
| | 统计 | 自由度 | 显著性 | 统计 | 自由度 | 显著性 |
| $P_c/P_e$ | 0.151 | 6 | 0.200[2] | 0.977 | 6 | 0.933 |

① 里利氏显著性修正。

② 这是真显著性的下限。

由表 15-13 正态分布检验结果可知，K–S 检验显著性水平 $\alpha = 0.2 > 0.05$，S–W 检验显著性水平 $\alpha = 0.933 > 0.05$，可视为满足正态分布规律。图 15-11 为数据回归拟合结果，易知各点均在基准直线附近，可认为服从正态分布。利用正态分布法分析数据，代入式（15-2）与式（15-3）进行计算。

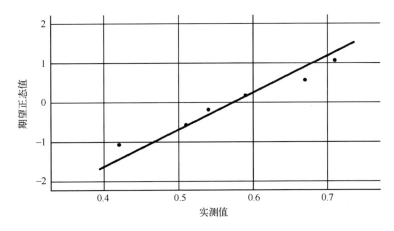

图 15-11　数据正态 Q–Q 图（某 60kW 非车载充电机）

通过计算可得，以上数据的样本均值为 0.5733，标准差为 0.1067，范围边界用式（15-7）计算可得：$X=$（0.43651，0.71），将 1.2 倍的可靠系数代入，可得此 60kW 的非车载充电机需要系数的一般范围为（0.5238，0.8520）。即对于现有技术条件下的 60kW 非车载充电机而言，$K_d=0.5238\sim0.8520$ 是正常的。综合 15.2.2 部分的 30kW 非车载充电机分析的需要系数，实际充电功率很少能达到充电设备的额定功率，非车载充电机的平均负载率不到 62%。但是，考虑到单台非车载充电机的实际运行情况，建议其需要系数取值范围为（0.95，1）。

### 15.2.4 多台运行时的需要系数研究

表 15-14 为随机采集于深圳某充电站的 7 台 120kW 非车载充电机的实际运行数据。某 120kW 非车载充电机充电曲线如图 15-12 所示。结合图 15-12 分析，此类充电机在某次充电过程中，输出电压在起动后迅速上升至 315V，整体平均保持在 320V 上下，充电过程中输出电压同样存在小范围的上升；起动充电机后，充电电流迅速上升至 129A 左右，保持较长时间的恒流充电，充电电量达到 80% 左右充电电流逐渐下降，直到充电结束降为 0；充电功率曲线与充电电流曲线基本保持一致，其中充电功率最高可达 41.28kW，两者略有不同的原因主要由充电电压的小范围上升引起；同样，在充电电量达到 80% 左右时，充电功率下降，直至

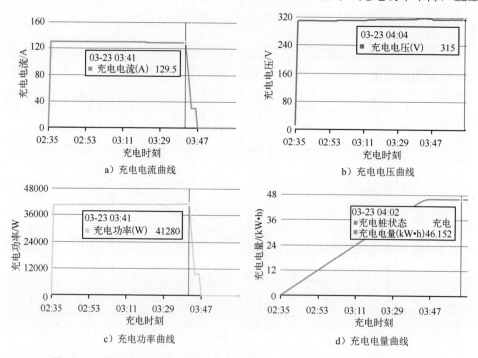

a）充电电流曲线      b）充电电压曲线

c）充电功率曲线      d）充电电量曲线

图 15-12   某 120kW 非车载充电机充电曲线（以某年 3 月 23 日测试为例）

充电结束降为 0。基于以上，可推测此类非车载充电机满足图 15-9 所示的充电功率随充电时间变化的趋势。

以下对多台运行的非车载充电机需要系数进行研究。采集 2020 年 3 月 1 日~3 月 23 日的 7 台 120kW 非车载充电机的实际运行数据，出于研究多台运行需要系数的考虑，故数据中的充电时长及充电电量均为当天 7 台非车载充电机的共同运行总量。充电功率为 7 台非车载充电机运行的平均功率，由式（15-6）计算得到。120kW 非车载充电机共同运行数据见表 15-14。

表 15-14　多台 120kW 非车载充电机共同运行数据

| 额定功率 $P_e$/kW | 充电时长/h | 充电电量/（kW·h） | 充电功率 $P_c$/kW | $P_c/P_e$ |
|---|---|---|---|---|
| 120 | 144.7 | 2959.448 | 20.452 | 0.170 |
| 120 | 178.32 | 3804.976 | 21.338 | 0.178 |
| 120 | 158.52 | 4178.832 | 26.362 | 0.220 |
| 120 | 170.58 | 4359.288 | 25.556 | 0.213 |
| 120 | 165.15 | 4020.44 | 24.344 | 0.203 |
| 120 | 155.4 | 3886.28 | 25.008 | 0.208 |
| 120 | 175.47 | 3405.432 | 19.407 | 0.162 |
| 120 | 151.117 | 3294.824 | 21.803 | 0.182 |
| 120 | 155.48 | 4363.072 | 28.062 | 0.234 |
| 120 | 165.98 | 3992.448 | 24.054 | 0.200 |
| 120 | 197.85 | 4407.64 | 22.278 | 0.186 |
| 120 | 187.217 | 4547.76 | 24.291 | 0.202 |
| 120 | 144.1 | 3837.88 | 26.633 | 0.222 |
| 120 | 181.43 | 4401.112 | 24.258 | 0.202 |
| 120 | 170.65 | 3854.912 | 22.590 | 0.188 |
| 120 | 163.012 | 4154.384 | 25.485 | 0.212 |
| 120 | 178.217 | 4249.856 | 23.847 | 0.199 |
| 120 | 170.03 | 4187.368 | 24.627 | 0.205 |
| 120 | 167.7 | 4405.552 | 26.270 | 0.219 |
| 120 | 161.07 | 4226.232 | 26.238 | 0.219 |
| 120 | 170.45 | 4211.384 | 24.707 | 0.206 |
| 120 | 148.317 | 3665.256 | 24.712 | 0.206 |
| 120 | 149.65 | 4272.512 | 28.550 | 0.238 |

由表 15-14 中数据可知，$P_c/P_e$ 均小于 1，无坏点。采用 SPSS 软件对表 15-14 中数据进行正态分布检验，若显著性水平 $\alpha>0.05$，则视为符合正态分布。数据正态分布检验结果见表 15-15。

表 15-15　数据正态分布检验结果（多台 120kW 非车载充电机）

| 校验方法 | 柯尔莫戈洛夫–斯米诺夫[①] | | | 夏皮洛–威尔克 | | |
| --- | --- | --- | --- | --- | --- | --- |
| | 统计 | 自由度 | 显著性 | 统计 | 自由度 | 显著性 |
| $P_c/P_e$ | 0.151 | 23 | 0.186 | 0.972 | 23 | 0.739 |

① 里利氏显著性修正。

　　表 15-15 数据正态分布检验结果所示，K–S 检验显著性水平 $\alpha = 0.186 > 0.05$，S–W 检验显著性水平 $\alpha = 0.739 > 0.05$，可视为满足正态分布规律。数据正态 Q–Q 图如图 15-13 所示。结合图 15-13 进一步验证数据回归拟合结果，易知各点均在期望直线附近，可认为服从正态分布。同样利用正态分布法分析数据，代入式（15-2）与式（15-3）进行计算。

　　通过计算可知，此组数据平均值为 0.2032，标准差为 0.01901，利用式（15-7）计算需要系数范围边界为：$X=$（0.1788，0.2276）。考虑 1.2 倍可靠系数，故此充电站的 7 台 120kW 非车载充电机同时运行的需要系数一般范围在（0.2146，0.2731）。因此，7 台及以上非车载充电机的需要系数建议取值 $K_d \geqslant 0.3$，台数越多，$K_d$ 值越小。

　　综上所述，由于多台非车载充电机运行数据量严重不足，分析的结果难免会有误差，希望日后扩充数据量后对其进行进一步分析、修正。

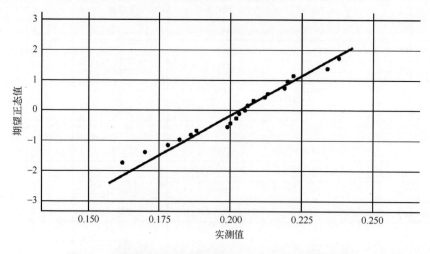

图 15-13　数据正态 Q–Q 图（多台 120kW 非车载充电机）

　　在此次研究中，未能采集到 2～6 台非车载充电机运行的数据，但基于以上分析可合理推测，2～6 台非车载充电机同时运行，其需要系数的一般范围可能为（0.30，0.95）。

### 15.2.5 结论

本文根据非车载充电机的实际运行数据进行分析，得到了理论上的充电功率随时间的变化曲线，非车载充电机的需要系数总结如下：

1）单台非车载充电机的需要系数不低于 0.95，工程设计时可取 1。

2）7 台及以上非车载充电机的需要系数取值建议不小于 0.30。

3）2～6 台非车载充电机尚无运行数据，但根据以上两种结果可合理推断，建议其需要系数取值可在 0.30～0.95 之间。

4）同时运行台数越多，需要系数越小。

## 15.3 充电主机系统需要系数的研究

### 15.3.1 充电主机系统概况

（1）充电主机系统特点

充电主机系统又称为充电堆系统。由于传统的充电桩功率固化，兼容性差，无法给不同功率需求的电动汽车充电，适应性差，容易导致充电设备使用率不高，甚至无法持续使用。为了解决这些问题，充电主机系统应运而生，其特点见表 15-16。

表 15-16 充电主机系统的特点

| 特 点 | 说 明 |
|---|---|
| 充电模块集中 | 充电主机系统的所有充电终端输出的功率都来自于一个地方，将所有充电模块集中在一起用于按需分配输出功率 |
| 自动分配功率 | 充电主机系统能根据来充电的电动汽车对功率需求自动分配相应的功率模块为其充电 |
| 适应性强 | 充电主机系统可以根据充电电池的发展，不断扩容或完善功率主机的功率，以满足更新换代和充电市场的需求 |
| 节能高效 | 与独立的非车载充电机相比，充电主机系统只需一半左右的额定功率即可实现相同的充电能力，节能、高效地为电动汽车充电 |

因此，充电主机系统可以满足各种车型充电的不同功率需求，提高充电设施的充电转换效率及设备利用率，还可以满足电池大倍率充电的需求，使现在投资的充电设备在未来也得以持续使用。

（2）充电主机系统基本原理

充电主机系统是基于功率单元矩阵控制的，集功率变换、动态功率分配、站级监控、有序充电管理、新能源发电及储能系统接入、冷却控制和综合布线于一体的高度集成系统，以模块化、标准化的架构、全数字化智能充电模块和矩阵式控制为核心，是新一代集中式充电站关键设施，为电动汽车集中式充电站建设提供了很好的解决方案。充电主机系统原理框图如图 15-14 所示。

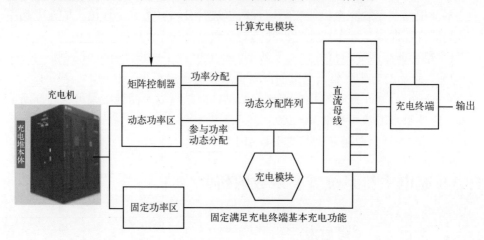

图 15-14　充电主机系统原理框图

充电主机与服务器的机柜相似，它将电动汽车充电模块做成抽屉状，集中保存在充电主机机柜中，一个充电主机包含多个充电模块，易扩展增容，且向外引出充电端口对应到各个终端系统。充电主机系统的终端能检测到电动汽车的电池所需电量和其他充电需求，在完成检测后通过矩阵控制器智能分配、调度对应充电功率的充电模块为电动汽车充电。在充电过程中还能实时调整充电终端输出的电流和电压。因而充电主机系统能满足不同电池容量、不同充电倍率的电动汽车充电需求。

### 15.3.2　充电主机系统需要系数的研究

（1）实际运行数据

表 15-17 为某实际工程 2016 年 10 月 31 日实测数据，其中突显部分（黄色）充电功率大于额定功率，有违常规，这是由于测量系统误差所致，但因为其比例较小，对分析结果不会有影响，可以满足工程需要。

表 15-17　某项目实际运行数据

| 充电桩名称 | 充电开始时间 | 充电时长 /min | 充电电量 /（kW·h） | 充电功率 $P_c$ /kW | 充电单元的额定功率 $P_e$ /kW |
|---|---|---|---|---|---|
| 6#桩 B1088 车位 | 23:53 | 26 | 14.65 | 33.81 | 120 |
| 18#桩 B1055 车位 | 23:50 | 53 | 18.22 | 20.63 | 30 |
| 20#桩 B1028 车位 | 23:18 | 35 | 17.74 | 30.41 | 30 |
| 13#桩 B1061 车位 | 22:54 | 41 | 14.13 | 20.68 | 60 |

（续）

| 充电桩名称 | 充电开始时间 | 充电时长 /min | 充电电量 / (kW·h) | 充电功率 $P_c$ /kW | 充电单元的额定功率 $P_e$ /kW |
|---|---|---|---|---|---|
| 18#桩 B1055 车位 | 22:20 | 66 | 22.36 | 20.33 | 30 |
| 10#桩 B1082 车位 | 22:10 | 18 | 8.53 | 28.43 | 60 |
| 19#桩 B1053 车位 | 22:08 | 51 | 27.79 | 32.69 | 30 |
| 29#桩 B1016 车位 | 21:24 | 58 | 20.01 | 20.70 | 30 |
| 4#桩 B1090 车位 | 21:19 | 17 | 9.71 | 34.27 | 120 |
| 17#桩 B1056 车位 | 21:10 | 35 | 12.06 | 20.67 | 30 |
| 1#桩 B1093 车位 | 21:10 | 89 | 12.91 | 8.70 | 120 |
| 13#桩 B1061 车位 | 21:10 | 35 | 12.12 | 20.78 | 60 |
| 19#桩 B1053 车位 | 21:02 | 42 | 14.43 | 20.61 | 30 |
| 15#桩 B1059 车位 | 21:00 | 70 | 39.39 | 33.76 | 60 |
| 2#桩 B1092 车位 | 20:56 | 64 | 21.86 | 20.49 | 120 |
| 6#桩 B1088 车位 | 20:49 | 61 | 34.85 | 34.28 | 120 |
| 18#桩 B1055 车位 | 20:10 | 57 | 19.53 | 20.56 | 30 |
| 4#桩 B1090 车位 | 19:55 | 56 | 31.63 | 33.89 | 120 |
| 26#桩 B1020 车位 | 19:46 | 42 | 14.54 | 20.77 | 30 |
| 17#桩 B1056 车位 | 19:29 | 84 | 6.9 | 4.93 | 30 |
| 13#桩 B1061 车位 | 19:28 | 37 | 12.57 | 20.38 | 60 |
| 3#桩 B1091 车位 | 18:53 | 38 | 13.06 | 20.62 | 120 |
| 17#桩 B1056 车位 | 18:43 | 39 | 13.25 | 20.38 | 30 |
| 18#桩 B1055 车位 | 18:30 | 81 | 15.95 | 11.81 | 30 |
| 11#桩 B1081 车位 | 18:09 | 18 | 6.26 | 20.87 | 60 |
| 5#桩 B1089 车位 | 18:02 | 27 | 9.38 | 20.84 | 120 |
| 19#桩 B1053 车位 | 17:47 | 29 | 9.95 | 20.59 | 30 |
| 3#桩 B1091 车位 | 17:45 | 43 | 25.03 | 34.93 | 120 |
| 10#桩 B1082 车位 | 17:42 | 32 | 14.88 | 27.90 | 60 |
| 13#桩 B1061 车位 | 17:36 | 43 | 24.96 | 34.83 | 60 |
| 12#桩 B1080 车位 | 17:16 | 39 | 11.94 | 18.37 | 60 |
| 8#桩 B1085 车位 | 17:07 | 76 | 43.59 | 34.41 | 120 |
| 11#桩 B1081 车位 | 16:48 | 41 | 13.77 | 20.15 | 60 |
| 7#桩 B1086 车位 | 16:41 | 52 | 29.96 | 34.57 | 120 |
| 1#桩 B1093 车位 | 16:04 | 43 | 14.84 | 20.71 | 120 |

（续）

| 充电桩名称 | 充电开始时间 | 充电时长 /min | 充电电量 /（kW·h） | 充电功率 $P_c$ /kW | 充电单元的额定功率 $P_e$ /kW |
|---|---|---|---|---|---|
| 31#桩 B1013 车位 | 15:30 | 37 | 12.64 | 20.50 | 30 |
| 19#桩 B1053 车位 | 15:29 | 4 | 1.41 | 21.15 | 30 |
| 17#桩 B1056 车位 | 15:29 | 96 | 11.98 | 7.49 | 30 |
| 20#桩 B1028 车位 | 15:24 | 95 | 21.51 | 13.59 | 30 |
| 18#桩 B1055 车位 | 15:21 | 26 | 8.93 | 20.61 | 30 |
| 28#桩 B1018 车位 | 15:07 | 5 | 1.54 | 18.48 | 30 |
| 3#桩 B1091 车位 | 15:01 | 47 | 12.01 | 15.33 | 120 |
| 13#桩 B1061 车位 | 14:34 | 15 | 5.19 | 20.76 | 60 |
| 28#桩 B1018 车位 | 14:05 | 58 | 19.96 | 20.65 | 30 |
| 19#桩 B1053 车位 | 13:40 | 21 | 7.2 | 20.57 | 30 |
| 17#桩 B1056 车位 | 13:38 | 53 | 18.02 | 20.40 | 30 |
| 5#桩 B1089 车位 | 13:20 | 26 | 15 | 34.62 | 120 |
| 10#桩 B1082 车位 | 13:17 | 32 | 18.64 | 34.95 | 60 |
| 18#桩 B1055 车位 | 13:09 | 38 | 21.95 | 34.66 | 30 |
| 6#桩 B1088 车位 | 13:01 | 45 | 25.95 | 34.60 | 120 |
| 19#桩 B1053 车位 | 13:01 | 33 | 11.36 | 20.65 | 30 |
| 2#桩 B1092 车位 | 13:01 | 52 | 30.16 | 34.80 | 120 |
| 19#桩 B1053 车位 | 12:54 | 6 | 1.95 | 19.50 | 30 |
| 18#桩 B1055 车位 | 12:46 | 9 | 4.95 | 33.00 | 30 |
| 12#桩 B1080 车位 | 12:36 | 92 | 16.27 | 10.61 | 60 |
| 16#桩 B1058 车位 | 12:35 | 71 | 39.17 | 33.10 | 60 |
| 29#桩 B1016 车位 | 12:32 | 65 | 22.27 | 20.56 | 30 |
| 24#桩 B1022 车位 | 12:29 | 52 | 30.01 | 34.63 | 30 |
| 32#桩 B1012 车位 | 12:27 | 64 | 36.43 | 34.15 | 30 |
| 25#桩 B1021 车位 | 12:20 | 40 | 13.8 | 20.70 | 30 |
| 14#桩 B1060 车位 | 12:20 | 28 | 16.28 | 34.89 | 30 |
| 19#桩 B1053 车位 | 12:19 | 18 | 5.96 | 19.87 | 30 |
| 10#桩 B1082 车位 | 12:19 | 53 | 18.18 | 20.58 | 60 |
| 26#桩 B1020 车位 | 12:14 | 49 | 16.94 | 20.74 | 30 |
| 4#桩 B1090 车位 | 12:13 | 56 | 31.21 | 33.44 | 120 |
| 3#桩 B1091 车位 | 12:06 | 65 | 37 | 34.15 | 120 |
| 13#桩 B1061 车位 | 12:05 | 65 | 36.69 | 33.87 | 60 |

（续）

| 充电桩名称 | 充电开始时间 | 充电时长<br>/min | 充电电量<br>/（kW·h） | 充电功率 $P_{\mathrm{c}}$<br>/kW | 充电单元的额定功率 $P_{\mathrm{e}}$<br>/kW |
|---|---|---|---|---|---|
| 6#桩 B1088 车位 | 12:01 | 36 | 19.97 | 33.28 | 120 |
| 15#桩 B1059 车位 | 11:58 | 61 | 29.95 | 29.46 | 60 |
| 28#桩 B1018 车位 | 11:56 | 15 | 8.04 | 32.16 | 30 |
| 12#桩 B1080 车位 | 11:50 | 35 | 19.95 | 34.20 | 60 |
| 18#桩 B1055 车位 | 11:43 | 61 | 34.97 | 34.40 | 30 |
| 17#桩 B1056 车位 | 11:42 | 69 | 23.15 | 20.13 | 30 |
| 2#桩 B1092 车位 | 11:40 | 64 | 36.25 | 33.98 | 120 |
| 19#桩 B1053 车位 | 11:34 | 22 | 7.48 | 20.40 | 30 |
| 21#桩 B1026 车位 | 11:34 | 59 | 33.88 | 34.45 | 30 |
| 10#桩 B1082 车位 | 11:32 | 42 | 23.3 | 33.29 | 60 |
| 14#桩 B1060 车位 | 11:27 | 45 | 23.91 | 31.88 | 60 |
| 16#桩 B1058 车位 | 11:26 | 50 | 28.33 | 34.00 | 60 |
| 19#桩 B1053 车位 | 10:56 | 32 | 13.8 | 25.88 | 30 |
| 13#桩 B1061 车位 | 10:55 | 37 | 20.98 | 34.02 | 60 |
| 17#桩 B1056 车位 | 10:32 | 40 | 13.86 | 20.79 | 30 |
| 3#桩 B1091 车位 | 10:27 | 80 | 21.47 | 16.10 | 120 |
| 5#桩 B1089 车位 | 10:19 | 67 | 23.06 | 20.65 | 120 |
| 18#桩 B1055 车位 | 10:14 | 61 | 21.5 | 21.15 | 30 |
| 4#桩 B1090 车位 | 09:51 | 19 | 10.33 | 32.62 | 120 |
| 10#桩 B1082 车位 | 09:43 | 52 | 18.03 | 20.80 | 60 |
| 19#桩 B1053 车位 | 08:13 | 43 | 14.67 | 20.47 | 30 |
| 18#桩 B1055 车位 | 08:03 | 76 | 28.39 | 22.41 | 30 |
| 25#桩 B1021 车位 | 07:49 | 17 | 6.69 | 23.61 | 30 |
| 17#桩 B1056 车位 | 06:44 | 54 | 30.11 | 33.46 | 30 |
| 28#桩 B1018 车位 | 06:41 | 51 | 17.47 | 20.55 | 30 |
| 10#桩 B1082 车位 | 06:14 | 64 | 35.69 | 33.46 | 60 |
| 18#桩 B1055 车位 | 06:12 | 67 | 37.92 | 33.96 | 30 |
| 20#桩 B1028 车位 | 06:10 | 51 | 11.7 | 13.76 | 30 |
| 31#桩 B1013 车位 | 06:07 | 57 | 32.86 | 34.59 | 30 |
| 26#桩 B1020 车位 | 06:01 | 96 | 51.48 | 32.18 | 30 |
| 24#桩 B1022 车位 | 06:00 | 74 | 40.98 | 33.23 | 30 |
| 32#桩 B1012 车位 | 05:59 | 19 | 7.49 | 23.65 | 30 |

（续）

| 充电桩名称 | 充电开始时间 | 充电时长 /min | 充电电量 / (kW·h) | 充电功率 $P_c$ /kW | 充电单元的额定功率 $P_e$ /kW |
|---|---|---|---|---|---|
| 20#桩 B1028 车位 | 05:57 | 1 | 0.34 | 20.40 | 30 |
| 29#桩 B1016 车位 | 05:50 | 61 | 17.39 | 17.10 | 30 |
| 21#桩 B1026 车位 | 05:47 | 64 | 36.78 | 34.48 | 30 |
| 25#桩 B1021 车位 | 05:46 | 88 | 50.41 | 34.37 | 30 |
| 16#桩 B1058 车位 | 05:45 | 79 | 42.23 | 32.07 | 60 |
| 3#桩 B1091 车位 | 05:40 | 83 | 45.92 | 33.20 | 120 |
| 6#桩 B1088 车位 | 05:37 | 83 | 43.74 | 31.62 | 120 |
| 30#桩 B1015 车位 | 05:36 | 45 | 23.28 | 31.04 | 30 |
| 5#桩 B1089 车位 | 05:31 | 99 | 53.56 | 32.46 | 120 |
| 15#桩 B1059 车位 | 05:30 | 70 | 39.22 | 33.62 | 60 |
| 4#桩 B1090 车位 | 05:30 | 84 | 47.21 | 33.72 | 120 |
| 28#桩 B1018 车位 | 05:29 | 59 | 29.55 | 30.05 | 30 |
| 31#桩 B1013 车位 | 05:29 | 30 | 12.59 | 25.18 | 30 |
| 17#桩 B1056 车位 | 05:29 | 47 | 14.88 | 19.00 | 30 |
| 19#桩 B1053 车位 | 05:27 | 61 | 32.5 | 31.97 | 30 |
| 13#桩 B1061 车位 | 05:24 | 64 | 36.78 | 34.48 | 60 |
| 12#桩 B1080 车位 | 05:24 | 86 | 46.15 | 32.20 | 60 |
| 10#桩 B1082 车位 | 05:21 | 49 | 27.27 | 33.39 | 60 |
| 2#桩 B1092 车位 | 05:16 | 80 | 44.35 | 33.26 | 120 |
| 19#桩 B1053 车位 | 03:20 | 52 | 17.79 | 20.53 | 30 |
| 5#桩 B1089 车位 | 02:43 | 24 | 13.57 | 33.93 | 120 |
| 3#桩 B1091 车位 | 02:09 | 90 | 46.77 | 31.18 | 120 |
| 26#桩 B1020 车位 | 01:43 | 67 | 23.03 | 20.62 | 30 |
| 11#桩 B1081 车位 | 01:29 | 61 | 20.97 | 20.63 | 60 |
| 28#桩 B1018 车位 | 00:27 | 62 | 21.21 | 20.53 | 30 |
| 17#桩 B1056 车位 | 00:25 | 70 | 39.76 | 34.08 | 30 |
| 29#桩 B1016 车位 | 00:24 | 24 | 13.21 | 33.03 | 30 |
| 15#桩 B1059 车位 | 00:13 | 87 | 50.03 | 34.50 | 60 |
| 24#桩 B1022 车位 | 00:12 | 66 | 36.53 | 33.21 | 30 |
| 10#桩 B1082 车位 | 00:11 | 48 | 16.56 | 20.70 | 60 |
| 19#桩 B1053 车位 | 00:10 | 81 | 43.74 | 32.40 | 30 |

表 15-17 中充电主机系统的额定装机容量为 1080kW，最多可带 32 台智能充电终端。其中，$1^#{\sim}8^#$智能充电终端的最大输出功率为 120kW，$9^#{\sim}16^#$智能充电终端的最大输出功率为 60kW，$17^#{\sim}32^#$智能充电终端的最大输出功率为 30kW，各智能充电终端最大输出功率之和可达 120kW×8+60kW×8+30kW×16=1920kW。

（2）数据处理

本次采集到了三个月的实际运行数据，随机抽取一天进行分析，该天共采集到了 130 组数据，将表 15-17 中相关数据进行简单的计算，得出实际充电功率与额定功率的比值，即 $P_c/P_e$，如图 15-15 所示。

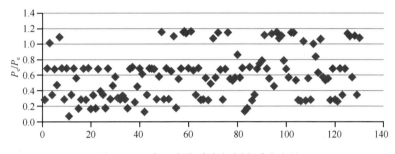

图 15-15 实际充电功率与额定功率之比

如上所述，有的数据存在明显离散，形成坏点，应将其除去。表中黄色部分和图 15-15 中 100%以上的 $P_c/P_e$ 与事实不符合，不可能充电功率大于额定功率，按坏点处理，去掉坏点后剩下 106 组可用数据。

（3）数据分析

同样，采用本书 15.1.2 的数据分析方法。由于本次数据采集只得到了 106 组数据，样本不算多，所以直接使用 SPSS 数据分析软件求出 90%置信区间，见表 15-18。

表 15-18 置信区间（$\alpha$=0.10）

| V1 | | 统计量 | 标准误差 |
|---|---|---|---|
| 均值 | | 48.14906% | 1.948520% |
| 均值的 90%置信区间 | 下限 | 44.91550% | — |
| | 上限 | 51.38262% | — |
| 5%修整均值 | | 48.30283% | — |
| 中值 | | 54.45000% | — |

得到 90%置信区间结果为（44.91550%，51.38262%）。

所以，根据 2016 年 10 月 31 日所测数据，求得合理的充电主机系统需要系数区间为（44.91550%，51.38262%）。

### 15.3.3　小结

综上所述，考虑 1.2 倍的系数，取整可得，充电主机系统的需要系数 $K_d$ 取值在 $0.45 \sim 0.65$，充电主机系统额定功率越大，$K_d$ 取值越小。

## 15.4　电动汽车防火的研究

近年来，多方面因素导致我国电动汽车技术发展迅速，电动汽车已经形成了一定的使用规模，并呈现了持续增长的势头，详见本书第 1 章。

然而由于众多原因，导致包括电动自行车和电动汽车在内的电动车在给大家带来交通便利的同时，也带来了不可忽视的火灾灾害和其他社会问题，本书第 9 章已有详细叙述。全国因电动汽车诱发火灾事故逐步呈现不断上升趋势，且因此造成的人员伤亡也时有发生，给人民群众生命和财产安全造成了重大损失。

为保障电动汽车行业规范、稳定发展，防范电动汽车火灾的发生就显得刻不容缓。有效控制好电动汽车火灾事故，提高消防安全，已成为业内无法回避的一个现实问题。

### 15.4.1　电动汽车火灾原因分析

电动汽车安全隐患的主要部件是动力电源系统，即动力蓄电池系统、充电系统及高压动力总线。

1）动力蓄电池。动力蓄电池作为动力电源系统的核心部件，由于其本身发生故障或防护不到位而受到外部影响等因素，都可能使电池的温度没得到及时而有效控制，从而导致热失控，引发火灾甚至爆炸。可以说，目前所有电动汽车的动力蓄电池防护系统都不足以保证电池不发生热失控。

2）充电系统。电动汽车由于充电与电池管理系统设计不完善而导致电池组在充放电过程中出现热失控，引发火灾。

3）其他。包括高压动力总线、驱动电动机、逆变器和车载充电机等部件，因为由很多的线束连接起来，一旦发生连接不可靠、浸水和机械损伤等就可能会短路导致部件失效，进而引发火灾。

### 15.4.2　电动汽车充电现状

目前绝大多数电动汽车充电是由买车时随车带的充电桩进行充电，社会上公共充电站不多。部分电动汽车使用量较大的单位设置了集中充电场所，有些车企建立了电池更换站。无论哪种充电方式，目前电动汽车充电主要采用充电桩为整组电池进行充电，而且充电桩并不是由车企生产，而是由其他企业生产。

众所周知，构成蓄电池组的每节电池不可能完全一样，因此需要个性化充电与放电管理，换句话说，蓄电池组的充放电管理是极为重要的，只有其性能与充电设施和放电管理设施的性能相匹配，才能保证其应有性能得到充分发挥，其安全也才能得到保障。同时，蓄电池组的充放电管理也是保持电池寿命和续驶里程最重要的环节。

而不同企业生产出来的充电桩质量参差不齐，何谈充电匹配？整组充电就更谈不上个性化了。加上充电桩安装不规范、防护等级不高、防护措施不到位和人为破坏等诸多因素，导致现阶段电动汽车充电过程存在着较大的安全隐患。

### 15.4.3　电动汽车火灾防控建议

由本书第 9.1 节可知，电动汽车火灾有近 6 成发生在充电过程中和停车搁置时。市场上现有的电动汽车和充电桩在短时期内不可能得到改造，更不可能弃之不用。但为了整个社会安全，应该考虑最大限度地减少车辆充电过程中的火灾风险。因此，从消防角度，认为在目前实际国情条件下，对电动汽车的充电应该采取不同的措施。

（1）由车企主导建设电动汽车充换电站

这种模式发生火灾风险最小、火灾防控投入最低，也是最容易做到的模式。在欧美，主要以宝马、奥迪、保时捷和特斯拉等车企建设充电站（电池更换站很少），现在这种模式正在引入到我国，与 4S 店相结合，为车主提供充电服务。

国内品牌的蔚来、北汽新能源等开始采用换电模式，在全国建设电池更换站。电动汽车生产企业之间、企业与大宗用户及其他社会力量之间可以联合起来，建设标准化的电池和电池更换站是未来的发展方向，让专业人做专业事，为车主提供专业服务，彰显企业承担应有的社会安全责任。本书第 15.5 节电池更换站调研报告表明，现有的电池更换站更换电池的用时不到 3min，与加油时间相当。因此，只要布局合理，电动汽车充电难、充电慢问题便迎刃而解。从消防角度看，电池更换站模式优点突出。火灾风险和火灾危害容易控制；一旦发生火灾，基本不影响其他人员和建筑的安全，且利于环境保护。正如第 5 章所述，电池更换站可以规划在距其他建筑或人群相对安全的位置，类似现有的加油站。采用专用的用电线路，还有专业的人员管理，其合作危险自然就降低了，万一发生火灾，其火灾危害也比较容易控制在相对安全的局部区域。同时，由于灭火带来的污水污染也能控制在特定范围内。

（2）由电动汽车生产企业完善其电池系统的自动灭火系统

根据对目前市场主流的三种材料电池——锰酸锂电池、磷酸铁锂电池和三元锂电池热失控试验数据监测分析结果，这三类电池的报警、燃烧和灭火启动时间见表 15-19。在发生燃烧后，电池模组热失控的速率是不同的，需要依据不同类型的电池有针对性地设置正确的报警参数以及灭火启动时机，否则将会导致故障电池发生热失控连锁反应，致使火势无法控制。

表 15-19　锂电池热失控试验数据监测分析结果

| 电池类别 | 动作 | 时间/s |
|---|---|---|
| 锰酸锂电池 | 报火警 | 205 |
|  | 电解液燃烧 | 212 |
|  | 启动灭火剂 | 231 |
| 磷酸铁锂电池 | 报火警 | 265 |
|  | 引燃电解液 | 269 |
|  | 启动灭火剂 | 271 |
| 三元锂电池 | 报火警 | 211 |
|  | 电解液燃烧 | 215 |
|  | 灭火剂启动 | 223 |

（3）采用充电桩充电模式的火灾防控

采用充电桩给电动汽车充电模式不应作为长期发展战略，而是应立足于解决既有车辆的充电问题；公共场所设置的充电桩应立足于"应急"充电，而不能作为永久性服务设施。

现阶段，社会上已经拥有了超百万辆的电动车辆，包括电动汽车、残疾人代步车和农业车等。这些车辆都要继续使用，同时，短时期内也不可能制造出大量的高标准化车辆。在这种局面下，如何规范设置充电桩，尽量减小充电桩给社会带来的危害和不良影响，就显得十分重要了。

1）尽量采用有专人管理的集中设置模式。在没有电池更换站的情况下，该模式还是有一定优势的。首先可以采用直流快充模式，提升充电设备使用效率和充电效率，同时把充电环节的危险限定在一个特定范围内；其次可以集中采用专用的供电线路、污水处理系统和消防系统等；还可以减少人为破坏，及时发现充电设备的老化、破损及各种故障，并使其得到及时维护。公共充电站就是这种模式。

2）设置在消防救援车辆能够到达的地面层，并保持一定的车辆间距。充电环节毕竟是电动汽车火灾发生率较高的环节，做好其相应防护工作。一旦发生火灾，消防救援车辆应能到达现场，及时开展灭火工作。

3）充电电流 32A 及以下的电动汽车充电设备可设置在家住宅、别墅自带车库内，但应在车库内设置感烟火灾探测器，并应连接火灾声警报器；车库进入居室的门应采用防火门。

4）充电电流不大于 32A 的交流充电设备可以设置在建筑内，也可设置在消防救援车辆能够到达的建筑物内部首层和地下一层及外墙敞开式多层停车库首层和地上一层，但应设置在符合下列规定的防火单元内：①建筑物地下汽车库的每个防火单元内充电车位数量应不大于 12 个；②防火单元应采用不低于 3h 耐火极限的隔墙和楼板，出入口不能正对车辆；③防火单元内每个充电车位顶部应至少设置两只感烟火灾探测器；④应设置水喷淋自动灭火系统，每辆车上部应至少设置两个喷头，喷水强度不低于 $10L/(mm \cdot m^2)$，持续喷淋时间不小于 3h；⑤每个防火单元内应设置覆盖到每个车位的两只消防水枪，持续出水时间不小于 3h；⑥应设置独立的排烟系统；⑦防火单元内的行车通道应采用具有停滞功能的特级防火卷帘作为防火单元分隔，火灾发生时，防火卷帘应能由火灾自动报警系统联动下降并停在距地面 1.8m 的高度，且应在防火卷帘两侧设置由消防救援人员现场手动控制防火卷帘开闭的装置；⑧应设置事后清洗与污水排放系统；⑨电动汽车充电车位所在区域的人/车进出口部均应有明显指示灯。

## 15.5　电池更换站调研报告

### 15.5.1　快速、高效——3min 换电堪比燃油车加油

2018 年 8 月，笔者参观了北京大兴区某出租车公司的电动汽车换电站，感觉耳目一新，大开眼界。这是一种新的模式，解决了电动汽车充电难、充电慢的难题。笔者连续拍摄了换电全过程的视频，整个换电全自动进行，完成换电时间约 2min23s，堪比汽油车加油时间。从电动汽车进入换电站到出站不足 5min，一举解决电动汽车的痛点。

换电模式是解决电动汽车充电问题的重要措施，类似日常生活中使用的 2 号、5 号等电池，电池没电更换新电池即可。规范定义了电池更换系统，即实现电动汽车动力蓄电池更换的机械设备和电气设备组成的系统。

参观时据相关部门负责人介绍，北京市共有 100 座适合北汽新能源电动汽车的换电站，32 座已经投入运营，主要用于出租车换电服务，现在逐步向私人用户开放。据了解，厦门、兰州等地也开始建设、使用电动汽车换电站。截至 2020 年 4 月，北汽新能源已在北京、厦门、兰州、广州、昆明、长沙等 10 余个城市累计建换电站 200 余座，其中在北京市配套建成换电站 114 余座，目前开放运营换电站 90 座，厦门建设运营 16 座，广州建设运营 30 座。

图 15-16 为第一代电动汽车电池更换站，是一栋建筑物，需要规划报批、设计、施工和验收等建设工程各个环节，建设周期长、投资大。

图 15-17 为第二代换电站，采用集装箱式设计，称为预装式换电站或箱式换电站。图 15-17a 右边是充电室、换电室，用于电池储存、充电、电池管理及监控，室内设有空调系统，温度恒定在 28℃左右；中间是行车通道，本例是单通道电

池更换站。图 15-18 为位于北京西四环的双通道电池更换站；左边是监控室、值班室。

图 15-16　第一代电池更换站

a）北立面

b）东立面

图 15-17　第二代预装式换电站

　　单通道电池更换站一般配 500kV·A 变压器，双通道换电站配 630kV·A 变压器。该换电站自动化程度高，只需一名员工，大大节省了人力成本。

　　这次参观、调研收获满满，相关情况归纳如下。

（1）给用户带来较好的经济价值

电池更换站不仅较好地解决用户充电慢的顽疾，而且经济性也非常好。车主只需购买电动汽车，无须购买电池，购车价格、税费和保险等均有所下降，而电池采用租用方式。据该公司负责人介绍，目前北汽新能源在北京的换电站收费模式有两种，即按里程计费和按度数计费。选择纯换电模式的车辆按照里程计费，0.35 元/km，选择充换结合模式的车辆，按照每度电行驶 5km 计费，即 0.35 元/km× 5km/(kW·h)=1.75 元/(kW·h)。现在，该电池更换站已经对私家车开放，车电分离，电池租金仍然是 458 元/月，服务费用分三档，最低档为 432 元/月包 1200km，平均每天约 40km，0.738 元/km，基本能满足上下班需要，经济性良好！

图 15-18　双通道电池更换站

（2）充电能力、投资成本低

第二代预装式换电站，占地面积小，易拆易装，地面平整硬化后，吊装设备即可完成安装，在电力条件满足的情况下，一天就可以调试完成，投入正常使用，每天可提供 300 多车次的换电服务，单通道换电站的投资在 300 万元左右（不含电池）。

形成鲜明对比的是，该出租车公司早期投资 3000 多万元安装有 172 个各类交直流充电设备，以满足电动出租车充电的需要，占地面积巨大，充电时间长，在漫长的充电时间里司机们无所事事，影响生产。据业主介绍，这么多的充电桩充电能力不及一套第二代电池更换站，而业主方又舍不得淘汰花巨资建设的充电桩，只好让它们损坏后自然淘汰。

该出租车公司先期还安装了第一代电动汽车换电站（见图 15-16），在相同容量下（即相同的充电能力）其造价是第二代电池更换站的两倍多。

（3）换电站的防火

该公司在建设过程中，邀请了行业专家进行防火、防爆论证，专家论证意见为：电池更换站到建筑物的距离可参照加油站实施，因为其火灾危险性远低于加油站。

电动汽车发生火灾主要是电池原因，该电池更换站采用对电池温度实时监测，以及用消防沙将换下的超温电池埋入沙中，这是目前唯一有效防止电池着火的措施，喷水、泡沫灭火等都无济于事，如图 15-19 所示。

图 15-19　消防沙是动力蓄电池最佳灭火物资

（4）换电站的便利性

该公司已有较为可行的规划。截至 2020 年 4 月，北汽新能源已在北京建设 114 座换电站，90 座换电站已投入运营，城区平均服务半径小于 3km。换电与燃油车加油时间相当，彻底淡化了充电时间意识，从而使续驶里程问题变得无足轻重。理论上讲，单个换电站对于日均行驶里程 30～50km 的私家车，可以支持 1200～1500 台车的换电服务需求，对于北京 600 万车辆，需要建设换电站 4000～5000 座。

通过这次参观、考察，专家们认为换电模式是电动汽车能源供给的重要模式，快速、便捷、经济和数字化管理是其主要特点。

以上是参观时与业主方沟通的基本情况，相关数据以官方发布的为准，特此说明！

### 15.5.2　换电技术遇到难得的发展机遇

我国发展电动汽车具有重要的战略意义和环保、产业发展意义，其充换电设施有两条技术路线：一条是目前常用且常见的充电模式，采用交流充电桩、非车载充电机为电动汽车整车充电，不需要取出电池；另一条为换电模式，即电池更换模式，需要将动力蓄电池从电动汽车上取出，换上充满电的电池。

2019 年 6 月，国家发改委、生态环境部和商务部在《推动重点消费品更新升级 畅通资源循环利用实施方案（2019—2020 年）》中指出，要推广新能源汽车电池租赁等车电分离消费方式，降低购车成本；借鉴公共服务领域换电模式和应用经验，鼓励企业研制充换电结合、电池配置灵活及续驶里程长短兼顾的新能源汽车产品。3 个月后，中央政府再提车电分离模式，表明对该模式的重视程度。因此，电动汽车换电模式将迎来难得的发展机遇。

（1）车电分离可有效降低购车成本

从 2019 年 3 月 26 日起实施的财政部、工信部、科技部和发展改革委员会联合发布了《关于进一步完善新能源汽车推广应用财政补贴政策的通知》，补贴退坡政策一度影响电动汽车的销量。在此背景情况下，换电模式再次进入行业的核心位置，用户购买电动汽车时只买车、不买电池，而电池采用租赁方式，用户可降低约 40%的购车成本。

（2）换电模式可以有效地解决充电慢问题

我国换电技术现在比较成熟，以北汽新能源电动汽车电池更换站为代表的换电技术已经走在世界的前列，达到自动换电阶段，无须人员过多操作，自动更换电动汽车动力蓄电池，并逐步进入智慧换电阶段，实现区域联网、甚至全国联网。一般底盘换电的乘用车约 3min 即可换电完毕，商务车只需 5min 完成换电，大巴换电时间约 10min。有效地解决电动汽车充电慢的难题，换电时间与燃油车加油时间相当。

（3）电池更换站充换电能力强

电池更换站服务能力较强，服务能力与电池更换站的电池储备、换电工位等有关。还以北汽新能源电动汽车为例，满负荷的标准电池更换站为 1 个换电工位、28 块电池、3min 换电，如果 24h 运营，从车辆进站到完成换电出站的平均时间不到 5min，1h 可以服务 12 辆车，一天服务 12 辆次/h×24h=288 辆次。因此，根据电动汽车保有量合理布置站点，电动汽车充换电问题将迎刃而解。

（4）可以利用电池更换站作为电力系统的储能系统

电动汽车的动力蓄电池本身就是储能设备，具有柔性负荷特点，兼有用电设备和电源双重特性。通过控制（预约控制、定时控制和逻辑控制等），可利用夜间用电低谷时为动力蓄电池充电；白天用电高峰时作为电源为其他用电负荷供电，起到电力系统削峰填谷的作用。在实施峰谷电价地区，还具有较好的经济效益。本书第 15.6 节和第 12 章均有叙述。

### 15.5.3　现阶段充电模式与换电模式并驾齐驱

截至 2020 年 4 月，北汽新能源已在北京、厦门、兰州、广州、昆明和长沙等 10 余个城市投放了超过 1.7 万辆换电出租车。实践证明，换电模式很好地克服了新能源汽车的软肋，攻克了充电难、充电慢的顽疾。

2018 年年底，笔者参观了北汽新能源汽车展厅，多款靓车吸引眼球，并深得人们的喜爱。时尚酷炫的 Lite 小型车是年轻女性的最爱，而 EU400 是经典的三厢轿车，中规中矩。电动跑车更是让人眼前一亮，丝毫不逊色于世界知名品牌的跑车。然而这些新的电动汽车有一个共同特点，就是采用传统的充电模式，而没有采用北汽新能源特色的换电模式。

这说明，到目前为止，电动汽车充电模式和换电模式处于并存阶段，各有优缺点，是两条不同的技术路线，短时间内难分伯仲。因此，北汽新能源没有放弃充电模式，也没有完全采取换电模式。充电模式与换电模式对比见表 15-20。

表 15-20　充电模式与换电模式

| 类别 | 充电模式 | 换电模式 |
| --- | --- | --- |
| 布置方式 | 可分散，也可集中 | 集中 |
| 便利性 | 方便、灵活 | 规划站址 |
| 管理 | 相对管理不便 | 便于管理 |
| 利用率 | 调度难度大，利用率低 | 利用率高 |
| 充能时间 | 充电时间长 | 换电时间短，换电与充电时间无关 |
| 价格 | 单台充电设备价格便宜 | 同等充换电能力，价格便宜 |
| 车价 | 购车的价钱高 | 购车的价钱便宜，但要租用电池 |
| 应用 | 常驻地，公共场所 | 公共场所，合适的服务半径 |

结论：充电模式与换电模式各有千秋，在未来一定时间内并行发展。

## 15.5.4　电池更换站对消防的意义

从上述换电模式的特点可知，除满足电动汽车电池的快充、快换外，在消防方面的意义也十分重大。

1）火灾风险和火灾危害容易控制。一旦发生火灾，基本不影响其他人员、建筑安全，利于环保。充换电站可以规划在距其他建筑或人群相对安全的位置，类似现有的加油站。采用专用的用电线路，还有专业的人员管理，其火灾危险自然就降低了，万一发生火灾，其火灾危害也比较容易控制在相对安全的局部区域。同时，由于灭火带来的污水污染也能控制在特定范围内。

2）带故障运行概率和火灾概率自然会降低。

3）统一进行动力蓄电池的充电、更换，可以使用更好的电池充电管理系统，提升电池组使用寿命，保持里程，也有利于环保。前文讲过，保证电池的性能很重要的一个因素是对电池进行个性化充电，而个性化充电必要的条件之一就是单独对每节电池进行充电，普通充电桩是不可能实现的。只有专业的电池更换站才有条件将电池组打开，并采用专业的充电设备对电池进行个性化充电。假如车辆设计人员在车辆放电系统中再采用个性化放电方式，那么电动汽车的电池组使用寿命和续驶里程必将得到充分的保证。电池寿命长了，处理废电池付出的代价也就小了。

4）充电设施利用率高，总占地面积小，占据社会资源少。电池更换站内的充电设施可以连续使用，使用率高；而分散式的充电桩使用率不高，无形中造成了资源浪费。

5）责任范围明确。车企主导建立的电池更换站在提供专业服务的同时，也承担了全部安全责任。否则在发生火灾时，难以确定是车辆问题、充电设备问题，还是充电线路操作问题。

6）电池可以共享，有利于标准化。换电模式下，车企可以只卖车，电池组采用共享模式，有利于电动汽车和电池的标准化。

7）有利于政府监管。政府对数量有限、功能明确的电池更换站完全可以采用相应专业的监管手段进行监管，以保证社会稳定和公共安全。

## 15.6　电动汽车的特殊使命

电动汽车是交通工具，与其他类型汽车相似。但是它又是一种储能装置，一种可移动、分散式和末端的储能系统。

### 15.6.1　电动汽车作为储能系统的意义

本书第 1 章已介绍，截至 2019 年年底，我国纯电动汽车保有量达到 310 万辆，占汽车总量的 1.46%。根据附录 B，新型电动汽车平均动力蓄电池容量为 67kW·h，按现有电动汽车保有量计算，动力蓄电池总容量高达 20770 万 kW·h，充分利用这些电池作为储能系统意义很大，可以起到智能柔性系统的作用，实现双向可控。

根据附录 C 的用车习惯调查，大多数车主晚上在家停车超过 8h，占 83%，这段时间是实现削峰填谷、智能控制的最佳时机。因此，对电动汽车车主来说，晚上回家用交流充电桩充电可谓一举多得，具体如下：

1）便宜。利用夜间低谷电价充电，经济性占绝对优势。

2）延长电池寿命。小电流慢充可避免或减少对电池的损伤，安全可靠，同时可延长电池寿命。

3）削峰填谷。有助于电力系统的削峰填谷作用，平衡发电与用电。

### 15.6.2　场景举例

【例】应用场景（仅为示意）

某电动汽车电池容量 60kW·h，晚上回家利用低谷电价充电，采用标准的 7kW 单相交流充电桩，22:00—次日 5:00 即可充满电。假设低谷电价为 0.3 元/（kW·h），充满电需 0.3 元/（kW·h）×60kW·h=18 元。

白天上班，将充满电的电动汽车进行卖电（放电），假设卖电 30kW·h，余下电量能保证回家、办事即可，按 1 元/（kW·h）计，可售电 30 元。车主一天可获利 12 元，一年按 200 天计（考虑节假日、外出办事等），一年获利 12×200=2400 元。

而办公楼由于电动汽车储能系统的存在，变压器安装容量将大大减少，相应的也节省供配电系统的投资，变压器减少的容量与储能系统的容量有关。

### 15.6.3　多级储能系统的设想

如上所述，电动汽车作为末端的储能系统，具有量大面广、可移动、分散布置和灵活多变的特点，充分利用好其储能功能，重新制定供配电系统的设计原则，这是巨大的变化。

电池更换站可以作为区域级的储能站，根据城市规划设置相应的站点，既满足电动汽车换电需求，又具有区域级的储能站作用。以北京市为例，目前全市有 100 余座电池更换站，随着电动汽车不断普及，还将加密电池更换站的站点，服务半径也将进一步缩小。

电力部门建设了许多储能站，作为电网级的储能系统；发电企业也设置一些储能站，作为发电级储能系统。这样就形成了基于电动汽车的多级储能系统，

图 15-20 为多级储能系统示意图。

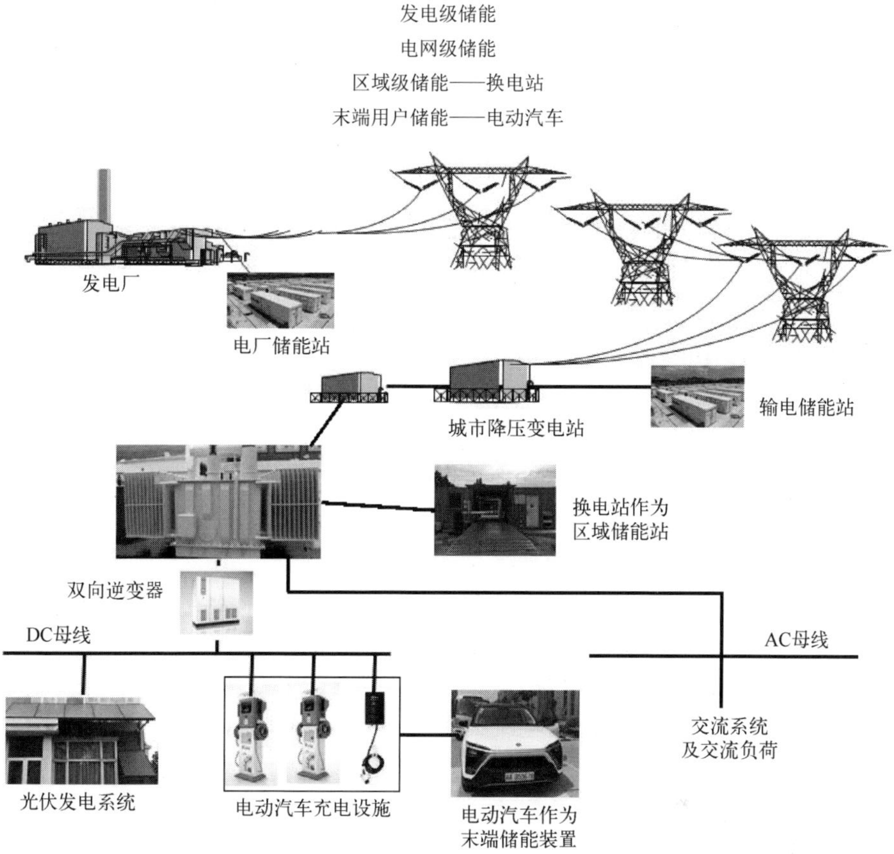

发电级储能
电网级储能
区域级储能——换电站
末端用户储能——电动汽车

发电厂

电厂储能站

城市降压变电站

输电储能站

换电站作为
区域储能站

双向逆变器

DC母线

AC母线

光伏发电系统

电动汽车充电设施

电动汽车作为
末端储能装置

交流系统
及交流负荷

图 15-20　基于电动汽车及电池更换站的多级储能系统示意图

# 附　　录

## 附录 A　电动汽车充电设备简介

## A.1　充电设备

### A.1.1　充换电设备类型

目前我国电动汽车研发取得明显进展，为充电设备建设创造了良好环境和有利契机。电动汽车的充换电设备将是民用建筑中一个重要课题。充换电设备也在不断地更新换代以满足国内国际电动汽车的需求。目前充换电设备类型、特点和适用范围详见表 A-1。

表 A-1　充换电设备类型

| 充换电设备类型 | 特　　点 | 适用范围 |
|---|---|---|
| 交流充电桩 | 交流输入及输出。充电电流小，充电时间长。交流充电桩需与电动汽车上的充电机配合使用，由该充电机为车上的蓄电池充电 | 家用、公共场所慢充 |
| 非车载充电机 | 交流输入，直流输出。充电电流大，充电时间短。非车载充电机直接为车上的蓄电池充电 | 公共场所快充 |
| 充电主机系统 | 交流输入，直流输出，主机集中，按需分配充电功率。充电电流大，充电时间短。充电主机系统的直流充电终端直接为车上的蓄电池充电 | 公共场所快充 |
| 交/直流一体式充电设备 | 交流输入，交流/直流输出。兼有快充和慢充特点。体积大，重量重。通常落地安装 | 公共场所快充和慢充 |
| 换电站 | 交流输入，直流为电池充电，电池更换速度快，大约 3min 更换一辆 | 公共场所快速更换 |

市场上的乘用车车载充电机功率主要包括 3.3kW 和 6.6kW，效率集中在 93%～95%之间，冷却方式主要包括风冷和水冷。

### A.1.2　充换电设备的技术参数

电动汽车充电设备的主要技术参数参见表 A-2～表 A-5。

#### 表 A-2　交流充电桩技术参数

| 技术参数 | | 交流充电桩 | | | |
| --- | --- | --- | --- | --- | --- |
| 电气参数 | 额定输入功率/kW | 7 | 21 | 21×2 | 42 |
| | 额定输入电压/V | ～220 | ～380 | ～380 | ～380 |
| | 额定输入电流/A | 32 | 32 | 64 | 64 |
| | 额定输入频率/Hz | 50 | 50 | 50 | 50 |
| | 额定输出电压/V | 220 | 380 | 380 | 380 |
| | 额定输出电流/A | 32 | 32 | 63（双枪） | 63 |

#### 表 A-3　非车载充电机技术参数

| 技术参数 | | 非车载充电机 | | | | |
| --- | --- | --- | --- | --- | --- | --- |
| 电气参数 | 额定输入功率/kW | 30 | 45 | 60 | 120 | 150 |
| | 额定输入电压/V | ～380 | ～380 | ～380 | ～380 | ～380 |
| | 额定输入电流/A | <50 | <70 | <100 | <200 | <250 |
| | 额定输入频率/Hz | 50 | 50 | 50 | 50 | 50 |
| | 输入功率因数 | ＞0.95 | ＞0.95 | ＞0.95 | ＞0.95 | ＞0.95 |
| | 额定输出电压/V | 500/750 | 500/750 | 500/750 | 500/750 | 500/750 |
| | 额定输出电流/A | <60（双枪） | <90（双枪） | <120（双枪） | <240（双枪） | <320（双枪） |

注：充电设备有单枪、双枪和多枪之分，选用时需根据具体情况选择。

#### 表 A-4　充电主机系统技术参数

| 技术参数 | | 充电主机系统 | | | |
| --- | --- | --- | --- | --- | --- |
| 电气参数 | 额定输入功率/kW | 270×2 | 270×4 | 360×1 | 360×3 |
| | 额定输入电压/V | ～380 | ～380 | ～380 | ～380 |
| | 额定输入电流/A | 445×2 | 445×3 | 600×1 | 600×3 |
| | 额定输入频率/Hz | 50 | 50 | 50 | 50 |
| | 输入功率因数 | ＞0.95 | ＞0.95 | ＞0.95 | ＞0.95 |
| | 额定输出电压/V | 200～500 | 200～500 | 300～750 | 300～750 |
| | 额定输出电流/A | 445×2 | 445×4 | 600×1 | 600×3 |

#### 表 A-5　电动汽车换电系统技术参数

| 技术参数 | | 电池更换站 | | | |
| --- | --- | --- | --- | --- | --- |
| 电气参数 | 额定输入功率/kW | 120 | 150 | 240 | 480 |
| | 额定输入电压/V | ～380 | ～380 | ～380 | ～380 |
| | 额定输入电流/A | <200 | <250 | <400 | <800 |

（续）

| 技术参数 | | 电池更换站 | | | |
|---|---|---|---|---|---|
| 电气参数 | 额定输入频率/Hz | 50 | 50 | 50 | 50 |
| | 输入功率因数 | >0.95 | >0.95 | >0.95 | >0.95 |
| | 电池数量/组 | 4 | 6 | 8 | 16 |

# A.2   电动汽车充电枪接口车辆接口

## A.2.1   交流充电桩接口

根据我国标准 GB/T 20234.2—2015《电动汽车传导充电用连接装置 第 2 部分：交流充电接口》，交流充电接口的额定值见表 A-6，交流充电接口触头定义见表 A-7。交流充电接口插头插座图示如图 A-1 和图 A-2 所示。

表 A-6   交流充电接口的额定值

| 额定电压/V | 额定电流/A |
|---|---|
| 250 | 10/16/32 |
| 440 | 16/32/63 |

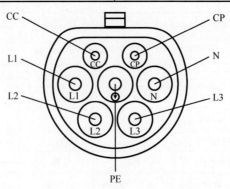

图 A-1   交流充电接口插头图示

表 A-7   交流充电接口触头定义

| 触头标识 | 额定电压和额定电流 | 功能定义 |
|---|---|---|
| L1 | 250V/440V  10/16/32/63A | 交流电源（单相/三相） |
| L2 | 440V  16/32/63A | 交流电源（三相） |
| L3 | 440V  16/32/63A | 交流电源（三相） |
| N | 250V/440V  10/16/32/63A | 中线（单相/三相） |

（续）

| 触头标识 | 额定电压和额定电流 | 功能定义 |
|---|---|---|
| ⏚ | — | 保护接地（PE），连接供电设备地线和车辆电平台 |
| CC | 0～30V　2A | 充电连接确认 |
| CP | 0～30V　2A | 控制导引 |

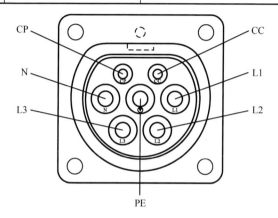

图 A-2　交流充电接口插座图示

GB/T 20234.2—2015《电动汽车传导充电用连接装置　第 2 部分:交流充电接口》插头插座耦合顺序：5；1～4；6、7。脱开顺序相反。

## A.2.2　非车载充电机接口

根据我国标准 GB/T 20234.3—2015《电动汽车传导充电用连接装置　第3部分:直流充电接口》，直流充电接口的额定值见表 A-8，直流充电接口触头定义见表 A-9。直流充电接口插头插座图示如图 A-3 和图 A-4 所示。

表 A-8　直流充电接口的额定值

| 额定电压/V | 额定电流/A |
|---|---|
| 750/1000 | 80/125/200/250 |

表 A-9　直流充电接口触头定义

| 触头标识 | 额定电压和额定电流 | 功能定义 |
|---|---|---|
| DC+ | 750/1000V　80/125/200/250A | 直流电源正，连接直流电源正与电池正极 |
| DC– | 750/1000V　80/125/200/250A | 直流电源负，连接直流电源负与电池负极 |
| ⏚ | — | 保护接地（PE），连接供电设备地线和车辆电平台 |
| S+ | 0～30V　2A | 充电通信 CAN_H，连接非车载充电机与电动汽车的通信线 |

（续）

| 触头标识 | 额定电压和额定电流 | 功能定义 |
| --- | --- | --- |
| S− | 0～30V　2A | 充电通信 CAN_L，连接非车载充电机与电动汽车的通信线 |
| CC1 | 0～30V　2A | 充电连接确认 |
| CC2 | 0～30V　2A | 充电连接确认 |
| A+ | 0～30V　20A | 低压辅助电源正，连接非车载充电机为电动汽车提供的低压辅助电源 |
| A− | 0～30V　20A | 低压辅助电源负，连接非车载充电机为电动汽车提供的低压辅助电源 |

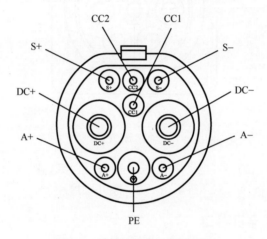

图 A-3　直流充电接口插头图示

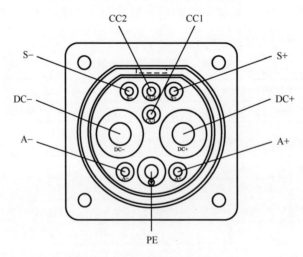

图 A-4　直流充电接口插座图示

GB/T 20234.3—2015《电动汽车传导充电用连接装置 第 3 部分:直流充电接口》插头插座耦合顺序 3，7；1，2；8，9；4，5，6。脱开顺序相反。

美国、欧洲、日本的电动汽车充电接口及我国的充电接口对比见表 A-10。

表 A-10　国内国际电动汽车充电接口插头对比

| | 中国 | 美国 | 欧洲 | 日本 |
|---|---|---|---|---|
| 交流 | GB/T 20234.2—2015 | SAE J1772/IEC 62196-2 | IEC 62196-2 | IEC 62196-2 |
| 直流 | GB/T 20234.3—2015 | IEC 62196-3 | IEC 62196-3 | CHAdeMO/IEC 62196-3 |
| 组合式 | — | SAE J1772/IEC 62196-3 | IEC 62196-3 | — |

# A.3　动力蓄电池

## A.3.1　电动汽车动力蓄电池分类

纯电动汽车动力蓄电池主要为锂离子电池，混动汽车采用镍氢电池。锂离子电池根据元素不同主要包括磷酸铁锂电池、三元锂电池等。锂离子电池根据封装形式主要有三种，即圆柱、方形和软包。

## A.3.2　寿命

对一次电池而言，电池的寿命是表征给出额定容量的工作时间。

对二次电池而言，电池的寿命分充放电循环寿命和湿搁置使用寿命两种。充放电循环寿命是衡量二次电池性能的一个重要参数。

常用的二次电池中，镍氢电池的充放电循环寿命为 500～800 次，铅酸电池为 200～500 次，锂离子电池为 600～1000 次。

湿搁置使用寿命越长，电池性能越好。在目前常用的电池中，镍氢电池湿搁置使用寿命为 2～3 年，铅酸电池为 3～5 年，锂离子电池为 5～8 年。

（1）镍氢电池

镍氢电池正极活性物质为 $Ni(OH)_2$（称为 NiO 电极），负极活性物质为金属氢化物，也称储氢合金。

正极：$Ni(OH)_2 + OH^- \!\!=\!\!=\!\! NiOOH + H_2O + e^-$

负极：$M + H_2O + e^- \!\!=\!\!=\!\! MH_{ab} + OH^-$

总反应：$Ni(OH)_2 + M \!\!=\!\!=\!\! NiOOH + MH$

优点：镍氢电池能量密度较高，可快速充放电，温度性能好，充放电能力强，有很好的耐过充能力，对环境无污染。

缺点：由于反应过程中需要贵金属，价格昂贵，不利于大规模推广。

目前主要用于航天电池、混动汽车电池。

（2）磷酸铁锂电池

磷酸铁锂电池是指用磷酸铁锂作为正极材料的锂离子电池。

优点：能量密度较高，充放电循环性能好，输出电压高且稳定，大电流充放电性能好，安全可靠，对环境无污染。

缺点：对温度要求较高，尤其在低温情况下，影响化学反应活性。

目前主要用在电动汽车小客车、公交车等，代表厂家有比亚迪。

（3）三元锂电池

三元锂离子电池是指正极材料为镍钴锰酸锂（$LiNiCoMnO_2$）或者镍钴铝酸锂的三元正极材料的锂离子电池。

优点：能量密度较高，温度要求宽松，充放电循环性能好，输出电压高且稳定，对环境无污染。

缺点：大电流长时间过电压充电在某些阶段容易引起电池高温，导致热失控。

目前主要用在小客车上，代表厂家有宁德时代。

三种类型电池的比较详见本书第 1 章。

### A.3.3　电池形状

（1）圆柱形电池

圆柱形电池是最常见的电池，生活中的干电池就是圆柱形，圆柱形锂离子电池比如 18650，其中"18"表示直径为 18mm，"65"表示长度为 65mm，"0"表示为圆柱形电池；21700，其中"21"表示直径为 21mm，"70"表示长度为 70mm，"0"表示为圆柱形电池。

优点：圆柱形锂离子电池生产工艺成熟，容易量产，成本较低；由于圆柱面积大，所以电池组散热面积大，散热性能优于方形电池；圆柱形电池可以灵活组合，在汽车设计时易适用于电动车空间布局。

缺点：圆柱形电池一般采用钢壳或铝壳封装，会比较重，比能量相对较低。

特斯拉 MODEL S 动力蓄电池采用 7104 节 18650 型电池。

大家都知道 5 号电池比 7 号电池体积大，所以含有更多电量。增大圆柱形电池的体积以获得更多的电池容量，是电动汽车动力蓄电池的方向。随着社会对电动汽车里程的要求不断增加，全世界电动汽车车企对动力蓄电池的能量密度、制造成本、制造工艺和安全性等方面都提出了更高的要求。

特斯拉 MODEL 3 已经启动了 21700 电池的规模化使用，根据体积计算，21700 电池是 18650 电池的 1.46 倍，电能增加显著，成本降低 30%～50%。

（2）方形硬壳

方形硬壳电池壳体多为铝合金、不锈钢等材料，内部采用卷绕式或叠片式工艺。目前，生产方形硬壳电池的企业有三星、宁德时代等。

由于早期电动车辆是逆向设计，故电池的规格很多。方形锂离子电池可以根据产品的尺寸进行定制化生产，所以市场上型号太多，工艺很难统一。

一种没有标准规格的产品不能长久地应用到市场，故方形硬壳电池需要进一步规范才能满足车企和客户的需要。

（3）软包电池

软包锂离子电池正极材料、负极材料及隔膜在软包装材料（铝塑复合膜）中，这是软包锂离子电池中最关键、技术难度最高的材料。软包装材料通常分为三层，即外阻层、阻透层和内层。

软包电池的包装材料和结构使其具有安全性能好、重量轻、循环性能好、设计灵活且可根据客户的需求定制一系列优势。

软包电池的不足之处是一致性较差，成本较高，容易发生漏液。

长安、北汽和东风等国内中高端新能源乘用车上都开始采用软包动力蓄电池。

圆柱、方形和软包三种封装类型的电池各有优势，也各有不足，每种电池都有自己主导的领域，比如方形电池中磷酸铁锂较多，软包电池中三元锂电池更多一些。

（4）刀片式电池

刀片式电池是比亚迪公司的专利技术，采用方形铝壳的长电芯方案，是磷酸铁锂电池的一种新型结构。该方案将电芯扁长化设计，增大电芯的长度，空间利用率得到提高，同时提高电池包的效率，具有良好的散热性能，能量密度显著提高，能量密度逼近三元锂电池，增加了续驶里程。现已量产，并应用于比亚迪公司的新车型。

# 附录 B　常用电动汽车技术参数及分析

从本书第 1 章可以看出，我国电动汽车行业飞速发展，电动汽车技术参数和性能也有很大提升。表 B-1 为 2018 年出版发行的国家标准图集 18D 705–2《电动汽车充电基础设施设计与安装》中的数据。

现在电动汽车技术参数详见表 B-2，来源于公开媒体。平均续驶里程近 460km，增加近 160km，增加超 50%；续驶里程的增加得益于电池容量的增加和电池能量密度的提升，平均电池容量达 67kW·h，增加 45%，最高的有三款 100kW·h；平均快充时间由 1.19h 缩短到 0.67h。当然，电动汽车的耗电量基本不变，平均为 14.7kW·h/100km。

**表 B-1　国家标准图集《电动汽车充电基础设施设计与安装》18D705–2 电动汽车技术参数**

| 品牌 | 电池类型 | 电池容量 /（kW·h） | 百公里耗电量 /（kW·h/100km） | 快充时间 /min | 快充时间 /h | 慢充时间 /min | 慢充时间 /h | 综合续驶里程 /km |
|---|---|---|---|---|---|---|---|---|
| 北汽 EC180 | | 20.0 | 13 | — | — | 420 | 7.00 | 156 |
| 北汽 EU260 | 锂电池 | 41.4 | 13.5 | 60 | 1.00 | 360 | 6.00 | 260 |
| 北汽 EU400 | | 54.4 | 13.5 | 60 | 1.00 | 540 | 9.00 | 400 |
| 比亚迪 E6 | 铁电池 | 82.0 | 18 | 90 | 1.50 | 560 | 9.33 | 440 |
| 进口宝马 i3 | 锂电池 | 33.0 | 13.5 | 60 | 1.00 | 330 | 5.50 | 245 |
| 特斯拉 ModelS90D | 锂聚合物电池 | 90.0 | 16 | 270 | 4.50 | 630 | 10.50 | 557 |
| 荣威 ERX5EV400 | | 48.3 | 15 | 36 | 0.60 | 480 | 8.00 | 320 |
| 东风日产启辰晨风 | | 24.0 | 14 | 30 | 0.50 | 240 | 4.00 | 175 |
| 吉利帝豪 EV300 | 锂电池 | 41.0 | 14 | 45 | 0.75 | 360 | 6.00 | 300 |
| 长安逸动 EV | | 26.0 | 15 | 30 | 0.50 | 480 | 8.00 | 200 |
| 广汽传祺 GE3 | | 47.0 | 15 | 30 | 0.50 | 420 | 7.00 | 310 |
| 江淮和悦 IEV6S | | 33.0 | 13 | 90 | 1.50 | 300 | 5.00 | 251 |
| 知豆 | | 18.0 | 12 | — | — | 480 | 8.00 | 155 |
| 蔚来 ES8 | 三元锂电池 | 70.0 | 20 | 66 | 1.10 | 600 | 10.00 | 355 |
| 腾势 | 锂电池 | 62.0 | 15.5 | 60 | 1.00 | 600 | 10.00 | 400 |
| 平均值 | | 46.0 | 14.7 | 71.3 | 1.19 | 453.33 | 7.56 | 301.6 |

表 B-2　现在电动汽车技术参数

| 编号 | 品牌 | 型号 | 电池类型 | 工信部纯电续驶里程/km | 电池能量/（kW·h） | 百公里耗电量/（kW·h/100km） | 电池组质保 | 快充时间/h | 慢充时间/h |
|---|---|---|---|---|---|---|---|---|---|
| 1 | 奥迪 | e-tron 2019 款 | 三元锂电池 | 470 | 95 | 20.4 | 8 年或 16 万 km | 0.67 | 8.5 |
| 2 | | Q2L e-tron | | 265 | 39.7 | 13.9 | 8 年或 12 万 km | 0.6 | 17 |
| 3 | 宝马 | i32020 款 快充畅行款 | | 340 | 42.2 | 12.4 | 8 年或 12 万 km | 0.7 | 4.9 |
| 4 | 北汽新能源 | EU52019 款 R600 | | 501 | 60.2 | 13.3 | 8 年或 15 万 km | 0.5 | 9 |
| 5 | | BEIJING-EU7 | | 451 | 60.225 | 13.3 | 8 年或 15 万 km | 0.5 | 10 |
| 6 | | EX5 | | 415 | 61.8 | 14.9 | 8 年或 15 万 km | 0.5 | 10.5 |
| 7 | | EC5 | | 403 | 48.1 | 14.1 | 8 年或 15 万 km | 0.5 | 7.5 |
| 8 | | EX3 R600 | | 501 | 61.3 | 13.6 | 8 年或 15 万 km | 0.5 | 10 |
| 9 | 奔驰 | EQC | | 415 | 79.2 | 19.9 | 8 年或 16 万 km | 0.75 | 12 |
| 10 | 比亚迪 | 唐新能源 | | 520 | 82.8 | 15.9 | 8 年或 15 万 km | 0.5 | 12 |
| 11 | | 宋 Pro 新能源 | | 405 | 59.1 | 14.6 | 8 年或 15 万 km | 0.5 | 8.5 |
| 12 | 腾势 | 腾势 X | | 520 | 82.8 | 17.3 | 8 年或 15 万 km | 0.5 | 12 |
| 13 | 江淮 | iEV6E | 磷酸铁锂电池 | 310 | 34.9 | 11.2 | 8 年或 15 万 km | 0.67 | 5 |
| 14 | 特斯拉 | Model 3 | 三元锂电池 | 445 | 52 | 11.7 | 8 年或 16 万 km | 1 | 10 |
| 15 | | Model S | | 660 | 100 | 15.2 | 8 年不限里程 | 1 | 10 |
| 16 | | Model X | | 575 | 100 | 17.4 | 8 年不限里程 | 1 | 10 |
| 17 | 吉利帝豪 | GSe2020 款 600 | | 450 | 61.9 | 13.8 | 8 年或 15 万 km | 0.5 | 7.8 |
| 18 | 长安 | 逸动新能源 | | 405 | 52.56 | 13 | 8 年或 12 万 km | 0.5 | 8 |
| 19 | 上汽荣威 | MARVEL X | | 403 | 52.5 | 13 | 8 年或 12 万 km | 0.67 | 8.5 |

（续）

| 编号 | 品牌 | 型号 | 电池类型 | 工信部纯电续驶里程/km | 电池能量/（kW·h） | 百公里耗电量/（kW·h/100km） | 电池组质保 | 快充时间/h | 慢充时间/h |
|---|---|---|---|---|---|---|---|---|---|
| 20 | 上汽荣威 | Ei5 | 三元锂电池 | 420 | 52.5 | 13.3 | 8年或12万km | 0.67 | 8.5 |
| 21 | 威马 | EX5 Lite 探索版 520 | | 520 | 69 | 13.3 | 8年或15万km | 0.58 | 11.2 |
| 22 | 小鹏 | 2020款 520长续驶 | | 520 | 66.5 | 12.8 | 8年或15万km | 0.5 | 9 |
| 23 | 蔚来 | ES6–2019款 510KM | | 510 | 84 | 16.5 | 不限 | 0.8 | 12 |
| 24 | | ES8–2020款 580KM | | 580 | 100 | 17.2 | 不限 | 1.5 | 12 |
| | 平均值 | | | 458.50 | 66.60 | 14.67 | | 0.67 | 9.75 |

注：快充时间为80%电量。

图 B-1 为电动汽车电池容量、续驶里程、快充时间和耗电量等技术参数图。电池容量为 35～100kW·h，平均值为 66.6kW·h；续驶里程 265～660km，平均值为 458.5km；快充时间 0.5～1.5h，平均快充时间为 0.67h。

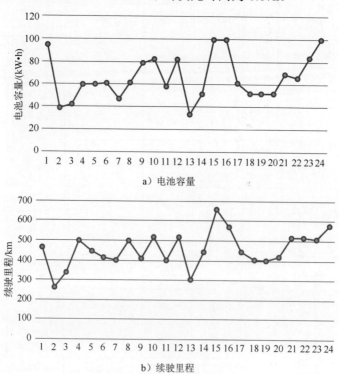

a）电池容量

b）续驶里程

图 B-1　电动汽车技术参数图

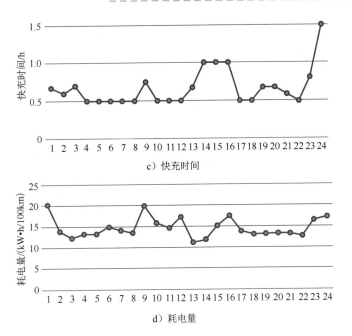

c）快充时间

d）耗电量

图 B-1　电动汽车技术参数图（续）

注：图中横坐标数字为表 B-2 车型编号。

　　未来的电动汽车续驶里程将进一步增加，性能逐渐提升，功能日益强大，自动驾驶的时代已经到来且逐渐完善。

# 附录 C　车主用车习惯调查

自 2013 年起，我国连续多年汽车销量稳居全球第一。根据国家统计局发布的 2019 年国民经济和社会发展统计公报，2019 年末全国民用汽车保有量达 26150 万辆，比 2018 年末增加 2122 万辆。其中，我国私人汽车保有量 22635 万辆，增加 1905 万辆。

在此背景下，按照国务院决策部署，坚持以纯电驱动为新能源汽车发展的主要战略方向，将充电基础设施建设放在更加重要的位置，加强统筹规划，统一标准规范，完善扶持政策，创新发展模式，培育良好的市场服务和应用环境；形成布局合理、科学高效的充电基础设施体系；提高公共服务水平，促进电动汽车产业发展和电力消费；方便群众生活，更好惠及民生。为推动电动汽车充电设施相关技术的研究、应用与发展，为《电动汽车充电设施系统设计标准》编制提供依据，笔者利用互联网对车主进行用车习惯调查，根据用车习惯，可以为电动汽车充电设施系统的设置提供帮助。

## C.1　调查问题

本次通过"炳华话电气"微信公众号进行调查，主要有以下四个问题：

1）您的车平均一年总行驶里程有多少千米？（单选）

○　≤5000

○　5000～10000（含）

○　10000～15000（含）

○　15000～20000（含）

○　20000～30000（含）

○　>30000

2）平均每天（24h）开车时间（小时）（单选）

○　≤1h

○　1～2h（含）

○　2～3h（含）

○　3～4h（含）

○　>4h

3）通常，您的车停在什么地方？（单选）

○　小区地下车库专有车位

○　地面专有车位

○ 公共停车场（楼）

○ 路边车位

○ 单位停车位

○ 其他

4）下班后回家，平均每天停车多长时间（小时）？（单选）

○ ≤6h

○ 6～8h（含）

○ 8～10h（含）

○ 10～12h（含）

○ ＞12h

# C.2 调查情况

本次调查共收到有效投票 503 份，具体情况如下。

年平均行驶里程在 5000～10000km（含）和 10000～15000km（含）两个区间均超过 30%，年平均行驶里程在 15000km 及以下的约占 75%，参见表 C-1。

表 C-1 年平均行驶里程

| 年平均行驶里程/km | 人数 | 占比（%） |
|---|---|---|
| ≤5000 | 58 | 11.5 |
| 5000～10000（含） | 159 | 31.6 |
| 10000～15000（含） | 158 | 31.4 |
| 15000～20000（含） | 64 | 12.7 |
| 20000～30000（含） | 44 | 8.7 |
| ＞30000 | 20 | 4.1 |
| 合计 | 503 | 100.0 |

年平均行驶里程在 15000～20000km，共计 64 人，约占 13%；年平均行驶里程 20000～30000km 之间，共计 44 人，约占 9%；年平均行驶里程超过 30000km，仅 20 人，占 4%。

从以上可以看出，大多数车主行驶里程较短，年平均行驶里程绝大多数在 20000km 以下，合计占比近 90%，达 87.2%，折合平均每天行驶里程不足 55km。说明私家车是主流，主要用于上下班、接送孩子上下学，辅助郊游、长途旅行。

平均每天开车时间在 1～2h 占到 41%，居于首位；居于次位的是平均每天开车时间不足 1h，占 38%。两者共计近 8 成，达 79%，详见表 C-2。说明私家车每天用车时间较短，与行驶里程短相一致。

表 C-2 平均每天开车时间

| 平均每天开车时间/h | 人数 | 占比（%） |
|---|---|---|
| ≤1 | 191 | 38.0 |
| 1~2（含） | 206 | 41.0 |
| 2~3（含） | 70 | 13.9 |
| 3~4（含） | 25 | 5.0 |
| >4 | 11 | 2.1 |
| 合计 | 503 | 100.0 |

调查表明（详见表 C-3），车主停车主要停在小区地下车库专有车位上，共计 197 人，近 40%，高居榜首。居第二位的是停在地面专有车位上，共计 103 人，占 20%。这两项合计占比近 60%。

第三位是路边停车位和单位停车位，各占约 13%，分别为 66 人和 69 人；第四位是停车在公共停车场（楼），占 8.5%；还有将车停在其他地方的，占 5%。

表 C-3 停车地点

| 停车的地方 | 人数 | 占比（%） |
|---|---|---|
| 小区地下车库专有车位 | 197 | 39.2 |
| 地面专有车位 | 103 | 20.5 |
| 公共停车场（楼） | 43 | 8.5 |
| 路边停车位 | 66 | 13.1 |
| 单位停车位 | 69 | 13.7 |
| 其他 | 25 | 5.0 |
| 合计 | 503 | 100.0 |

下班回家平均每天停车时间见表 C-4。由表 C-4 可知，平均每天在家停车时间超过 12h 的车主高达 152 人，占 30%；在家停车 8~10h 居第二位，近 28%，共计 139 人；停车时间 10~12h，位居第三位，占 26.4%，共计 133 人。前三位为第一集团，合计占比 84.3%。

表 C-4 下班回家平均每天停车时间

| 下班回家平均每天停车时间/h | 人数 | 占比（%） |
|---|---|---|
| ≤6 | 21 | 4.2 |
| 6~8（含） | 58 | 11.5 |
| 8~10（含） | 139 | 27.6 |
| 10~12（含） | 133 | 26.4 |
| >12 | 152 | 30.3 |
| 合计 | 503 | 100.0 |

其他占比较小，平均每天在家停车 6～8h 仅为 11%；在家停车时间不足 6h，仅为 4.2%。

总之，根据用车习惯调查，电动汽车充电设施的建设以常住地慢充为主，公共充电站、电池更换站为快速充电/换电提供快充和应急充电服务，下面具体分析。

## C.3 数据分析

（1）常驻地慢充是主流

调查表明，私家车用车时间很少，停车时间很长。尤其下班回家以后有完整的超过 8h 及以上的停车时间，这部分人群占 84%；在家停车时间超过 6h 的受访者高达 96%，完全可以满足交流慢充的条件。因此，这段时间是电动汽车充电的最佳时间。在家停车不同时间人数占比如图 C-1 所示。下班回家停车位置如图 C-2 所示。

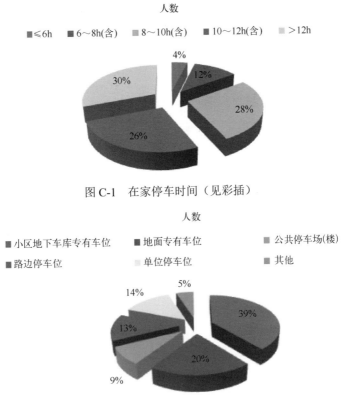

人数

■≤6h　■6～8h(含)　■8～10h(含)　■10～12h(含)　■>12h

图 C-1　在家停车时间（见彩插）

人数

■小区地下车库专有车位　■地面专有车位　■公共停车场(楼)
■路边停车位　■单位停车位　■其他

图 C-2　下班回家停车位置（见彩插）

1）可以利用夜间用电低谷时期充电，对电网来说，起到削峰填谷的作用，提高电网利用率。

2）在实行峰谷电价的地区，可以节省充电费用，经济实惠。

3）慢充有助于保护电池、延长电池寿命。

因此，建议在常驻地设置单相交流充电桩，实现对电动汽车的慢充。

（2）公共场所快充作为补充

公共场所的快充服务是对私家车家庭慢充的一种补充，是应急充电的一种方式。对运营单位来说，快充是提高运营效率的有效措施。

快充提高了充电速度和效率，但代价也比较大，快充占用了大量的电力资源，牺牲了电池的寿命，充电时火灾危险性比慢充要高，这些问题需要进一步研究和解决。

（3）公共充电站、电池更换站是提供快充的重要举措

为了更好地解决充电慢、充电难问题，合理地布置公共充电站、电池更换站提供快充服务是有效解决这个问题的重要举措，这样设置的方案优点很多。

1）可以有效地解决防火、防爆问题。根据消防部门提供的数据，电动汽车发生的火灾约50%是在充电时发生，电动汽车充电时火灾危险性相比燃油车要高，一旦发生火灾扑救难度很大。如果充电设备安装在建筑物的地下车库，一旦发生火灾后果不堪设想！而充电站、电池更换站与其他建筑物保持安全距离，站内又有严格的防范措施和监控措施，即使发生火灾也不致殃及其他建筑物，损失可以控制在很小的范围内。

2）可以有效地攻克充电难、充电慢的顽疾。采用直流快充的充电站可以在0.5～1h为电动汽车电池充满80%的电量，基本上能满足应急的需要。而电池更换站的速度更加快捷，3min之内完成换电，换电速度非常之快，换电能力之强，超出人们的想象。

3）可以有效地节省投资，提高充电设备的利用率。分散安装的充电设备实际上是重复投资、重复建设，充电设备利用率低，尤其个人和单位安装的充电设备不对公众开放，利用率更低，没有发挥出设备应有的效益。分散安装的充电设备还不便于管理、维护，设备损坏率相对较高。而集中设置的充电站、电池更换站可以很好地解决这些问题，具有投资少、设备利用率高和便于管理的特点。

应该说明，公共充电站应该以快充为主，不宜设置慢充装置，否则充电慢的问题还是难以解决，而且还增加了充电站附近的交通拥堵问题。

# 附录 D　某小区充电设备使用情况调查

笔者在编制国家标准图集 18D 705-2《电动汽车充电基础设施设计与安装》和 T/ASC 17-2021《电动汽车充换电设施系统设计标准》过程中有多项研究，其中对北京市朝阳区某小区电动汽车充电设施系统使用情况进行持续性的调查，现将调查情况汇总如下。

（1）小区基本情况

该小区位于北京市朝阳区临近东北二环路，小区共有 44 个充电桩，其中 2 个为非车载充电机，42 个交流充电桩，均为地面充电车位，分三处设置。该充电设施系统设计详见本书附录 E。小区充电区域如图 D-1 所示。

图 D-1　小区充电区域

据悉，该小区现有固定车位约 400 个，固定车位包括地下车库和地上划线的车位。临时车位约 150 个，临时车位是指小区内部道路边临时停车车位，晚上可以停车，早晨 7:30 之前将车移走。小区现有电动汽车约 90 辆，随着政府政策的引导，电动汽车数量在持续不断地增加。充电车位共计 44 个，占固定车位约 11%，占总车位数约 8%。现在充电桩基本上能满足小区电动汽车充电的需要。

（2）调查情况说明

笔者对该小区充电桩使用情况进行持续的跟踪调查，以获得实际使用情况。调查时间及基本情况见表 D-1。

表 D-1　调查时间及基本情况

| 时间 | 交流充电桩 | 非车载充电机 | 充电设备使用率（%） | 平均充电功率/kW | 平均负荷率（%） | 平均充电时间/h | 备注 |
|---|---|---|---|---|---|---|---|
| 2019 年 12 月 15 日 | 16 个充电桩连接在车上，其中 14 个充电完毕，2 个正在充电 | 没用 | 36.4 | 5.5 | 78.7 | 4.8 | — |
| 2020 年 1 月 1 日 | 15 个充电桩连接在车上，其中 13 个充电完毕，2 个正在充电 | 没用 | 38.6 | 4.8 | 68.0 | 9.49 | 2 个超长充电，65h 和 15h |
| 2020 年 2 月 18 和 20 日 | 2 台使用 | 没用 | 4.5 | — | — | — | 受新冠肺炎疫情影响不用车 |
| 2020 年 2 月 22 日 | 5 个充电桩连接在车上，其中 3 个充电完毕，2 个正在充电 | 没用 | 11.4 | 5.97 | 85.3 | 4.19 | 受新冠肺炎疫情影响用车少 |
| 2020 年 4 月 4 日 | 8 个充电桩连接在车上，其中 1 个充电完毕，7 个正在充电 | 没用 | 18.2 | 5.37 | 76.75 | 2.69 | 多半处于充电情况下 |
| 2020 年 4 月 25 日 | 17 个充电桩连接在车上，其中 1 个没有运行信息，6 个充电完毕，10 个正在充电 | 没用 | 38.6 | 5.16 | 73.74 | 4.6 | 恢复到新冠肺炎疫情之前的水平 |

表 D-1 中，平均充电功率指本次充电时间内的平均充电功率，为充电电量/充电时间；负荷率指充电桩的平均负荷率，是本次充电时间内的平均充电功率与充电桩的额定功率之比；充电设备使用率为本次调查时段连接到车上的充电桩数量与充电桩总数之比。

（3）数据采集及分析

现将多次调查的数据汇总列入表 D-2 中。

表 D-2　调查数据汇总

| 编号 | 数据采集时间 | 汽车品牌 | 充电电量/（kW·h） | 充电时间 | | 充电功率/kW | 负荷率（%） | 状态 | 厂家 |
|---|---|---|---|---|---|---|---|---|---|
| | | | | 充电时间/min | 折合成小时/h | | | | |
| 1 | 2019 年 12 月 15 日 | 长安（奔奔） | 14.19 | 240 | 4.0 | 3.5 | 50.7 | 充电完毕 | 北京震宇 |
| 2 | | 比亚迪 | 36.66 | 321 | 5.4 | 6.9 | 97.9 | | |
| 3 | | 吉利（帝豪） | 23.73 | 205 | 3.4 | 6.9 | 99.2 | | |

（续）

| 编号 | 数据采集时间 | 汽车品牌 | 充电电量/（kW·h） | 充电时间 | | 充电功率/kW | 负荷率（%） | 状态 | 厂家 |
|---|---|---|---|---|---|---|---|---|---|
| | | | | 充电时间/min | 折合成小时/h | | | | |
| 4 | 2019年12月15日 | 北汽新能源 | 9.7 | 176 | 2.9 | 3.3 | 47.2 | 充电完毕 | 北京震宇 |
| 5 | | 比亚迪（e5） | 27.48 | 251 | 4.2 | 6.6 | 93.8 | | |
| 6 | | 江淮 | 7.18 | 996 | 16.6 | 0.4 | 6.2 | 正在充电 | |
| 7 | | 吉利 | 27.9 | 256 | 4.3 | 6.5 | 93.4 | 充电完毕 | |
| 8 | | 比亚迪 | 12.68 | 123 | 2.1 | 6.2 | 88.4 | | |
| 9 | | 比亚迪（e5） | 27.85 | 247 | 4.1 | 6.8 | 96.6 | | |
| 10 | | 广汽（传祺） | 5.28 | 45 | 0.8 | 7.0 | 100.6 | 正在充电 | |
| 11 | | 北汽新能源 | 33.29 | 316 | 5.3 | 6.3 | 90.3 | 充电完毕 | 基业昌达 |
| 12 | | 比亚迪 | 37.61 | 328 | 5.5 | 6.9 | 98.3 | | |
| 13 | | 比亚迪（e5） | 33.19 | 336 | 5.6 | 5.9 | 84.5 | | |
| 14 | | 比亚迪 | 9.81 | 100 | 1.7 | 5.8 | 83.4 | | |
| 15 | | 长安（奔奔） | 24.29 | 414 | 6.9 | 3.5 | 50.3 | | |
| 16 | 2020年1月1日 | 上汽（荣威EV400） | 33.39 | 327 | 5.45 | 6.1 | 87.5 | | 北京震宇 |
| 17 | | 腾势 | 26.79 | 518 | 8.63 | 3.1 | 44.3 | | |
| 18 | | 吉利（帝豪G5e） | 24.97 | 220 | 3.67 | 6.8 | 97.3 | | |
| 19 | | 奇瑞 | 7.09 | 934 | 15.6 | 0.5 | 6.5 | 正在充电 | |
| 20 | | 北汽新能源 | 18.54 | 327 | 5.5 | 3.4 | 48.6 | 充电完毕 | |
| 21 | | 北汽新能源 | 26.88 | 335 | 5.6 | 4.8 | 68.8 | | |
| 22 | | 比亚迪（秦pro） | 54.64 | 537 | 9.0 | 6.1 | 87.2 | | |
| 23 | | 奇瑞 | 12.2 | 3910 | 65.2 | 0.2 | 2.7 | 正在充电 | |
| 24 | | 广汽（传祺GE3） | 34.21 | 327 | 5.5 | 6.3 | 89.7 | 充电完毕 | |
| 25 | | 吉利（帝豪EV） | 35.76 | 334 | 5.6 | 6.4 | 91.8 | | |
| 26 | | 广汽（传祺GE3） | 30.32 | 292 | 4.9 | 6.2 | 89.0 | | |
| 27 | | 广汽（传祺GE3） | 18.73 | 318 | 5.3 | 3.5 | 50.5 | | |
| 28 | | 广汽（传祺AION.S） | 43.58 | 377 | 6.3 | 6.9 | 99.1 | | |
| 29 | | 比亚迪 | 0.98 | 10 | 0.2 | 5.9 | 83.6 | 未结账 | 基业昌达 |
| 30 | | 启辰（e30） | 17.81 | 259 | 4.3 | 4.1 | 58.8 | 充电完毕 | |

（续）

| 编号 | 数据采集时间 | 汽车品牌 | 充电电量/（kW·h） | 充电时间 充电时间/min | 充电时间 折合成小时/h | 充电功率/kW | 负荷率(%) | 状态 | 厂家 |
|------|------------|---------|------------------|----------------------|---------------------|-----------|----------|------|------|
| 31 | 2020年1月1日 | 吉利（帝豪EV） | 36.08 | 611 | 10.2 | 3.5 | 50.6 | 充电完毕 | 基业昌达 |
| 32 | | 比亚迪（元） | 9.02 | 88 | 1.5 | 6.1 | 87.6 | 未结账 | |
| 33 | 2020年2月22日 | 威马 | 41.49 | 399 | 6.65 | 6.24 | 89.13 | 充电完毕 | 北京震宇 |
| 34 | | 北汽新能源（EX360） | 21.28 | 185 | 3.08 | 6.90 | 98.59 | 正在充电 | |
| 35 | | 比亚迪（e5） | 18.92 | 169 | 2.82 | 6.72 | 95.96 | 充电完毕 | |
| 36 | | 比亚迪（宋） | 35.68 | 332 | 5.53 | 6.45 | 92.12 | | |
| 37 | | 北汽新能源 | 10.11 | 171 | 2.85 | 3.55 | 50.68 | | |
| 38 | 2020年4月4日 | 比亚迪（e6） | 2.32 | 22 | 0.37 | 6.33 | 90.39 | 正在充电 | |
| 39 | | 比亚迪（e6） | 11.72 | 371 | 6.18 | 1.90 | 27.08 | | |
| 40 | | 吉利（帝豪EV） | 8.48 | 76 | 1.27 | 6.69 | 95.64 | | |
| 41 | | 威马 | 5.11 | 48 | 0.80 | 6.39 | 91.25 | | 基业昌达 |
| 42 | | 广汽（传祺） | 26.38 | 231 | 3.85 | 6.85 | 97.88 | | |
| 43 | | 比亚迪（元） | 26.45 | 273 | 4.55 | 5.81 | 83.01 | | |
| 44 | | 比亚迪（元） | 3.41 | 30 | 0.51 | 6.63 | 94.69 | | |
| 45 | 2020年4月25日 | 比亚迪 | 9.50 | 239 | 3.98 | 2.38 | 34.07 | 充电完成 | |
| 46 | | 比亚迪（元） | 16.94 | 162 | 2.70 | 6.27 | 89.63 | 充电完成 | 北京震宇 |
| 47 | | 奇瑞 | 6.34 | 226 | 3.77 | 1.68 | 24.05 | | |
| 48 | | 吉利（帝豪EV） | 4.39 | 38 | 0.63 | 6.93 | 99.02 | 正在充电 | |
| 49 | | 威马 | 3.82 | 36 | 0.60 | 6.37 | 90.95 | | |
| 50 | | 江淮 | 6.03 | 117 | 1.95 | 3.09 | 44.18 | | |
| 51 | | 比亚迪 | 19.64 | 178 | 2.97 | 6.62 | 94.57 | 充电完成 | |
| 52 | | 特斯拉 | 11.80 | 105 | 1.75 | 6.74 | 96.33 | 正在充电 | |
| 53 | | 尼桑 | 14.50 | 174 | 2.90 | 5.00 | 71.43 | 充电完成 | |
| 54 | | 比亚迪（元） | 38.65 | 365 | 6.08 | 6.35 | 90.76 | | |
| 55 | | 广汽（传祺GE3） | 29.48 | 270 | 4.50 | 6.55 | 93.59 | | |
| 56 | | 比亚迪（秦pro） | 27.71 | 271 | 4.52 | 6.14 | 87.64 | 正在充电 | |

（续）

| 编号 | 数据采集时间 | 汽车品牌 | 充电电量/（kW·h） | 充电时间 | | 充电功率/kW | 负荷率(%) | 状态 | 厂家 |
|---|---|---|---|---|---|---|---|---|---|
| | | | | 充电时间/min | 折合成小时/h | | | | |
| 57 | | 比亚迪（元） | 3.73 | 36 | 0.60 | 6.22 | 88.81 | 正在充电 | 北京震宇 |
| 58 | | 广汽（传祺GE3） | 4.54 | 38 | 0.63 | 7.17 | 102.41 | | |
| 59 | 2020年4月25日 | 大阳 | 9.97 | 468 | 7.80 | 1.28 | 18.25 | | 基业昌达 |
| 60 | | 比亚迪（元） | 32.60 | 338 | 5.63 | 5.79 | 82.69 | 充电完成 | |
| 61 | | 江淮 | 10.33 | 1595 | 26.59 | 0.39 | 5.55 | 正在充电 | |
| | 平均值 | | 20.05 | | 5.75 | 5.22 | 74.50 | | |

充电桩的负荷率如图D-2所示，平均负荷率近75%；充电电量如图D-3所示，平均值为20.05kW·h；充电时间如图D-4所示，平均值为5.75h；平均充电功率如图D-5所示，平均值为5.22kW。

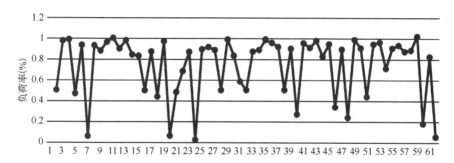

图D-2　充电桩的负荷率

注：图中横坐标数字为表D-2编号。

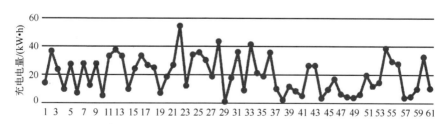

图D-3　充电电量

注：图中横坐标数字为表D-2编号。

（4）存在问题

1）燃油车占用充电车位。调查表明，由于车位紧张，晚上下班后经常有燃油车占用充电车位，影响了充电桩的有效使用。同时，充满电后，鲜有电动汽车及时移走，也影响了充电桩的利用率。

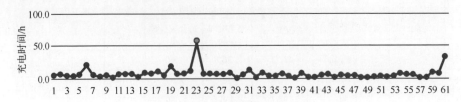

图 D-4　充电时间

注：图中横坐标数字为表 D-2 编号。

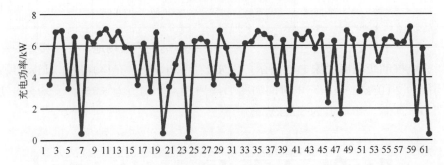

图 D-5　平均充电功率

注：图中横坐标数字为表 D-2 编号。

2）非车载充电机几乎没有使用。调查发现，小区内两个非车载充电机几乎没人使用，半年多来，笔者只发现两次使用非车载充电机。

（5）总结

对小区充电桩使用情况进行小结，可以得出如下结论：

1）小区充电桩总使用率为 34.7%。

2）平均充电功率为 5.22kW，包括还在充电的车辆。

3）充电桩平均负荷率为 74.5%。

4）平均充电时间为 20.05h，此时间仅供参考，因为有些车辆还在充电；另外，冬季有预热及充后的保温时间。

5）平均充电电量为 20.05kW·h。根据附录 B，现在电动汽车平均电池容量为 66.6kW·h，则 20.05kW·h/66.6kW·h=30.1%，表明车主还存在"里程焦虑"问题。

# 附录 E　北京某小区新建电动汽车充电设施设计

（1）现状情况分析

为解决电动汽车的充电问题，该小区于 2015 年底新建了 6 个电动汽车充电桩，其中交流慢充 5 个，非车载充电机（简称"直流快充"）1 个。因当时小区内电动汽车不多，可基本满足电动汽车的充电需求。随着电动汽车数量的快速增长，至 2019 年初电动汽车由当初的不足 20 辆增长到近百辆，电动汽车多与充电桩少的矛盾越发突出，尤其是冬天，电动汽车充电难的问题困扰着车主和物业管理部门。为解决这一现实问题，需要在小区内另外选址增设电动汽车充电桩。

另外，小区内电动自行车因缺少统一管理和集中停放场地，存在楼道内私停乱放、乱拉电线充电现象，同时存在火灾安全隐患，因此电动自行车充电问题也需一并解决。

基于以上情况，小区内决定 2019 年上半年解决电动汽车和电动自行车的充电难问题。

（2）场地选择

经过对本小区的综合调研和勘察，从经济性、施工难度和供电线路等各方面综合分析考量，新建电动汽车充电桩场地拟选址在 29#、89# 和 30# 楼周围地块，分南侧和北侧两个地块。总平面图如图 E-1 所示。

南侧地块情况：由图 E-1 可知，该停车场可设置充电桩 23 个，其中直流快充 2 个、交流慢充 21 个。停车位不少于 23 个，停车场地面积为 380m²，地面做法采用有停车人行透水砖路面，与主路顺接部分路面做法采用沥青混凝土。在该地块北侧部分规划电动自行车充电场地，电动自行车与电动汽车可共用充电桩，计费独立分开。

北侧地块情况：综合分析该地块用地大小和现状情况，拟规划交流慢充停车位 16 个。因地面情况较好，此次不进行翻新改造，仅安装充电桩。

（3）电气设计

根据规划，拟在 29#、89# 和 30# 楼连栋的南侧地块新增 2 个直流快充，额定功率 30kW，21 个交流慢充充电桩，单相交流 220V、7kW；在其北侧地块停车场新增 16 个交流慢充充电桩，额定功率也为 7kW。

南侧地块：现有充电桩室外配电柜在院内首次充电桩建设时已预留了电源容量，以及 13 个交流慢充、3 个直流快充的配电回路。原有室外配电柜系统图如图 E-2 所示。经核算，本次改造新增 2 个直流快充（30kW）、37 个交流慢充（7kW）电动汽车充电桩，连同原有充电桩，现有配电柜的总开关容量及外线能够满足要求，不需要改动。因此，本次新增充电桩的电源由现有配电柜引接，同时在现有配电柜内再增加 10 个交流慢充配电回路（iC65NC/1P-40A），与原预留慢充配电回路一起，为 29#、89# 和 30# 楼连栋南侧地块新增慢充充电桩供电，由预留的快充回路为 2 个直流快充充电桩供电。

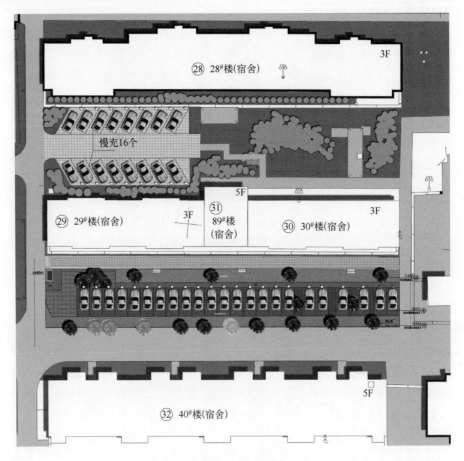

图 E-1　总平面图

由现有配电柜至 29#、89#、30# 楼连栋南侧地块每个交流慢充充电桩采用 YJV22–0.6/1kV–3×10mm² 电缆埋地敷设，至每个直流快充桩采用 YJV22–0.6/1kV–4×25+1×16mm² 电缆埋地敷设。电缆过道路采用 PVC 管混凝土包封敷设方式。

对 29#、89# 和 30# 楼连栋南侧充电桩要求：慢充充电桩除为电动汽车充电外，还需要考虑为电动自行车充电（即预留单相 10A 插座接口），每个充电桩需要设置两套充电计量系统，两者互不干扰。

北侧地块：在现有充电桩配电柜内增加一个 NSX160FNA/3P–160A 断路器，为 29# 楼北侧地块停车区域新增室外配电柜供电。新增室外配电柜为该停车场的

16 个交流慢充充电桩供电。新增室外配电柜内设 1 个主进开关（NSX160FNA/ 3P）、18 个出线开关（iC65NC/1P–40A）。新增室外配电柜系统图如图 E-3 所示。

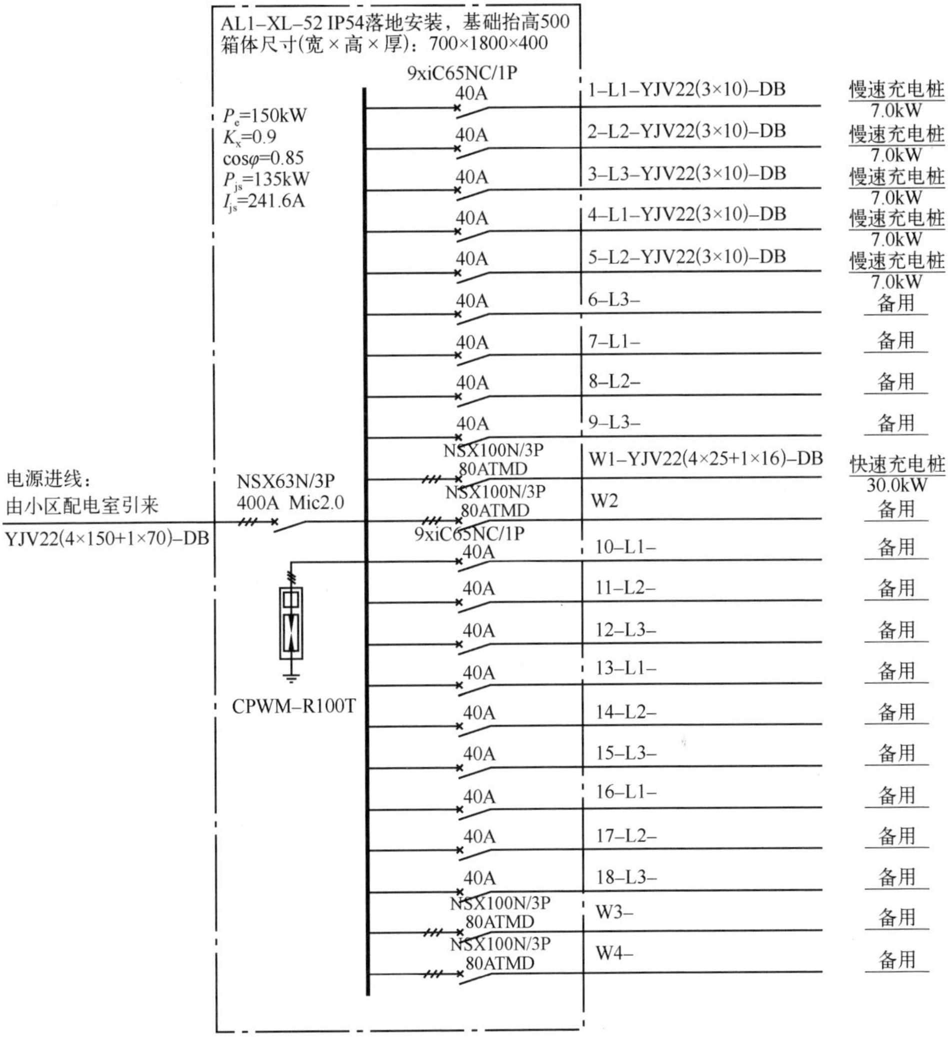

图 E-2　原有室外配电柜系统

由现有室外配电柜至 29#楼北侧地块新增室外配电柜供电采用 YJV22–0.6/1kV–4×50+1×25mm² 电缆埋地敷设，电缆过道路穿管敷设。由 29#楼北侧新增室外配电柜至每个交流慢充充电桩采用 YJV22–0.6/1kV–3×10mm² 电缆埋地敷设。

对 29#楼北侧停车区新增慢充充电桩要求：慢充充电桩除为电动汽车充电外，还需要考虑为小型电动车（老年代步车）充电（即预留单相 16A 插座接口），每个充电桩需要设置两套充电计量系统，两者互不干扰。

根据以上要求，新增电动汽车充电桩采用北京震宇智慧有限公司的产品。

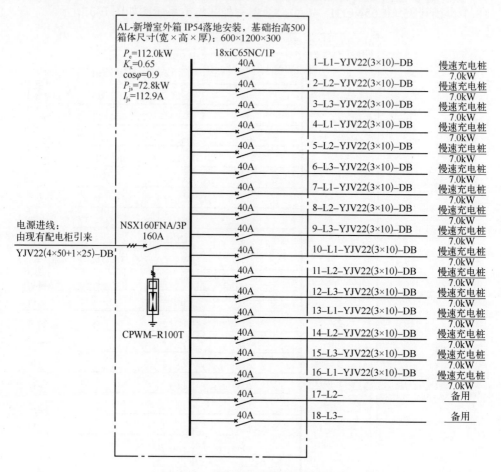

图 E-3　新增室外配电箱系统图

电动汽车充电设备的设置及线路走向如图 E-4 所示。

（4）使用效果

新增充电桩于 2019 年 6 月完成，现在该小区有直流快充充电桩 2 个（原有早期的一个快充因损坏已拆除）、交流慢充充电桩 42 个，使用近一年来完全能够满足该小区电动汽车的充电需求，一桩难求的局面不复存在。由于该小区的充电桩仅为小区内的居民使用，不允许小区外居民充电，因此从使用情况来看，直流快充充电桩的使用效率较低，仅作为应急使用，慢充充电桩的使用效率较高，这是与小区的特点相匹配的。使用详情请参阅本书附录 D。小区充电车位实景如图 E-5 所示。

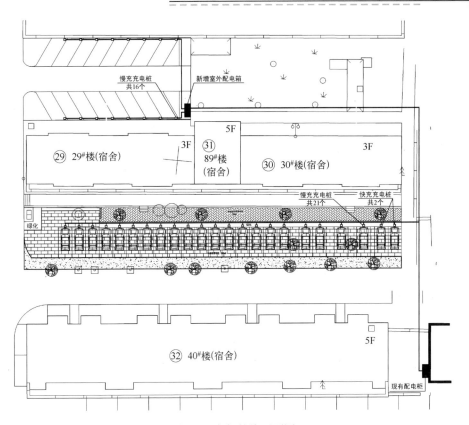

图 E-4　电气外线平面图

图 E-5　小区充电车位实景

# 参 考 文 献

[1] 吴鹏飞, 刘宏骏, 郝烨. 电动汽车大功率充电发展现状及趋势研究[J]. 新能源汽车, 2020(1): 26-29.

[2] 中华人民共和国国家质量监督检验检疫总局, 中国国家标准化管理委员会. 电动汽车术语: GB/T 19596—2017[S]. 北京: 中国标准出版社, 2017.

[3] 中华人民共和国住房和城乡建设部, 中华人民共和国国家质量监督检验检疫总局. 汽车库、修车库、停车场设计防火规范: GB 50067—2014[S]. 北京: 中国计划出版社, 2015.

[4] 中华人民共和国住房和城乡建设部. 车库建筑设计规范: JGJ 100—2015[S]. 北京: 中国建筑工业出版社, 2015.

[5] 童生华. 中国电动汽车产业发展政策[EB/OL]. http://www.tbtmap.cn/zdcp_75/ddqc/zgddqcbzxz/201805/t20180514_2135756.html, 2018-05-14.

[6] 中华人民共和国国家质量监督检验检疫总局, 中国国家标准化管理委员会. 电动汽车充换电设施术语: GB/T 29317—2012[S]. 北京: 中国标准出版社, 2013.

[7] 中国建筑标准设计研究院. 电动汽车充电基础设施设计与安装: 18D705—2[S]. 北京: 中国计划出版社, 2018.

[8] 中国电力企业联合会. 电动汽车充电站设计规范: GB 50966—2014[S]. 北京: 中国计划出版社, 2014.

[9] 中国电力企业联合会. 电动汽车分散充电设施工程技术标准: GB/T 51313—2018[S]. 北京: 中国计划出版社, 2018.

[10] 中华人民共和国国家质量监督检验检疫总局, 中国国家标准化管理委员会. 工业用插头插座和耦合器 第1部分: 通用要求: GB/T 11918.1—2014[S]. 北京: 中国标准出版社, 2014.

[11] 中华人民共和国国家质量监督检验检疫总局, 中国国家标准化管理委员会. 家用和类似用途单相插头插座 形式、基本参数和尺寸: GB1002—1996[S]. 北京: 中国标准出版社, 2009.

[12] 中华人民共和国国家质量监督检验检疫总局, 中国国家标准化管理委员会. 家用和类似用途三相插头插座 形式、基本参数和尺寸: GB1003—2008[S]. 北京: 中国标准出版社, 2017.

[13] 中华人民共和国国家质量监督检验检疫总局, 中国国家标准化管理委员会. 电动汽车传导充电用连接装置 第1部分: 通用要求: GB/T 20234.1—2015[S]. 北京: 中国标准出版社, 2016.

[14] 中华人民共和国国家质量监督检验检疫总局, 中国国家标准化管理委员会. 电动汽车传导充电用连接装置第2部分: 交流充电接口: GB/T 20234.2—2015[S]. 北京: 中国标准出

版社, 2016.

[15] 中华人民共和国国家质量监督检验检疫总局, 中国国家标准化管理委员会. 电动汽车传导充电用连接装置第 3 部分: 直流充电接口: GB/T 20234.3—2015[S]. 北京: 中国标准出版社, 2016.

[16] 中国石油化工集团公司. 汽车加油加气站设计与施工规范: GB 50156—2012[S]. 北京: 中国计划出版社, 2012.

[17] 李炳华, 仇克坤, 岳云涛. 建筑电气中变压器容量指标的再研究[J]. 建筑电气, 2016, 35(4): 3-10.

[18] 华东建筑设计研究总院, 上海市消防局. 民用建筑电气防火设计规程: DGJ 08-2048—2016[S]. 上海: 同济大学出版社, 2016.

[19] 吴志强, 廖承林, 李勇. 新能源电动汽车消防安全现状与思考[J]. 消防科学与技术, 2019, 38(1): 148-151.

[20] 丁宏军. 从消防角度看电动车的发展[J]. 建筑电气, 2019, 38(2): 3-7.

[21] 王青松. 锂离子电池火灾危险性分级初探[C]. 2015 中国消防协会科学技术年会论文集, 2015: 12-14.

[22] 李炳华, 岳云涛. 现代照明技术及设计指南[M]. 北京: 中国建筑工业出版社, 2019.

[23] 中国机械工业联合会. 建筑物防雷设计规范: GB 50057—2010[S]. 北京: 中国计划出版社, 2013.

[24] 中华人民共和国国家质量监督检验检疫总局, 中华人民共和国住房和城乡建设部. 建筑物防雷工程施工与质量验收规范: GB 50601—2010[S]. 北京: 中国计划出版社, 2010.

[25] 中国气象局, 中国文物局. 文物建筑防雷技术规范: QX 189—2013[S]. 北京: 气象出版社, 2013.

[26] 中华人民共和国住房和城乡建设部. 体育建筑智能化系统工程技术规程: JGJ/T 179—2009[S]. 北京: 中国建筑工业出版社, 2009.

[27] 中华人民共和国公安部. 安全防范工程技术标准: GB 50348—2018[S]. 北京: 中国计划出版社, 2018.

[28] 住房和城乡建设部住宅产业化促进中心, 南京能瑞电力科技有限公司. 居住区电动汽车充电设施技术规程: T/CECS 508—2018[S]. 北京: 中国计划出版社, 2018.

[29] 中华人民共和国住房和城乡建设部. 室外作业场地照明设计标准: GB 50582—2010[S]. 北京: 中国建筑工业出版社, 2010.

[30] 陈恩. 某商业综合体地下车库电动汽车充电桩的电气设计[J]. 江西建材, 2017, (4): 215-216.

[31] 中国机械工业联合会. 20kV 及以下变电所设计规范: GB 50053—2013[S]. 北京: 中国计划出版社, 2013.

[32] 丁宝, 张进, 赵亮, 等. 建筑直流配电系统研究[J]. 智能建筑电气技术, 2013, 7(6): 9-12.

[33] 张永明, 傅卫东, 丁宝, 刘群. 基于直流配电与直流微网的电气节能研究[J]. 电工技术学报, 2015, 30(S1): 389-397.

[34] ESTEFANIA PLANAS, JON ANDREU, JOSE IGNACIO GARATE, et al. AC and DC technology in microgrids: A review [J]. Renewable and Sustainable Energy Reviews, 2015, (43): 726-749.

[35] 李战赠, 张永明. 需求侧视角下的建筑供配电系统架构研究[J]. 智能建筑电气技术, 2016, 10(5): 36-40.

[36] 王福林, 江亿. 建筑全直流供电和分布式蓄电关键技术及效益分析[J]. 建筑电气, 2016, 35(4): 16-20.

[37] ZHANG Y M, YAN Z, LI L, et al. A Hybrid Building Power Distribution System in Consideration of Supply and Demand-Side: a Short Overview and a Case Study[J]. Energies, 2018, 11(1), 3082.

[38] YAO J W, ZHANG Y M, YAN Z, et al. A Group Approach of Smart Hybrid Poles with Renewable Energy, Street Lighting and EV Charging Based on DC Micro-grid[J]. Energies, 2018, 11(12), 3445.

[39] 侯建朝, 胡群丰, 谭忠富. 计及需求响应的风电-电动汽车协同调度多目标优化模型[J]. 电力自动化设备, 2016, 36(07): 22-27.

[40] 杨旭英, 周明, 李庚银. 智能电网下需求响应机理分析与建模综述[J]. 电网技术, 2016, 40(1): 220-226.

[41] 徐智威, 胡泽春, 宋永华, 等. 充电站内电动汽车有序充电策略[J]. 电力系统自动化, 2012, 36(11): 38-43.

[42] 胡泽春, 宋永华, 徐智威, 等. 电动汽车接入电网的影响与利用[J]. 中国电机工程学报, 2012, 32(4): 1-10+25.

[43] DEILAMI S, MASOUM A S, MOSES P S, et al. Real-time coordination of plug-in electric vehicle charging in smart grids to minimize power losses and improve voltage profile[J]. IEEE Transactions on Smart Grid, 2011, 2(3): 456-467.

[44] 高桂兰, 贺欣, 李亚光, 等. 废旧车用动力锂离子电池的回收利用现状[J]. 环境工程, 2017(10): 140-145.

[45] 中国航空规划设计研究总院有限公司组编. 工业与民用供配电设计手册[M]. 4 版. 北京: 中国电力出版社, 2016.

[46] 贾俊平, 何晓群, 金勇进. 统计学[M]. 北京: 中国人民大学出版社, 2015.

[47] 杨世杰. 动态测试数据中坏点处理的一种新方法——绝对均值法及应用研究[J]. 中国测试技术, 2006(1): 47-49+82.

[48] 中国建筑学会电气分会. 民用建筑电气设计规范实施指南[M]. 北京: 中国电力出版社, 2008.

[49] 李炳华, 覃剑戈, 岳云涛, 等. 充电主机系统需要系数的研究[J]. 建筑电气, 2017, 36(5): 6-10.

[50] 张艳, 程士珍. 概率论与数理统计[M]. 北京: 石油工业出版社, 2010.

[51] 杭国明, 祝国强. 非正态总体下的小样本区间估计问题[J]. 数理医药学杂志, 2013, 26(6): 681-682.

[52] 王丽瑶. 电动汽车充电技术综述[J]. 时代农机, 2019, 46(7): 96-97.

[53] 李炳华, 徐学民, 董青. 负荷计算若干问题探讨[J]. 建筑电气, 2020, 39(1): 8-12.

[54] 李炳华, 贾佳, 岳云涛, 等. 交流充电桩需要系数研究[J]. 智能建筑电气技术, 2017, 11(3): 12-16, 20.

[55] 吴斌, 孟焕平. 住宅小区车库交流充电桩需要系数取值探讨[J]. 建筑电气, 2017, 36(12): 3-8.

[56] 中国建筑学会. 电动汽车充换电设施系统设计标准: T/ASC 17—2021[S]. 北京: 中国建筑工业出版社, 2021.

# 后　　记

很欣慰，这本设计手册历时三载终于脱稿了，多项研究、调查奠定了本书的基础。但是，高兴之余也有些许忐忑，只能说明这本书是探索之路的新开端，而不是结束！

充电与换电的技术路线尚未定论。目前，电动汽车充电、换电技术处于并行发展阶段，相信未来相当长的一段时间内两条技术路线将处于竞争状态。尽管换电技术略处于劣势，但是，从电动汽车快速供能角度看，换电技术有明显优势，几分钟更换电池，堪比燃油车加油时间。因此，类似加油站，换电站更适合于提供公共换电服务。

大功率快充对供配电系统影响比较大。欧美国家已成功研制商用的大功率快充设备，采用大电流为电动汽车动力蓄电池充电，大大缩短充电时间。我国现在也积极跟进，在标准、产品等方面迎头赶上。

充电设施分散与集中式设置有不同的供配电系统设计思路。充电站、换电站是典型的集中式设置，且多由供电企业投资建设、管理。建筑物配建、路边等场所也建设了大量的充电设施。就数量和容量而言，许多建筑物配建的充电设施远大于充电站，且设计、建设比较复杂，涉及的专业多于充电站、换电站的工程设计。

动力蓄电池技术的发展对充电设施系统影响巨大。电动汽车能走多远，关键在于动力蓄电池。现有动力蓄电池存在热失控现象，导致火灾风险，频繁的火灾给建筑安全管理带来挑战。绿色出行的前提是安全，没有安全的绿色不可能走得很远。

综上所述，这些因素决定了电动汽车及其充电、换电技术尚处在发展阶段，有许多不确定的发展方向。因此，这本书仅仅是个开端，抛砖引玉，希望更多有识之士积极开展研究和应用，总结出充换电设施系统工程设计和建设的经验，为绿色出行、安全出行提供切实可行的技术保障。

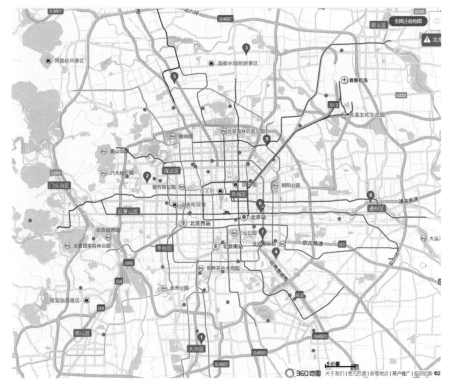

图 5-1　北京六环内充电站分布图

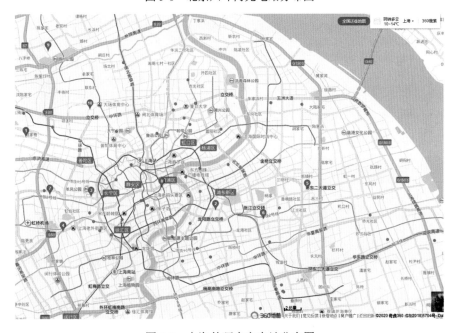

图 5-2　上海外环内充电站分布图

图 5-3　深圳充电站分布图

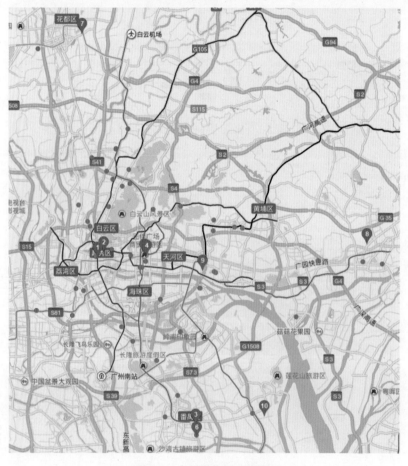

图 5-4　广州充电站分布图

图 5-5　2019～2020 年北京市城区换电站布局图

注：本图由北京奥动公司提供。

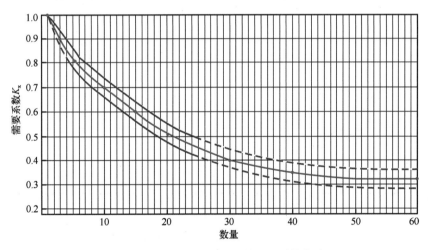

图 6-4　7kW 单相交流充电桩需要系数曲线

注：图中红线为平均值，上下蓝色虚线分别为上下限值。

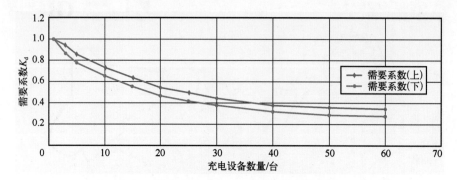

图 6-6  国标图集 18D 705-2 的需要系数曲线

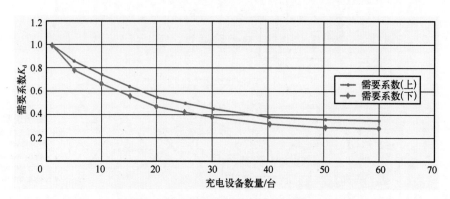

图 6-8  广东省地方标准的需要系数曲线

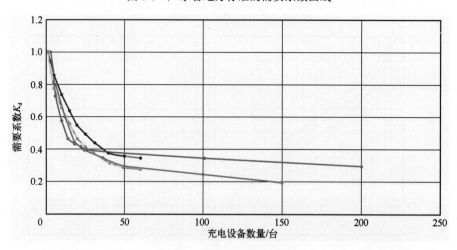

图 6-9  各标准需要系数对比

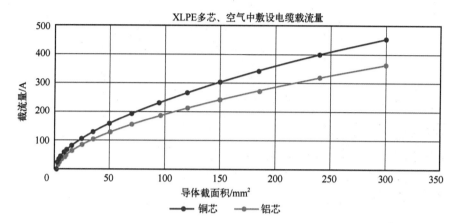

图 6-20 XLPE 多芯、空气中敷设的铜芯和铝芯电缆载流量对比图

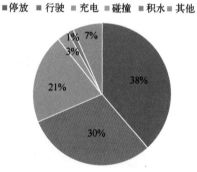

图 9-1 2019 年 1 月—12 月我国电动汽车发生火灾分类

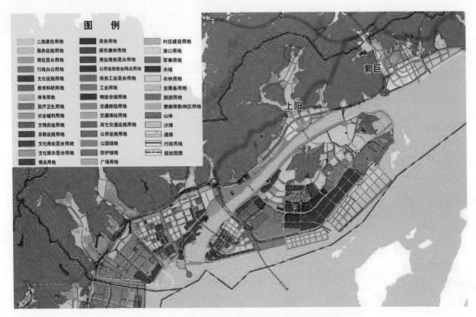

图 12-7 宁波梅山国际近零碳排放示范区

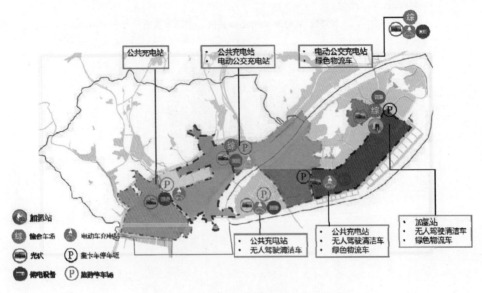

图 12-9 近中期绿色交通规划布局示意图

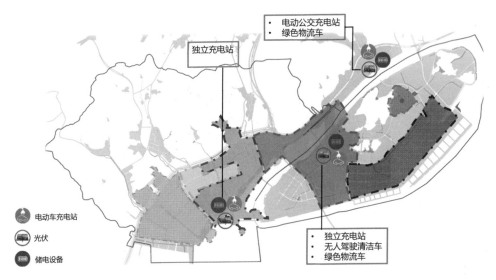

图 12-10　远期绿色交通规划布局示意图

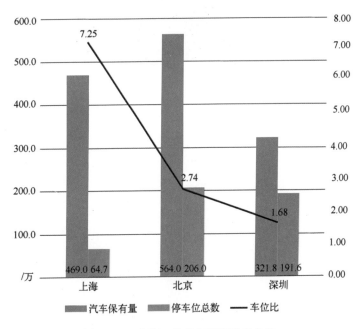

图 12-12　上海、北京和深圳的车位比

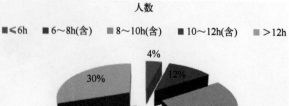

人数

■≤6h  ■6~8h(含)  ■8~10h(含)  ■10~12h(含)  ■＞12h

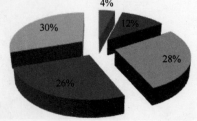

图 C-1  在家停车时间

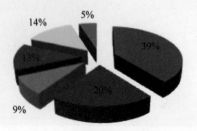

图 C-2  下班回家停车位置